Python开发从入门到精通系列

Python 金融风控策略实践

冯占鹏 姚志勇 编著

FINANCIAL RISK
MANAGEMENT STRATEGY
WITH PYTHON

本书采用总分框架，先从宏观层面讲述了金融风控策略的定义、涉及的风控场景，以及通用的策略开发、部署、监控、调优的方法和重要的策略实践，再结合贷前、贷中、贷后、反欺诈要实现的风控目标从微观层面对风控策略在不同风控场景要做的具体事情进行讲述，并在一些关键风控场景提供了策略实践案例。

本书提供了数千行用 Python 编写的策略实践代码，这些代码均为解决真实风控问题而开发，且在实际工作中均能用到。

本书适合金融相关行业所有从业人员尤其是从事贷前、贷中、贷后风控策略和风控模型相关工作的人员，以及金融专业师生、对金融感兴趣的人阅读。

图书在版编目（CIP）数据

Python 金融风控策略实践/冯占鹏，姚志勇编著 .—北京：机械工业出版社，2023.5（2024.7 重印）
（Python 开发从入门到精通系列）
ISBN 978-7-111-72480-3

Ⅰ.①P… Ⅱ.①冯… ②姚… Ⅲ.①软件工具-程序设计-应用-金融风险防范-研究 Ⅳ.①F830.2-39

中国国家版本馆 CIP 数据核字（2023）第 034060 号

机械工业出版社（北京市百万庄大街 22 号　邮政编码 100037）
策划编辑：车　忱　　　　　　责任编辑：车　忱
责任校对：潘　蕊　王明欣　　责任印制：刘　媛
涿州市般润文化传播有限公司印刷
2024 年 7 月第 1 版第 4 次印刷
184mm×240mm・14.25 印张・280 千字
标准书号：ISBN 978-7-111-72480-3
定价：89.00 元

电话服务　　　　　　　　　网络服务
客服电话：010-88361066　　机　工　官　网：www.cmpbook.com
　　　　　010-88379833　　机　工　官　博：weibo.com/cmp1952
　　　　　010-68326294　　金　书　网：www.golden-book.com
封底无防伪标均为盗版　　　机工教育服务网：www.cmpedu.com

前 言
PREFACE

1. 为什么要写本书

我是一名金融风控策略从业人员,在过去的几年里,一直渴望能找到一本系统、全面阐述金融风控策略的书,然而未能如愿。于是我本着初生牛犊不畏虎的心态萌生了自己写一本风控策略相关图书以促进行业交流的念头。与姚志勇老师(本书的另一位作者)商量后,决定付诸行动。

众所周知,风控是金融的生命线,而风控策略的好坏直接决定了风控的结果,可以说风控策略是风控的核心内容。在改革开放后的几十年里,中国金融行业发展迅猛,截至当前,从业人数已达千万级规模,且还存在较大的缺口。本书是我们对风控策略的最新思考和总结,希望能够帮助读者提升专业技能,也希望借本书更好地促进行业交流和分享。

2. 本书内容

本书采用总分框架,主要涉及两大部分内容,共9章。

第一部分(第1~4章)主要从宏观层面讲述了金融风控策略的定义、涉及的风控场景,以及通用的策略开发、部署、监控、调优的方法和重要的策略实践案例。

第二部分(第5~9章)结合贷前、贷中、贷后、反欺诈要实现的风控目标从微观层面对风控策略在不同风控场景要做的事情进行展开讲述,并在一些关键的风控场景提供了策略实践案例。

3. 本书主要特点

本书有以下四个主要特点。

1）针对策略开发、策略部署上线、策略效能评估和调优全流程体系，作者提出了自己的一整套比较完备的方法论。

2）基于完备的策略方法论，本书从实战出发，提供了数千行 Python 代码（本书代码在 Python 3.9.7 中运行无误），这些代码均是作者在多年的风控策略工作中为解决真实风控问题而总结和沉淀的，在实际工作中均能用到。

3）案例即实战，本书将真实风控场景中必须面对的问题在脱敏后作为案例进行讲解。

4）本书讲述的风控策略相关内容呈现体系化、全面化的特点。本书所讲的策略分析方法是一整套体系化的分析方法，涵盖了策略开发、部署、监控和调优的全生命周期，同时本书全面讲述了风控策略在贷前、贷中、贷后各个风控场景的具体应用情况，做到了全覆盖。

4. 读者对象

本书适合金融相关行业所有从业人员尤其是从事贷前、贷中、贷后风控策略和风控模型相关工作的人员，以及金融专业师生、对金融感兴趣的人阅读。

5. 勘误和支持

由于作者水平有限，疏漏和不足在所难免。若各位读者发现问题，可扫码关注如下所示的"Python 金融风控"微信公众号并对书中的问题或想要获取的支持进行留言，作者看到留言后会第一时间进行回复。

6. 致谢

感谢我工作中遇到的所有领导、专家、同事、同行，在和这些优秀的人一起工作、学习、交流的过程中，我积累了丰富的关于风控策略的工作经验。

特别感谢我的好朋友张先达和刘艾萍，本书风控策略开发章节的很多内容最早是由我们三人一起讨论确定的，他们得知我打算公开这些内容后对我很支持，也希望这些内容能够促进同行之间的沟通和交流。

感谢机械工业出版社的编辑车忱和马超，他们在本书的出版过程中提出了很多具有建设性的意见和建议。感谢本书的另一位作者姚志勇，他同样为此书牺牲了很多个人时间。

感谢我的家人，在编写本书的将近一年里，我牺牲了很多陪伴家人的时间，他们的理解和支持解除了我的后顾之忧。

冯占鹏

目录 CONTENTS

前　言

第1章　风控策略与风控场景概述 / 1

1.1　风控策略的定义 / 1

1.2　策略和模型的区别与联系 / 2

1.3　策略全生命周期管理 / 3

　　1.3.1　策略开发 / 3

　　1.3.2　策略部署 / 5

　　1.3.3　策略监控 / 5

　　1.3.4　策略调优 / 5

　　1.3.5　如何做好策略全生命周期管理 / 6

1.4　贷前、贷中、贷后的划分及对应的风控场景 / 7

　　1.4.1　贷前、贷中、贷后的划分 / 7

　　1.4.2　贷前风控场景简介 / 8

　　1.4.3　贷中风控场景简介 / 10

　　1.4.4　贷后风控场景简介 / 12

1.5　本章小结 / 13

第2章　风控策略开发 / 14

2.1　策略类型划分 / 14

2.2　单维度策略开发 / 16

　　2.2.1　变量描述性统计分析和筛选 / 17

目 录

    2.2.2 变量最优分箱 / 19

    2.2.3 规则测算效果分析和筛选 / 24

    2.2.4 规则泛化效果分析和筛选 / 26

    2.2.5 待上线规则集合并泛化 / 30

    2.2.6 基于 Python 自动生成标准化分析结果文档 / 30

    2.2.7 案例实践：授信审批场景单维度策略开发 / 36

2.3 决策树 / 48

    2.3.1 决策树原理 / 48

    2.3.2 决策树生成 / 49

    2.3.3 基于 Python 生成决策树 / 51

    2.3.4 基于 Python 进行决策树规则自动抽取和解析 / 58

2.4 基于 CART 模型进行多维度策略开发 / 61

    2.4.1 构建多维度策略变量池 / 61

    2.4.2 利用组合加随机数的方式批量生成决策树并进行规则抽取和解析 / 62

    2.4.3 规则测算效果分析和筛选 / 63

    2.4.4 规则泛化效果分析和筛选 / 63

    2.4.5 待上线规则集合并泛化 / 64

    2.4.6 案例实践：授信审批场景多维度策略开发 / 64

2.5 策略自动化开发系统 / 88

2.6 策略评审 / 88

    2.6.1 策略评审流程 / 88

    2.6.2 档案管理 / 89

    2.6.3 案例实践：策略评审文档设计和撰写 / 89

2.7 本章小结 / 91

第 3 章 风控策略部署 / 92

3.1 策略部署流程 / 92

3.2 提交策略部署需求 / 92

3.2.1 策略部署轮次设计 / 93

3.2.2 标准化规则编码设计 / 94

3.3 策略部署 / 96

3.3.1 决策引擎系统简介 / 96

3.3.2 基于决策引擎进行策略部署 / 96

3.4 策略部署结果验证 / 97

3.4.1 测试验证 / 98

3.4.2 回溯比对 / 98

3.5 案例实践：策略部署文档设计和撰写 / 98

3.6 本章小结 / 100

第 4 章 风控策略监控及调优 / 101

4.1 基于策略监控报表进行策略监控和调优 / 101

4.1.1 策略微观监控和调优 / 101

4.1.2 案例实践：单维度策略效能监控和调优 / 105

4.1.3 策略宏观监控和调优 / 106

4.1.4 案例实践：基于 Vintage 报表预测年化损失率 / 112

4.2 AB 测试和随机测试在策略监控和调优中的应用 / 116

4.2.1 AB 测试 / 117

4.2.2 AB 测试应用举例 / 117

4.2.3 随机测试 / 119

4.2.4 随机测试应用举例 / 119

4.3 基于 Swap Set 分析新旧策略更替的影响 / 121

4.3.1 Swap Set 简介 / 121

4.3.2 基于 Swap Set 评估新旧策略效能 / 122

4.3.3 Swap in 客群分析指标的近似估计 / 123

4.4 本章小结 / 123

目录

第 5 章 贷前风控策略 / 124

5.1 贷前风控目标 / 124

5.2 贷前风控数据源 / 125
- 5.2.1 客户贷款时提供的数据 / 125
- 5.2.2 金融机构自身拥有的数据 / 126
- 5.2.3 征信数据 / 127
- 5.2.4 第三方数据 / 129

5.3 贷前风控模型体系和模型在策略中的应用 / 131
- 5.3.1 信用模型体系和模型在策略中的应用 / 133
- 5.3.2 反欺诈模型体系和模型在策略中的应用 / 136
- 5.3.3 如何在贷中应用贷前模型 / 137

5.4 贷前策略审批流程和统一额度管理 / 138
- 5.4.1 贷前策略审批流程 / 138
- 5.4.2 统一额度管理 / 139

5.5 预授信策略 / 140

5.6 授信审批策略 / 140
- 5.6.1 授信审批策略决策流 / 141
- 5.6.2 授信审批策略类型 / 144
- 5.6.3 授信审批策略的开发、部署、监控和调优 / 144

5.7 定额策略 / 145
- 5.7.1 定额策略的开发、部署、监控和调优 / 145
- 5.7.2 案例实践：基于客户风险评级的定额策略 / 146
- 5.7.3 案例实践：基于收入和负债的定额策略 / 148

5.8 定价策略 / 150
- 5.8.1 定价策略的开发、部署、监控和调优 / 150
- 5.8.2 案例实践：实现利润最大化的定价策略 / 152

5.9 人工审核策略 / 154

5.10 本章小结 / 155

第 6 章　贷中风控策略与客户运营体系　/　156

6.1　贷中风控目标　/　156

6.2　贷中风控数据源　/　157

6.3　贷中模型体系和模型在策略中的应用　/　158

　　6.3.1　信用模型体系和模型在策略中的应用　/　159

　　6.3.2　反欺诈模型体系和模型在策略中的应用　/　159

　　6.3.3　运营模型体系和模型在策略中的应用　/　160

6.4　贷中客户风险管理和客户运营体系简介　/　160

6.5　用信审批策略　/　161

　　6.5.1　用信审批策略决策流与策略类型　/　162

　　6.5.2　用信审批策略的开发、部署、监控和调优　/　162

6.6　贷中预警策略　/　163

6.7　调额策略　/　164

　　6.7.1　基于定额策略的调额策略　/　165

　　6.7.2　基于客户在贷中的风险表现的调额策略　/　166

6.8　调价策略　/　166

6.9　存量客户营销　/　166

　　6.9.1　营销类型　/　167

　　6.9.2　营销闭环及涉及的策略　/　167

6.10　续授信策略　/　168

6.11　本章小结　/　168

第 7 章　贷后管理与贷后催收　/　169

7.1　贷后风控目标　/　169

7.2　贷后风控数据源　/　170

7.3　贷后风控模型体系和模型在策略中的应用　/　170

7.4　贷后管理　/　172

　　7.4.1　贷后检查　/　172

目 录

  7.4.2 贷款五级分类 / 172

  7.4.3 不良贷款处置 / 173

 7.5 贷后催收 / 174

  7.5.1 催收手段 / 174

  7.5.2 电话催收指标 / 175

  7.5.3 催收策略 / 176

 7.6 本章小结 / 177

第8章 反欺诈与社交网络 / 178

 8.1 欺诈 / 178

  8.1.1 欺诈的定义 / 178

  8.1.2 欺诈的分类 / 178

  8.1.3 欺诈的特点 / 180

 8.2 反欺诈 / 180

  8.2.1 反欺诈要实现的目标 / 180

  8.2.2 反欺诈手段 / 180

  8.2.3 反欺诈模型 / 181

  8.2.4 反欺诈策略 / 181

 8.3 基于社交网络识别欺诈团伙 / 182

  8.3.1 社交网络简介 / 182

  8.3.2 Louvain 算法 / 183

  8.3.3 Louvain 算法的 Python 实战 / 184

  8.3.4 案例实践：基于 Louvain 算法构建欺诈团伙识别模型 / 185

 8.4 本章小结 / 195

第9章 风控模型与风控策略实践 / 196

 9.1 LightGBM 算法简介 / 196

 9.2 基于 LightGBM 算法开发贷前申请评分卡模型 / 197

9.2.1　lightgbm包主要参数说明　/　197

9.2.2　案例实践：贷前申请评分卡模型开发　/　199

9.3　模型结果在贷前策略中的应用　/　211

9.3.1　基于模型分的单维度策略开发　/　211

9.3.2　基于模型分的定额和定价策略开发　/　214

9.4　模型结果在贷中策略中的应用　/　214

9.5　本章小结　/　215

参考文献　/　216

风控策略与风控场景概述

金融的核心是风控，风控的核心是策略和模型，所以，要做好风控，就不得不提到风控策略。对于风控的绝大多数场景，都需要基于风控策略直接进行风险管控，如授信审批场景中需要授信审批策略，定额与定价场景中需要定额和定价策略，用信审批场景中需要用信审批策略，调额与调价场景中需要调额和调价策略，催收场景中需要催收策略等。

本章对风控策略和风控场景进行概述，读者在阅读完本章后会对风控策略和风控场景有系统性的认识。

1.1 风控策略的定义

风控策略是指策略开发人员基于风控政策、业务场景、风控抓手，针对目标客群，通过一系列规则的设计、组合和应用，对客户进行筛选、分类、评估、处置，在尽可能实现业务增长的前提下控制风险、平衡损失、提升效率，最终达到利润最大化的目的。

在实际工作中，有些人觉得风控策略的最终目标是降低风险，其实这是不正确的。风控策略的最终目标是平衡损失和收益的关系，从而实现利润最大化。在风控过程中，风险低不一定意味着利润高，以贷前授信审批策略为例，如果将批核率降至非常低的水平，风险必然下降，但是这样把很多借贷客户都拒绝了，从而导致放贷规模大幅下降，进而导致利润下降。风险高可能利润也高，还是以贷前授信审批策略为例，我们适当将批核率调高，放贷规模势必上升，但是随之而来的是风险也会出现一定程度的上升，此时，只要能确保增加放款带来的收益足够覆盖损失，最终必然会增加利润。需要说明的是，平衡损失和收益的前提是使用的风控策略要足够精准和有效。

可以把通过风控策略实现利润最大化看作一个求全局最优解的过程，在这个过程中，只有综合考虑和应对与风险相关的方方面面的事情，才有可能逼近这个全局最优解。本书主要讲的是为了逼近利润最大化这个全局最优解，风控策略在贷前、贷中和贷后具体要做什么、怎么做。

风控策略是由一系列规则组成的。策略是一个偏宏观的概念，规则是一个偏微观的概念。但是，在日常工作中，我们经常不区分这两个概念，很多时候提到的策略其实指的就是规则。在之后的章节中，若无特殊说明，默认策略即规则。

1.2 策略和模型的区别与联系

在风控领域，策略和模型经常被同时提及，那么它们究竟有什么区别与联系呢？风控策略的定义在 1.1 节中已经给出，本节介绍一下什么是风控模型。风控模型是金融机构针对特定风控场景的风控问题，基于一定的前提假设，通过统计学习和最优化方法求解出最优参数的一种结构，最终达到解决问题的目的。

风控策略和风控模型的区别主要体现在以下三个方面。

（1）解决的问题不同

策略是由一系列规则组成的，主要用来解决某一方面的问题（如平衡贷前损失和收益，尽可能实现收益最大化），而模型主要用来解决定义清晰的某一个问题（如精准识别贷前逾期率高的客群）。策略就像一个将军，它解决问题是从全局出发的，最终想要的是实现全局最优化；而模型就像一个特种兵，它基于策略达到局部目标，实现局部最优化，只有重要的局部均实现最优化，才能最终实现全局最优化。

（2）与业务的联系程度不同

策略偏前端，与业务联系更紧密，往往会随着业务变动而快速做出响应，配合业务进行相应的调整；而模型偏后端，对业务的敏感程度要弱于策略，对业务的响应主要通过策略的需求实现，通过为策略提供精准决策的支持来服务于业务。

（3）存在先后关系

在项目冷启动阶段，往往只有策略而没有模型，随着项目的开展和数据的积累，才会逐步进行模型的开发和迭代。在风控全流程中，策略是贯彻始终的，而模型是数据积累到一定程度后的产物。

风控策略和风控模型的联系主要体现在以下两个方面。

（1）策略是模型的需求方，模型是策略需求的承接方

模型的开发往往需要有清晰的业务目标，而来自策略的业务需求会驱动和指引模型的开发。

（2）模型为策略设计提供抓手

策略是由一系列规则组成的，而模型结果往往被用来作为策略中的规则参与风控决策，提高决策准确度。可以把模型看作做好风控的基础工具，而策略是运用这些基础工具进行风控的人，好的基础工具会为做好风控提供强大的助力。

模型具体应用到策略层面，主要包括两种情况。一是根据业务需求，将模型评分作为一条策略，切分点（Cut-off）以下被拒绝，以上将通过。二是在差异化定额定价、调额调价、贷中预警、贷后催收等策略中，根据模型评分的排序性，为不同评级客群设计差异化额度、利率、预警、催收策略。

1.3 策略全生命周期管理

如图 1-1 所示，策略的开发、部署、监控和调优构成策略全生命周期管理的闭环。在整个风控过程中，基于不同的风控场景，需要设计不同的风控策略，常见的有授信审批策略、定额定价策略、调额调价策略、催收策略等，但是，无论是什么类型的策略，策略的全生命周期管理都是一样的。

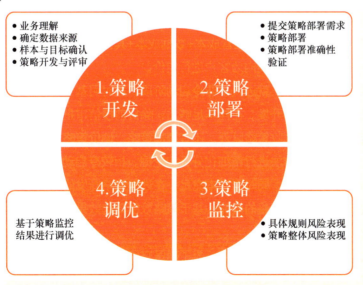

图 1-1 策略全生命周期管理

▶▶ 1.3.1 策略开发

在进行策略开发前，应当充分进行业务理解，包括但不限于风险政策、产品要素、获客场景、目标客户特征、风控数据源、要实现的业务目标。只有了解业务情况和作业基础，才能有的放矢地进行策略开发。

策略开发是贯穿风控全过程的，本书中所讲的策略开发指的就是策略的分析和挖掘。在风控过程中，因为客群资质和客群风险在不断变化，所以需要不断开发效能好的策略，并部署到决策引擎上进行决策，以便更精准地识别和管控风险。策略开发主要分为项目冷启动阶段的策略开发和项目积累一定样本后的非冷启动阶段的策略开发两种情况。

项目冷启动阶段，因样本较少，无法运用量化分析的方法开发效能好的策略进行上线，只能先基于专家经验快速构建贷前授信审批策略、定额策略、定价策略、贷中用信审批策略、贷中预警策略、贷后催收策略等，推动项目快速启动。在构建冷启动策略的时候，可以借鉴相似项目使用的具体的风控规则，若无相似项目的规则可以借鉴，则可基于业务经验挑选尽可能多的与风险相关的数据维度构建风控策略。在项目冷启动阶段，为了快速积累坏样本⊖进行模型开发和策略迭代，可在降低授信笔均、提升定价的前提下适当提升进件通过率。需要注意的是，在构建定额策略的时候，因为不知道进件客群的具体风险表现，所以要遵循"谨慎授信"的原则进行定额，防止因过度授信导致客户借款后无法偿还，而给金融机构造成损失；在构建定价策略的时候，可以结合 IRR（内部收益率）口径的几个年化指标，如预期收益率、预期损失率、资金成本、运营成本、数据成本、其他成本，反推定价范围，计算公式为：定价范围≥预期收益率+预期损失率+资金成本+运营成本+数据成本+其他成本。在确定了定价范围后，可结合产品利率上限在定价范围区间内为客户进行定价。

在项目积累了一定样本后，就进入了非冷启动阶段，这时可基于量化分析的方法，快速进行不同风控场景模型和策略的开发。在样本足够后，除贷前授信审批、定额、定价、贷中用信审批、贷中预警策略、贷后催收策略以外，还有调额策略、调价策略、客户营销策略、续授信策略等均可基于不同的分析方法进行精细化分析和挖掘。相较冷启动阶段，在项目样本足够的情况下，能做的分析要多很多，同时因样本充足，在进行策略开发的时候，可基于相应的风险指标更好地评估各个风控场景策略的效能，基于策略效能筛选效果好的策略并部署到决策引擎上进行风险决策。

在策略开发完成后，提交部署需求前，为了确保它确实是有效的，我们会先在风控部门内部进行策略评审，评估策略样本选取、分析方法、分析指标、预期效果等是否合理有效，若评审通过，则可开始撰写策略部署需求文档并提交部署团队进行策略部署，若评审未通过，则需要基于评审委员的意见和建议重新进行策略分析与挖掘，待分析完成后再次进行策略评审。

⊖ 主要是指在授信申请时间点后的一段时间内逾期超过一定天数的样本。

1.3.2 策略部署

策略部署是指策略评审通过后到策略正式决策前的阶段，主要包括提交策略部署需求、策略部署、策略部署结果验证等内容。

在通过策略评审后，策略开发人员会撰写策略部署需求文档，并将需求文档提交给策略部署人员，由策略部署人员按照需求文档将策略部署到决策引擎。在策略部署完成后，需要由测试人员和策略需求提交人员验证策略部署结果是否符合预期，常用的验证方法有测试验证、回溯比对等，待策略部署结果验证通过后，才能正式在生产中进行决策。

1.3.3 策略监控

在策略部署上线并开始进行决策后，需要持续对线上运行的策略进行监控，若发现策略决策结果与预期出现较大的偏差，要尽快分析原因并基于分析结果决定是否进行策略调优。策略监控主要从微观和宏观两个层面进行。

（1）从微观层面进行监控

在从微观层面对已上线策略进行监控的时候，重点关注的是具体规则的运行情况，监控指标需要细化到单条规则上。在对具体规则进行监控时，通常会监控规则的决策结果是否异常，是否符合预期等，若有异常或与预期相悖，则要及时查找原因并决定是否要对相关规则进行调优。

（2）从宏观层面进行监控

在从宏观层面对已上线策略进行监控的时候，重点关注的是项目层面的风险表现情况，监控指标通常是某个或多个风控场景策略汇总后的决策结果。在策略上线决策后，策略整体的决策结果直接影响项目相关的风控指标，项目相关风控指标反过来可以说明策略效能情况。在监控项目相关风控指标的时候，若指标异常或项目风险表现达不到预期，则很大的可能是某些风控场景的策略存在异常，需要从整体到局部逐一排查，若发现异常，则要及时对策略进行调优。

在实际生产中，策略监控情况相对复杂，在设计策略、项目层面监控指标，以及确定指标异常值范围的时候，要结合业务情况，具体问题具体分析。

1.3.4 策略调优

策略调优主要依赖策略监控结果。进行策略调优的目的是确保线上运行的策略效能最大化。基于策略监控结果对线上策略进行调优主要包括下列五种情况。

1）策略版本回退。若策略上线后，通过监控发现异常情况且短时间无法定位异常原因，则可对策略进行版本回退，回退后紧急排查异常原因，待排查出原因后再进行策略调整。

2）策略修正。若策略上线后发生异常且可马上定位异常原因，则可紧急对策略进行修正，修正后继续在线进行决策。

3）策略收紧。若策略上线后效能较好，且有收缩空间，则可对策略进行收紧，使策略变得更严格。

4）策略"放松"或下线。若策略上线后效能不佳，则可考虑对策略进行"放松"或下线。

5）策略重新开发。若基于策略监控结果，发现策略效能持续下降且项目风险表现不符合预期，则需要尽快重新开发效能好的策略进行风险管控。

1.3.5 如何做好策略全生命周期管理

在讲解完策略全生命周期管理的内容后，现在我们思考一个问题：如何做好策略全生命周期管理？可以从四个方面着手，即标准化、工程化、模块化、流程化。

（1）标准化

标准化主要体现在方法论层面，是指在策略全生命周期管理过程中，不断总结、沉淀和优化策略相关的标准化制度、方法、流程、体系等，并进行推广和执行，提升策略全生命周期管理的标准化程度，只有形成一整套标准化体系，才能更好地提升效率、降低成本。

策略全生命周期管理涉及需要进行标准化的内容包括变量开发标准化、模型开发标准化、策略开发标准化、策略部署流程标准化、策略监控和调优标准化等。

（2）工程化

工程化主要体现在策略相关基础设施建设层面，是在策略标准化方法论的指导下进行策略相关基础设施工程化的建设。基础设施建设的好坏会对策略的效率、效果等产生重大影响，只有做好基础设施建设，才能更好地支持策略全生命周期的管理。

策略全生命周期管理涉及需要进行工程化的内容包括实现变量批量和快速开发的工程化建设、实现策略批量和自动分析的工程化建设、实现风险自动化监控和预警的工程化建设、实现客户全生命周期管理的系统化建设等。

（3）模块化

模块化主要体现在策略的应用层面，是在策略标准化和工程化的基础上，将策略按照数据来源和类别进行拆分并分组，并将分组后的策略进行封装，做成可供项目直接调用的策略模块，达到已有的所有策略在项目中都能直接调取和使用的目的，这样既使得策略调用更加灵活、方便、高效，又可避免相似策略在不同项目中的重复开发、部署，造成资源浪费。

在策略全生命周期模块化建设的过程中，建议优先将调整不频繁的"硬"规则封装成策略模块。"硬"规则主要是指调整频率非常低，且不同项目均会使用的规则。策略模块包括反欺诈准入策略模块、人行逾期策略模块、金融机构内部逾期策略模块、金融机构内部黑名单策略模块等。

（4）流程化

流程化主要体现在策略宏观应用层面，是在策略标准化、工程化、模块化的基础上，对已有工作成果进行排序、整合，实现 1+1 远大于 2 的效果。

策略全生命周期管理流程化建设比较考验对全局的把控能力，如需要确定变量开发成果和策略分析、模型分析如何连接，以快速产出生产成果；需要确定策略决策流是串行执行还是并行执行，如果是串行执行，则需要确定先执行什么策略，再执行什么策略；需要确定策略开发、部署、监控和调优如何关联与衔接；等等。

1.4 贷前、贷中、贷后的划分及对应的风控场景

金融风控是一个很大的课题，如何做好金融风控是所有金融从业人员都要面对的难题。在业内，通常采取分而治之的方法将风控划分为贷前、贷中、贷后三个阶段，通过协同实现三个阶段的风控目标进而达到做好风控的目的。

1.4.1 贷前、贷中、贷后的划分

在金融风控全生命周期中，贷前主要是指授信成功及之前的阶段，贷中主要是指授信成功后到逾期前的阶段，贷后主要是指逾期之后的阶段，具体如图 1-2 所示。金融风控贷前阶段，其实不仅包括由业务部门牵头进行的项目（产品）层面的项目立项、尽调、评审、上线等过程，还包括由风控部门牵头进行的进件客户资质审核、定额和定价等过程，本书中所述的贷前主要是指由风控部门牵头进行的贷前客户风险管理等内容。

虽然我们对金融风控全生命周期进行了阶段划分，但是不同风控阶段不是独立的，而是紧密联系的，只有将不同风控阶段协同起来，才能更好地实现风控目标。如贷前风控做得好，贷中和贷后的压力会小很多；贷中积累的客户行为数据对进行贷前和贷后风控有较大的帮助，同时贷中客户风险管理做得好，贷后的压力也会小很多；贷后催收做得好，整体资产的风险表现

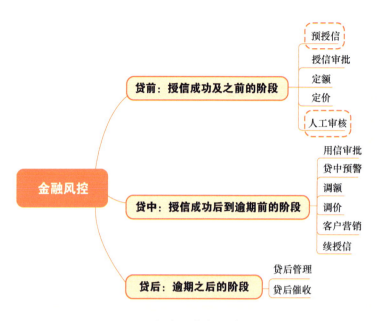

● 图 1-2 贷前、贷中、贷后的划分

会有较大的改善，同时贷后收集到的客户逾期原因信息也可以反哺贷前和贷中风控策略的优化；等等。

如何实现不同风控阶段的目标呢？答案是主要依靠风控策略和风控模型。不同风控阶段要实现的风控目标不同，要开发的风控策略、模型都是不同的，具体要开发什么样的策略和模型，要结合业务目标、数据情况等因素综合考虑。

▶▶ 1.4.2 贷前风控场景简介

贷前是风控的第一道防线，侧重对进件客户的资质（信用风险和欺诈风险）审核。贷前主要有预授信、授信审批、定额、定价、人工审核等风控场景，不同风控场景及对应的重点工作内容如下所述。

(1) 预授信

预授信主要是指金融机构基于自身拥有的一些数据和模型评分对能触达的一些潜在客户进行筛选与风险初步评估，为评估通过的客户初步定额和定价，并基于定额和定价结果对客户进行贷款营销的操作。因为预授信主要用来支持贷款营销，所以定额的时候通常会虚高一些，定价时往往偏低一些，在向客户发送贷款营销信息的时候，往往会告知客户最高可能的授信额度和最低可能的利率，以便吸引客户进行贷款申请。

预授信通过并不表示对客户的授信审批会通过，客户贷款时是否审批通过、给予的授信额度和贷款利率取决于真实的授信审批和定额、定价结果。

需要说明的是，很多金融信贷产品没有预授信场景，具体是否需要设计预授信场景，要结合实际业务需求而定。

（2）授信审批

授信审批主要是指金融机构基于客户贷款时提供的数据、自身拥有的数据、征信数据、第三方数据、各种模型评分筛选出满足准入条件的客户，并从多个维度对客户进行身份核实、还款意愿和还款能力评估，基于评估结果，对高风险客户进行授信审批拒绝，对低风险客户进行授信审批通过的操作。

授信审批通常由自动化审批和人工审核两部分组成。随着大数据和人工智能的发展，为了提高授信审批效率，降低授信审批成本，授信审批正在向纯自动化审批方向发展，人工审核在授信审批中所占的比例会越来越低。

（3）定额

定额是指针对授信审批通过的客户，基于客户风险表现、收入和负债等数据，给予客户合理授信额度的操作。在一些风控场景中，客户的授信额度会包括基础额度、临时额度、专项额度等。虽然额度类型较多，但是任何定额操作都要合理、谨慎，切莫为客户过度授信，进而导致客户无力偿还贷款而为金融机构造成损失。

（4）定价

定价是指针对授信审批通过的客户，基于客户的风险表现、动支意愿、利率敏感度等指标，为客户进行合理定价的操作。金融机构为客户进行定价的时候，要确保定价能够覆盖风控成本和预期损失，实现预期收益。

（5）人工审核

在实际生产中，贷前人工审核通常是授信审批的一部分，但因其特殊性，所以单独进行说明。人工审核主要发生在授信额度较高的金融信贷产品（如个人大额消费贷款、个人经营性贷款、企业流动性贷款等）的授信审批过程中，是对疑似但并不能直接确认风险的客户进行诸如电话、视频沟通等来进一步确认客户风险情况的操作，是对自动化授信审批策略的补充。对于授信额度偏低的贷款，通常是没有人工审核环节的，因为这类贷款往往客群基数庞大，若授信审批通过后仍进行人工审核操作，一方面会大大增加风控成本，另一方面会增加授信审批时长，影响客户体验，得不偿失；而对于授信额度较高的贷款，若出现一笔逾期，就会为金融机构带来较大的损失，通过对疑似风险客户进行人工审核操作，可以有效防范和降低风险。

人工审核通常在自动化授信审批、定额和定价等操作完成后进行，若客户进件后未被自动授信审批策略拒绝但是触发了人工审核策略，则需要进行人工审核操作，若人工审核时发现客户风险较高，则可拒绝客户的授信申请；若发现客户有一定的风险，则可在适当降低客户授信额度或提升客户定价的前提下为客户进行授信操作；若经确认，客户风险相对可控，则同意对客户进行授信操作。

人工审核不但承担着疑似风险客户的风险确认职责，而且需要不断总结和提炼人工审核过程中发现的共性风险点，反哺和推动授信审批尤其是自动化审批策略的优化。

1.4.3 贷中风控场景简介

贷中是风控的第二道防线，主要包括客户风险管理和客户运营两部分内容，两部分内容相互穿插，相辅相成。相对来讲，贷中更侧重对存量客群的运营。随着贷前获客成本越来越高，通过对存量客户的运营以提高存量客户黏性和提升存量客户价值显得越来越重要。相比贷前和贷后，贷中客户风险管理部分涉及的风控场景要更多和更复杂，因为贷中不仅要对客户进行风险管控，还要通过提升存量客户的价值和黏性进而创造更多的利润。

贷中阶段主要包括用信审批、贷中预警、调额、调价、客户营销、续授信等风控场景，其中用信审批和贷中预警场景更侧重客户风险管理，其他场景在兼顾风险的同时会侧重客户运营。

需要说明的是，在对贷前、贷中进行划分的时候，有人将用信审批场景划入了贷前，但是作者认为更应该将该场景划入贷中，因为当前金融信贷产品多为循环额度类产品，客户在已有在贷的情况下仍然可以继续用信，若将客户在此种情况下的用信纳入贷前，则显然是不合理的。

（1）用信审批

用信审批主要是在客户用信时对其进行风险评估，基于评估结果，对高风险客户拒绝用信，对低风险客户通过用信。个别循环额度类的大额金融信贷产品还涉及对触发中高风险策略（这类策略主要是指用信场景的人工审核策略）且借款金额较高的客户进行人工审核的操作。通常，用信审批拒绝率是不高于授信审批通过率的，因为授信审批通过的客户在其用信时被拒绝会影响客户用信体验，加快客户流失速度。

需要说明的是，在用信审批环节对触发中高风险策略的借款客户进行人工审核时，若客户在短时间内（如半个月内）刚被进行了人工审核动作且审核通过，即使客户在本次用信时又触发了中高风险策略，也没必要短时间重复进行人工审核操作，可直接对客户进行放款，若再次进行人工审核，则会影响客户的用款体验，甚至会引起客户的流失，得不偿失。

（2）贷中预警

贷中预警分为循环额度类信贷产品贷中预警和非循环额度类信贷产品贷中预警。

非循环额度类信贷产品贷中预警主要是指对已经放款且贷款未结清的客户定期进行风险评级，基于评级结果，若客户触发高风险预警，则需要及时发出预警信号，必要时可提前催收。

循环额度类信贷产品贷中预警主要是指在贷中客户风险管理过程中，持续对客户进行风险评级，基于评级结果，对高风险客户进行额度冻结、清退、提前催收等操作。客户额度冻结期间无法进行借款，同时会视情况将额度冻结且有在贷的高风险客户推送给贷后团队，以便提前进行风险处置；额度清退是比额度冻结更严厉的处置手段，它是将客户的授信额度清零，客户后续将无法继续使用该信贷产品，对于额度被清退且有在贷的客户，需要推送给贷后团队，以便提前进行风险处置。在实际工作中，通过定期主动进行贷中预警，可以有效地发现潜在的高风险客户，通过对风险客户的额度冻结、清退、提前催收等操作，可以有效地优化资产结构，降低风险损失，及时止损。

需要说明的是，若大范围进行额度冻结、清退等操作，可能会加快以贷养贷类客户的逾期，因为这些客户在额度不能使用后可能会因为无法及时借到钱归还将要到期的贷款而出现逾期的情况，但是，从长远来看，这是有利于资产结构优化和风险控制的。

（3）调额

调额主要适用于循环额度类信贷产品（单笔单贷类信贷产品不涉及调额），是指在贷中客户风险管理阶段，对授信成功后满足某些筛选条件（如至少有一定还款表现、授信成功后半年未用信等）的客户进行风险评估，基于评估结果，对资质好的客户提高授信额度，对资质差的客户降低授信额度的操作。对优质客户进行提额操作，可以促使客户进行支用，增加客户黏性；对风险客户进行降额操作，可以在一定程度上降低风险和损失。

（4）调价

调价主要适用于循环额度类信贷产品（单笔单贷类信贷产品不涉及调价），是指在贷中客户风险管理阶段，对授信成功后满足某些筛选条件（如出现过短期逾期、连续借款多次且均按时还款等）的客户进行风险评估，基于评估结果，对资质好的客户降低定价，对资质差的客户提高定价的操作。

需要说明的是，在贷中客户风险管理阶段，一般不建议频繁对客户进行提价，若对客户进行频繁提价，则可能会引起客户反感，降低客户金融服务体验，加快客户流失；也不建议对客户进行降价，这样会导致金融机构收益率下降。

（5）客户营销

贷中客户营销主要是指在贷中阶段为了更好地满足优质客户不同的金融需求，向优质客户提供定制化金融服务的操作，提供的金融服务包括促支用营销、交叉营销、流失预警挽留等。贷中营销需要同时兼顾风险和收益，且在整个业务流程中需要多部门合作，这些也是贷中管理与贷前、贷后的差异点。

（6）续授信

续授信是对授信有效期即将到期或已经到期的客户进行重新授信的操作，重新授信时，基于客户在该时点的风险状况，对高风险客户拒绝续授信，对非高风险客户进行续授信。续授信可以解决客户授信有效期到期后额度不能正常使用的问题，同时通过对客户进行续授信操作，可控制客户授信有效期过长的问题，既可以更好地管控风险，又满足了监管的要求。

1.4.4 贷后风控场景简介

贷后是风控的最后一道防线，是控制风险、防止不良贷款发生的重要一环。贷后的工作主要包括贷后管理和贷后催收两大部分。

（1）贷后管理

贷后管理涉及的事项繁杂，主要包括贷后检查、贷款五级分类、不良贷款处置等内容。此外，如贷款档案管理、押品管理等，虽然也属于贷后管理范畴，但它们不作为本书的重点内容进行讲述。

1）贷后检查。贷后检查主要是指通过客户访谈、实地检查、金融机构内部查询等途径获取客户贷后风险信息，对发现风险的贷款进行预警和补救。按照贷前、贷中和贷后的划分，贷后检查可以归入贷中阶段，但是，贷后检查经常涉及对已发放的风险贷款实施提前催收等措施，放入贷后会更合适。

2）贷款五级分类。贷款五级分类是指基于贷款所处的风险阶段将贷款划分为五个类别，分别是正常类贷款、关注类贷款、次级类贷款、可疑类贷款和损失类贷款。

3）不良贷款处置。不良贷款处置主要是指对进入不良阶段的贷款，通过现金清收、贷款重组、以资抵债、呆账核销、批量转让、不良资产证券化、市场化债转股、破产清算等手段进行处置，降低金融机构不良指标，优化资产结构。

（2）贷后催收

贷后催收属于贷后管理，因比较特殊，一般单列出来。贷后催收主要是针对贷中预警客户或者逾期客户在合适的时间以特定的频率采用不同的催收方式和催收话术进行催收，最终促使客户还款的操作。贷后催收主要包括两方面的内容，具体如下。

1）制订催收策略。催收策略主要包括催收客户分群策略、分案策略、拨打策略、话术策略等。通过制订相应的催收策略，金融机构可更好地进行催收。

2）基于催收策略进行催收。在对入催客户进行催收时，可基于催收策略，采取差异化手段进行。常用的催收手段有短信、电话、信函、上门、委外、诉讼等。通过及时、有效的贷后催收，金融机构可以最大程度回收逾期资产，降低损失。

1.5 本章小结

在读完本章后，读者不妨自问自答下列问题。

1）什么是风控策略？

2）风控策略和模型的区别与联系分别是什么？

3）风控策略的全生命周期管理都包含哪些内容？

4）贷前、贷中、贷后是怎么划分的？分别包含了哪些风控场景？不同风控场景中的主要工作内容是什么？若能一一回答上述问题，那么相信读者对风控策略已经有了系统性了解。若有无法回答的问题，那么建议读者一定要重新读一下本章的相关内容，因为上述问题的答案不但是风控策略的框架性指引，而且是风控策略面试中经常提及的知识点。

在本章中，虽然讲到了风控策略的最终目标是帮助金融机构实现利润最大化，但是各位金融从业人员不要忘记自己肩负着普惠金融的使命，在必要的时候，需要和金融机构一起让利普通大众和相关小微企业，为助力我国经济的更好发展做出贡献。

在后面的章节中，会按照总分结构对本章的内容进行逐一展开、详细讲述。按照顺序，会先介绍风控策略全生命周期管理（策略的开发、部署、监控、调优）过程中的一些通用方法和实践，再依托策略全生命周期管理内容，结合贷前、贷中、贷后、反欺诈等具体风控场景，讲解风控策略要做的事情，以及如何做好这些事情。

风控策略开发

在风控过程中,风控策略最终是要直接参与风控决策的,风控策略的好坏会对风控结果产生直接影响,因此,开发有效的风控策略至关重要。

2.1 策略类型划分

在实际生产中,我们开发的所有策略可以分为单维度和多维度两种类型。

若策略由一个变量构成,那么我们称之为单维度策略。单维度策略比较简单,常见的示例形式:"变量+取值方向判断+切分点+风控建议"。若策略由至少两个变量构成,则称之为多维度策略。多维度策略复杂很多,常见的一种示例形式:"变量1+取值方向判断+切分点且(或)变量2+取值方向判断+切分点+风控建议"。

表2-1展示了贷前、贷中、贷后的一些风控场景涉及的策略类型及其对应的策略样例,这些样例可以方便读者更好地了解单维度策略和多维度策略。

表 2-1 不同风控场景涉及的策略类型与策略样例或说明

风控场景	策略类型	策略样例或说明
贷前授信审批	单维度策略	进件客户年龄不属于[22,60],授信审批拒绝
	单维度策略	A卡模型分<500,授信审批拒绝
	多维度策略	近3个月,客户申请贷款机构数>5且客户当前负债>60000元,授信审批拒绝
贷前定额	多维度策略	在定额场景中,通常基于贷前风险模型分,以及客户收入、负债和多头等相关变量进行组合,构建定额策略。定额策略的构建往往会使用多个变量且定额策略中的变量的组合形式通常不固定。定额策略基本上是多维度策略

第 2 章 风控策略开发

(续)

风控场景	策略类型	策略样例或说明
贷前定价	多维度策略	在定价场景中,通常基于客户的风险评级、动支意愿等相关变量构建定价策略。定价策略基本上是多维度策略
贷中用信审批	单维度策略	客户近10天借款申请次数>10,用信审批拒绝
	多维度策略	客户近10天借款申请机构数次数>5且B卡模型分<510,用信审批拒绝
贷中调额	多维度策略	在调额场景中,往往是先基于一些策略筛选出满足调额条件的客户,形成清单,再基于调额规则对客户进行调额。调额策略相对复杂,属于多维度策略
贷中调价	多维度策略	在调价场景中,往往是先基于一些策略筛选出满足调价条件的客户,形成清单,再基于调价规则对客户进行调价。调价策略相对复杂,属于多维度策略
贷后催收	单维度策略	客户逾期天数≤2,短信催收
	多维度策略	客户逾期天数>30且C卡模型分<300,委外催收

单维度策略和基于CART模型的多维度策略主要的、通用的分析和挖掘过程如图2-1所示。

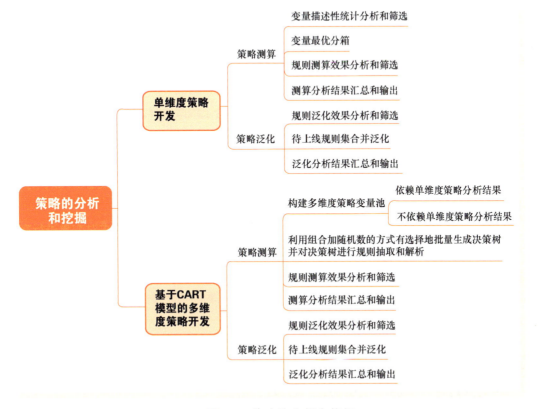

● 图 2-1 策略的分析和挖掘

单维度策略的开发相对简单，方法论也比较成熟，多维度策略的开发比较复杂，没有一套普适的方法论。在大多数情况下，主要基于 CART 模型进行多维度策略的开发。

需要注意的是，在实际生产中，风控策略开发涉及的场景多种多样，若项目处于冷启动阶段，那么，因没有足够的样本积累，将无法采用量化分析的方法进行策略的分析和挖掘，往往基于专家经验采用定性分析的方法构建冷启动策略。构建冷启动策略主要有以下两种方式：第一，借鉴同类型产品的规则进行策略构建；第二，利用头脑风暴方式获得一些与业务强相关的变量，从而利用它们进行策略构建。项目冷启动阶段的风控策略开发不作为本章的重点讲述内容，接下来主要讲述项目非冷启动阶段的风控策略量化开发方法。

2.2 单维度策略开发

在策略开发过程中，所有的风控场景都涉及单维度策略的开发。单维度策略开发其实就是对单个变量进行分析和挖掘，评估其是否适合单独用来进行风控决策的过程。单维度策略开发包括策略测算和策略泛化两个主要环节，策略测算是在训练集（Train Set）上分析策略效果，策略泛化是在验证集（Validation Set）上分析策略效果。若策略在训练集和验证集上的效果都较好，那么我们才认为策略效果较好，可以上线做决策。需要指出的是，在做单维度策略开发时，很多人会忽略策略泛化环节，其实这是不对的，因为策略测算效果好，不见得泛化效果会好，而泛化效果不好，说明策略效果是不稳定的，不适合上线做决策，若不做策略泛化就进行策略上线，则可能带来不符合预期的结果。

单维度策略测算包括三个主要步骤，具体如下所述。

1）变量描述性统计分析和筛选：对变量进行描述性统计分析，剔除缺失值占比或众数占比过高的变量，其余变量进入下一轮分析。

2）变量最优分箱：针对变量描述性统计分析筛选的变量，结合业务需求对变量进行有监督或无监督分箱，分箱时，对头部或尾部的分箱，需要足够精细，以便能快速找到对坏样本区分度足够好的切分点，分箱完成后，可结合目标字段计算不同分箱对应的样本量、样本占比、Bad_Rate、Odds Ratio、Lift 等指标，为规则测算效果分析和筛选做好准备。上述指标的计算逻辑将在下文介绍。

3）规则测算效果分析和筛选：基于分箱结果，筛选效果好且有业务解释性的单维度规则进行泛化。

单维度策略泛化包括两个主要步骤，具体如下所述。

1）规则泛化效果分析和筛选：将策略测算环节筛选的效果好的规则在验证集上进行泛化

分析，筛选泛化效果好且稳定的规则进入待上线规则集。若最终只筛选了 1 条待上线规则，则基于规则泛化结果直接上线即可；若最终筛选了至少两条待上线规则，则需要对待上线规则集进行合并泛化。

2）待上线规则集合并泛化：若待上线规则集中有不少于两条规则，则需要将这些规则合并成 1 条规则并进行泛化，然后分析所有规则同时上线对风险指标的影响。

待上述步骤完成后，筛选待上线的规则在风控内部进行策略评审，评审通过后，就能部署上述规则并上线决策了。

在接下来讲述策略开发过程的时候，罗列的指标均为实际生产中经常使用的指标，相关指标的计算过程均可在案例实践中找到。

2.2.1 变量描述性统计分析和筛选

变量描述性统计分析主要是基于训练集分析变量对应的一些常见的统计学指标，通过这些指标，可以对变量的取值和分布有大概的了解。变量描述性统计分析的主要指标见表 2-2。

表 2-2 变量描述性统计分析的主要指标

序号	指标名称	指标计算说明	指标解读
1	总样本量	策略测算时的样本量，即训练集样本量	策略测算时的样本量不应太少，太少会导致测算结果不准确
2	缺失量	变量缺失值对应的样本量	变量缺失越多，损失的信息越多
3	缺失率	变量缺失值占比	同上
4	Bad_Rate（不含缺失值）	结合 Y 变量进行分析，剔除缺失值后样本对应的 Badrate	若非缺失变量值对应的 Badrate 小于整体的 Badrate，则说明缺失值对应的 Badrate 较大，该变量对坏样本区分度一般
5	Bad_Rate（包含缺失值）	结合 Y 变量进行分析，全量样本对应的 Badrate	在策略测算时，样本的 Badrate 不能太低，要确保有一定数量的坏样本
6	单一值最大占比的变量值	不剔除缺失值，计算变量众数对应的变量值，若有多个众数，则会随机取一个	众数值对应样本量越多，占比越大，说明变量取值越集中
7	单一值最大占比的样本量	变量众数对应的样本量	同上
8	单一值最大占比	变量众数占比	同上
9	单一值第二大占比的变量值	不剔除缺失值，测算样本中出现次数排名第二的变量值。若存在多个众数，则取值可能为众数	若该值在样本中占比较大，则说明整体样本分布比较集中，否则说明样本分布比较分散
10	单一值第二大占比的样本量	变量取值个数排名第二的值对应的样本量	同上

(续)

序号	指标名称	指标计算说明	指标解读
11	单一值第二大占比	变量取值个数排名第二的值的占比	同上
12	单一值第三大占比的变量值	不剔除缺失值，测算样本中出现次数排名第三的变量值。若存在多个众数，则取值可能为众数	若该值在样本中占比较大，则说明整体样本分布比较集中，否则说明样本分布比较分散
13	单一值第三大占比的样本量	变量取值个数排名第三的值对应的样本量	同上
14	单一值第三大占比	变量取值个数排名第三的值的占比	同上
15	单一值前二大占比的总样本量	不剔除缺失值，测算样本中出现次数排名前两位的变量值对应的样本量	数量越多，占比越大，说明变量取值越集中，它反映变量集中度
16	单一值前二大占比总和	测算样本中出现次数排名前两位的变量值对应的样本量的占比	同上
17	单一值前三大占比的总样本量	不剔除缺失值，测算样本中出现次数排名前三位的变量值对应的样本量	同上
18	单一值前三大占比总和	测算样本中出现次数排名前三位的变量值对应的样本量的占比	同上
19	变量取值数（包含缺失值）	变量取值个数，统计时包含缺失值	取值个数越少，说明变量取值越集中，它反映变量的离散程度
20	变量取值数（不含缺失值）	剔除缺失值后变量取值个数	同上
21	最小值	变量最小值	获取变量最小值
22	最大值	变量最大值	获取变量最大值
23	平均值	不考虑缺失值，计算所有变量值之和与样本量的比值	获取变量均值
24	下四分位数	不考虑缺失值，把所有数值由小到大排列并分成四等份，处于第一个分割点位置的数值就是下四分位数	与上四分位数和中位数差距越大，说明取值越分散
25	中位数	不考虑缺失值，把所有数值由小到大排列并分成二等份，处于分割点位置的数值就是中位数	通过比较中位数与平均值的大小，可知变量的分布情况
26	上四分位数	不考虑缺失值，把所有数值由小到大排列并分成四等份，处于第三个分割点位置的数值就是上四分位数	与下四分位数和中位数差距越大，说明取值越分散
27	标准差	不考虑缺失值，计算样本方差的平方根	反映变量离散程度
28	离散系数	离散系数=标准差/平均值	衡量变量取值的离散程度，取值越大，离散程度越高

在进行变量描述性统计分析过程中，若某一个变量众数占比过高（如缺失值或非缺失值众数占比≥98%，具体可结合数据情况自定义），则说明这个变量包含的信息较少，进入下一轮变量分箱的意义不大，不适合用来设计单维度规则。图 2-2 为变量描述性统计分析部分结果示例，基于变量描述性统计分析结果，标签 1 取值为 Y 表示变量会进入下一轮分析，标签 1 取值为 N 表示该变量包含信息较少，不进入下一轮分析。

坏客户定义	变量英文名	变量中文名	样本区间	%Bad_Rate(包含缺失值	总样本量	缺失率	平均值	下四分位数	中位数	上四分位数	标准差	离散系数	标签1
fpd_30_act	var1	变量1	202108-2021	0.58%	13139	14.12%	0.542360865	0	0	1	0.976448628	1.800367046	Y
fpd_30_act	var2	变量2	202108-2021	0.58%	13139	14.31%	0.227018385	0	0	0	0.486037485	2.140960894	Y
fpd_30_act	var3	变量3	202108-2021	0.58%	13139	14.12%	0.775345622	0	1	1	0.84816362	1.093916824	Y
fpd_30_act	var4	变量4	202108-2021	0.58%	13139	14.12%	0.007266927	0	0	0	0.504271379	69.39266145	Y
fpd_30_act	var5	变量5	202108-2021	0.58%	13139	14.12%	0.036954981	0	0	0	0.203563994	5.508431913	Y
fpd_30_act	var6	变量6	202108-2021	0.58%	13139	14.12%	0.690978376	0	0	1	1.068524311	1.54639327	Y
fpd_30_act	var7	变量7	202108-2021	0.58%	13139	14.12%	0.759482453	0	1	1	0.939466849	1.236982955	Y
fpd_30_act	var8	变量8	202108-2021	0.58%	13139	14.65%	792.7710005	760	792	825	52.75185619	0.066541102	Y
fpd_30_act	var9	变量9	202108-2021	0.58%	13139	14.12%	6.710652251	2	5	10	5.873174252	0.875201699	Y
fpd_30_act	var10	变量10	202108-2021	0.58%	13139	15.31%	0.996726541	0.346153846	0.615384615	1.028781513	1.882925237	1.889109159	Y
fpd_30_act	var11	变量11	202108-2021	0.58%	13139	14.12%	0.014445232	0	0	0	0.486492979	33.67844649	N
fpd_30_act	var12	变量12	202108-2021	0.58%	13139	14.12%	0.000886211	0	0	0	0.029756095	33.57677769	N
fpd_30_act	var13	变量13	202108-2021	0.58%	13139	22.03%	0.373743678	0	0.25	0.5	0.455367873	1.21839619	Y
fpd_30_act	var14	变量14	202108-2021	0.58%	13139	14.12%	59518.52313	0	10000	50000	260395.3781	4.375030904	Y
fpd_30_act	var15	变量15	202108-2021	0.58%	13139	14.12%	0.199840482	0	0	0	0.440581424	2.20466554	Y
fpd_30_act	var16	变量16	202108-2021	0.58%	13139	14.12%	0.597961441	0.333944687	0.666332204	0.894103278	0.32858091	0.549501837	Y
mob3_dpd_30_ac	var1	变量1	202108-2021	4.03%	11997	15.46%	0.557286531	0	0	1	0.993481839	1.782712812	Y
mob3_dpd_30_ac	var2	变量2	202108-2021	4.03%	11997	15.65%	0.230556379	0	0	0	0.486512622	2.110167693	Y
mob3_dpd_30_ac	var3	变量3	202108-2021	4.03%	11997	15.46%	0.792841649	0	1	1	0.854406162	1.077650454	Y
mob3_dpd_30_ac	var4	变量4	202108-2021	4.03%	11997	15.46%	0.007887991	0	0	0	0.531716316	67.40833591	Y
mob3_dpd_30_ac	var5	变量5	202108-2021	4.03%	11997	15.46%	0.037369355	0	0	0	0.205628984	5.502609898	Y
mob3_dpd_30_ac	var6	变量6	202108-2021	4.03%	11997	15.46%	0.710707947	0	0	1	1.083808931	1.52497089	Y
mob3_dpd_30_ac	var7	变量7	202108-2021	4.03%	11997	15.46%	0.763951883	0	0	1	0.948220724	1.241204773	Y
mob3_dpd_30_ac	var8	变量8	202108-2021	4.03%	11997	15.99%	791.9820419	760	791	824	52.97010948	0.066882968	Y
mob3_dpd_30_ac	var9	变量9	202108-2021	4.03%	11997	15.46%	6.84204299	2	6	10	5.951646952	0.86986401	Y
mob3_dpd_30_ac	var10	变量10	202108-2021	4.03%	11997	16.59%	0.979839258	0.343358963	0.608695652	1	1.865170742	1.903547676	Y
mob3_dpd_30_ac	var11	变量11	202108-2021	4.03%	11997	15.46%	0.016071781	0	0	0	0.513126867	31.92719438	N
mob3_dpd_30_ac	var12	变量12	202108-2021	4.03%	11997	15.46%	0.000887399	0	0	0	0.029776022	33.55426782	N
mob3_dpd_30_ac	var13	变量13	202108-2021	4.03%	11997	23.01%	0.368776052	0	0.25	0.5	0.448299275	1.215640962	Y
mob3_dpd_30_ac	var14	变量14	202108-2021	4.03%	11997	15.46%	59309.84392	0	10000	50000	268977.78	4.535128779	Y
mob3_dpd_30_ac	var15	变量15	202108-2021	4.03%	11997	15.46%	0.197692763	0	0	0	0.438331261	2.217234736	Y
mob3_dpd_30_ac	var16	变量16	202108-2021	4.03%	11997	15.46%	0.5976048	0.331922109	0.664639146	0.894905463	0.329033392	0.550586931	Y

● 图 2-2　变量描述性统计分析部分结果示例

2.2.2　变量最优分箱

变量分箱是一种数据预处理手段，主要是对数值型变量进行离散化操作。若要进行分箱的是离散型变量，则可先用变量不同取值对应的 Badrate 将离散型变量转换为数值型变量，再执行分箱操作。变量的分箱方法主要包括有监督分箱和无监督分箱，有监督分箱需要结合目标字段一起进行，分箱速度较慢；无监督分箱不需要目标字段就能进行，分箱速度较快。常见的有监督分箱方法有卡方分箱、决策树分箱、Best-KS 分箱等，常见的无监督分箱方法有等频分箱和等宽分箱等。虽然上述分箱方法都比较成熟，但都不是适用于单维度策略测算场景的最优分箱方法。

本节介绍一种基于业务经验设计的适用于单维度策略测算场景的最优分箱方法，该分箱方法属于无监督分箱范畴。在大多数情况下，单维度规则的最终结果形态往往是变量取值在某个切分点之上或之下,且单条规则的拒绝率一般不超过5%(用单个模型分变量设计的单维度规则拒绝率可能会超过5%,但一般不超过20%),因此,在评估单变量规则效果的时候,我们往往更看重头部或尾部的分箱对坏样本是否有区分度,若有区分度(如头部或尾部的分箱对应的样本占比大于1%、小于3%且分箱对应的Lift>3),则会从头部或尾部的样本中找出变量最优的切分点,然后对规则进行泛化,若泛化效果仍较好,则会上线该规则进行风险决策。基于业务经验设计的最优分箱方法只适用于数值型变量,若要分析的变量为分类型变量,则需要先用每个分类对应的Badrate将变量转换为数值型变量,再进行分析。接下来结合虚构的数据样例展示最优分箱方法的实现步骤。

(1)将变量非缺失样本按照取值从小到大排序,并计算每个取值对应的样本量和占比

表2-3为虚构的数据样例,表中变量非缺失值取值个数为8,对变量值从小到大排序,并计算各个取值对应的样本占比。

表2-3 变量排序后取值样例

变 量 取 值	取值对应的样本占比	变 量 取 值	取值对应的样本占比
1	35%	5	7%
2	25%	6	1%
3	20%	7	1%
4	10%	8	1%

(2)基于步骤(1)的结果,首先切分出头部和尾部N%的样本,然后对N%的样本进行再次切分,每个分箱的样本占比不高于K%

上述过程包括两个小步骤,一是对步骤(1)的结果进行第一次分箱,切分出头部和尾部N%的样本,二是对头部和尾部N%的样本进行精细化分箱,每个分箱的样本占比不超过K%。之所以要对头部和尾部N%的样本进行再次分箱,就是为了在这些样本中找出最优切分点,作为单维度规则的切分点。

基于表2-3中的结果,首先切分出头部和尾部前N%的样本,此处假设N=5,然后对5%的样本进行精细化分箱,每个分箱的样本占比不超过K%,此处假设K=2。表2-4展示了对变量头部和尾部N%样本切分及再对N%样本二次切分的过程。

表2-4 对变量头部和尾部N%样本切分及再对N%样本二次切分的过程

变 量 取 值	取值对应的样本占比	变量第一次分箱	变量第二次分箱
1	35%	(-inf,1]	(-inf,1]
2	25%	[2]	[2]

(续)

变量取值	取值对应的样本占比	变量第一次分箱	变量第二次分箱
3	20%	[3]	[3]
4	10%	[4]	[4]
5	7%	[5]	[5]
6	1%	[6, inf)	[6]
7	1%		[7, inf)
8	1%		

基于表 2-3，首先要对变量进行第一次分箱，将头部和尾部的 5% 的样本归入一箱。头部样本取值为 1 时，样本占比为 35%，已经超过 5%，故无须进行样本切分，尾部的最后 4 个样本取值分别为 8、7、6、5，对应的样本占比分别为 1%、1%、1%、7%，若对 8、7、6 进行合并，则样本占比为 3%，小于 5%，若对 8、7、6、5 进行合并，则样本占比为 10%，大于 5%，不满足分箱条件，分箱终止，故只需要对 8、7、6 对应的分箱进行合并。变量第一次分箱结果见表 2-4 中"变量第一次分箱"列。

基于表 2-4 中"变量第一次分箱"列对变量进行第二次分箱，只需要对取值为"[6, inf)"的分箱进行细分箱，每个细分箱的样本占比不超过 2%，故细分成了两个分箱"[7, inf)"和"[6]"，该步骤的最终分箱结果见表 2-4 的"变量第二次分箱"列。

（3）基于变量分箱数量，对中间的 (1-2N%) 样本对应的分箱结果进行合并，增强分箱结果的可读性

在进行单变量分箱的时候，我们往往不是很关注中间样本的分箱情况，而且，如果变量取值很多，那么分出来的箱会非常多，可读性较差。为了解决这种问题，我们需要对不是很关注的中间样本的分箱进行合并。对于中间样本的分箱，即使有些分箱对应的 Lift 取值很高，我们通常也不会将它用来设计规则。例如，单维度规则的形式为："A 卡模型分取值属于 [500，600]，授信审批拒绝"，这样的规则很难给出合理的业务解释，在实际生产中，没有业务解释性的单维度规则基本上不会使用。

在完成步骤（2）后，若表 2-4 中"变量第二次分箱"列对应的分箱数太多（如大于 16 箱），则不利于分箱结果的展示，可对中间的 (1-2N%) 样本对应的分箱进行合并；若表 2-4 中"变量第二次分箱"列对应的分箱数不是很多（如小于或等于 16 箱），则不需要进行分箱合并。假设需要对表 2-4 中"变量第二次分箱"列的分箱结果进行合并，则基于合并逻辑合并后的结果见表 2-5 的"对中间样本分箱合并"列。

表 2-5 中间的（1-2N%）样本分箱合并过程

变量取值	取值对应的样本占比	变量第一次分箱	变量第二次分箱	对中间样本分箱合并
1	35%	(-inf, 1]	(-inf, 1]	(-inf, 1]
2	25%	[2]	[2]	[2, 5]
3	20%	[3]	[3]	
4	10%	[4]	[4]	
5	7%	[5]	[5]	
6	1%	[6, inf)	[6]	[6]
7	1%		[7, inf)	[7, inf)
8	1%			

（4）若变量存在缺失值，则缺失值单独分一箱

若变量存在缺失值，则缺失值通常需要作为单独的一箱并与表 2-5 中"对中间样本分箱合并"列的分箱结果合并，形成最终的分箱结果。在最终分箱结果中，缺失值处于最后一箱。至此，变量的分箱结果就确定了，接下来就需要计算不同分箱对应的相关统计指标了。

（5）结合目标字段和分箱结果计算不同分箱对应的各种统计指标

结合目标字段和分箱结果计算的主要指标见表 2-6。2.2.7 节中的案例实践代码部分计算的指标的名称和表 2-6 中"指标名称"列是一一对应的。

表 2-6 变量分箱对应的主要统计指标

序号	指标名称	指标计算说明	指标解读
1	Bin	变量分箱结果	分箱结果示例：(-inf, 573]
2	#Obs	不同分箱对应的样本量	正常情况下每个分箱对应的样本量至少要大于 30，要满足大数定律
3	%Obs	不同分箱对应的样本的占比	不同分箱对应的样本的占比，通常不低于 0.5%
4	#Cum_Obs	不同分箱对应的累计样本量	样本量累计值
5	%Cum_Obs	不同分箱对应的累计样本的占比	样本量累计占比
6	#Good	不同分箱对应的好样本量	好样本量越大且占比越大，说明该分箱对坏样本区分度越差
7	%Good	不同分箱对应的好样本的占比	同上
8	#Cum_Good	不同分箱对应的累计好样本量	进行数量统计
9	%Cum_Good	不同分箱对应的累计好样本的占比	同上
10	#Bad	不同分箱对应的坏样本量	坏样本量越大且占比越大，说明该分箱对坏样本区分度越好

(续)

序号	指标名称	指标计算说明	指标解读
11	%Bad	不同分箱对应的坏样本的占比	同上
12	#Cum_Bad	不同分箱对应的累计坏样本量	进行数量统计
13	%Cum_Bad	不同分箱对应的累计坏样本的占比	同上
14	%Bad_Rate	不同分箱样本的Badrate,计算公式:该分箱的坏样本量/该分箱的所有样本量	取值越大,说明该分箱对坏样本区分度越好
15	WOE	证据权重(Weight of Evidence)。关于WOE的计算公式,读者可到网络上搜索,故此处不展开说明	绝对值越大,对好、坏样本区分度越强
16	IV(bin)	信息价值(Information Value),关于IV值的计算公式,读者可到网络上搜索,故此处不展开说明	用来衡量不同分箱包含的信息价值,值越大,包含信息的价值越大
17	IV(total)	不同分箱对应的IV累计值	衡量变量整体包含的信息价值,最终取值越大,说明变量包含的信息的价值越大
18	Odds1	优势比(Odds Ratio)。对于非缺失样本分箱,Odd1=(当前及之前所有分箱对应的坏样本量/好样本量)/(当前及之后所有分箱对应的坏样本量/好样本量)	主要用来衡量负向变量(取值越小,对坏样本区分度越好的变量)的效果
19	Odds2	主要用来衡量正向变量(取值越大,对坏样本区分度越好的变量)的效果。对于非缺失样本分箱,Odds2=(当前及之后所有分箱对应的坏样本量/好样本量)/(当前及之前所有分箱对应的坏样本量/好样本量)	与Odd1互为倒数
20	Lift	基于全量样本计算,Lift=分箱中坏样本的占比/全量样本中坏样本的占比,值越大,对坏样本的识别越好	用来衡量不同分箱对坏样本的区分度,取值越大,对坏样本区分度越好

图2-3是变量最终分箱结果示例图,在变量分箱过程中,虽然计算了数十个统计指标,但

● 图2-3 变量最终分箱部分结果

是比较重要的6个统计指标分别为Bin、#Obs、%Obs、#Bad、%Bad_Rate、Lift，因为基于上述6个重要的统计指标基本上就能够确定变量头部或尾部的分箱对坏样本的区分度了。

2.2.3 规则测算效果分析和筛选

在完成变量分箱后，接下来，先要基于变量非缺失值分箱结果确定规则对应的最优切分点和取值方向，在确定了规则切分点和取值方向后，再对规则效果进行分析并筛选效果好的规则进行泛化。规则最优切分点通常从头部或尾部$N\%$样本对应的分箱中确定，在确定规则后，再基于触碰量、触碰率、Lift等指标评估和筛选效果好的规则进入规则泛化环节。具体步骤如下所述。

（1）取头部$N\%$样本对应的所有分箱结果，令$a = \text{Max}(\text{Odds1})$；取尾部$N\%$样本对应的分箱结果，令$b = \text{Max}(\text{Odds2})$

在批量分析一批变量之前，可能不清楚变量是负向变量还是正向变量，所以，在分析时，会同时计算适用于负向变量的Odds1指标（适用于取值越小对坏样本区分度越好的变量）和适用于正向变量的Odds2指标（适用于取值越大对坏样本区分度越好的变量）。若分析的变量是负向变量，且变量效果较好，则最优切分点会出现在头部$N\%$样本中；若分析的变量是正向变量，且变量效果较好，则最优切分点会出现在尾部$N\%$样本中。

（2）通过判断a和b的取值大小来确定最优切分点

若$a \geqslant b$，则可判断变量为负向变量，切分点为a对应分箱的临界点。接下来，先定位到a（即Max（Odds1））对应的分箱，常见分箱通常为"（数值1，数值2]"的形式，因为变量为负向变量，所以最优切分点即为"数值2"，规则取值方向为"≤"，最终规则内容为"变量≤数值2"，再加上对应的风控建议，就形成了一条完整的单维度规则。

若$a<b$，则可判断变量为正向变量，切分点为b对应分箱的临界点。同理可得，若b对应的分箱为"（数值1，数值2]"，那么，因为变量是正向变量，所以最优切分点为"数值1"，规则取值方向为"＞"，最终规则内容为"变量＞数值1"。

当然，除$a \geqslant b$和$a<b$以外，还可能存在其他情况。以Odds1的计算逻辑举例，公式中可能出现分母为0的情况，这样算出来的Odds1其实是异常值，在这里的阐述中，为了方便读者快速理解单维度策略分析原理，未把异常值的情况考虑在内，但是，在后续代码部分，会涉及和处理异常情况。另外，因为出现异常值的情况不多，所以这里不再针对异常值的情况进行讨论。

（3）规则效果分析和筛选

在确定了规则的最优切分点和取值方向后，单维度规则基本上就确定下来了。接下来，主要基于预期的规则的触碰量、触碰率以及触碰样本的Lift值来评估规则效果。在规则触碰率小

于 $N\%$（N 通常取值为 5）且触碰量至少大于或等于 n（n 通常取 30，取值要满足大数定律）的前提下，触碰样本的 Lift（Lift 通常要大于 3）取值越大，规则效果越好。

在完成规则效果分析后，需要基于预设的条件筛选效果足够好的规则进行泛化分析。在设定规则筛选条件时，需要结合业务情况，如“规则触碰率范围为 1%～6%、规则触碰量大于或等于 50 且规则触碰样本的 Lift 大于或等于 4”等。在 2.2.7 节所示的案例实践的代码部分，在基于规则效果进行规则筛选的时候，会在筛选结果中增加标签 2，若规则满足上述筛选标准，则标签 2 取值为 Y，否则标签 2 取值为 N。

在实际生产的单维度策略分析和挖掘过程中，经常一次性分析成百上千个变量，也就是批量进行的，若基于规则效果筛选出的规则达到预期的较多（如大于 30 条），那么，在完成规则筛选后，会分析筛选的规则用到的变量的线性相关性，基于分析结果筛选相关性弱的规则进入规则泛化环节。基于规则的触碰量、触碰率和 Lift 值筛选规则很容易理解，为什么要基于变量间的线性相关性筛选规则呢？因为若基于规则效果筛选的规则对应的变量线性相关性较强，则规则触碰的大部分样本可能是重叠的，没必要对全部规则进行泛化分析，这就需要对规则对应的变量进行线性相关分析以精简待泛化规则集。在进行变量线性相关分析和筛选的时候，首先对变量进行两两相关性分析，若两个变量的线性相关系数绝对值大于某个值（如 0.9），那么，通常剔除 Lift 值较小的规则，保留 Lift 值较大的规则，最终筛选出来的规则会进入下一步的规则泛化环节。

图 2-4 是策略测算效果分析和筛选的结果示例，标签 1 为 Y 表示变量描述性统计分析筛选

坏客户定义	变量英文名	变量中文名	Threshold	type	#Obs	%Obs	#Bad	%Bin_Bad_Rat	Odds	Lift	标签1	标签2	标签3
fpd_30_act	var1	变量1	3	>	225	1.71%	3	1.33%	2.396904969	2.305087719	Y	Y	Y
fpd_30_act	var2	变量2	3	>	8	0.06%	1	12.50%	25.36961451	21.61019737	Y	N	N
fpd_30_act	var3	变量3	5	>	18	0.14%	2	11.11%	22.2281746	19.20906433	Y	N	N
fpd_30_act	var4	变量4	0	>	20	0.15%	0	0.00%	0	0	Y	N	N
fpd_30_act	var5	变量5	1	>	26	0.20%	2	7.69%	14.80820106	13.298583	Y	N	N
fpd_30_act	var6	变量6	6	>	19	0.14%	1	5.26%	9.723090278	9.099030471	Y	N	N
fpd_30_act	var7	变量7	5	>	6	0.05%	1	16.67%	35.04375	28.81359649	Y	N	N
fpd_30_act	var8	变量8	688	<=	343	2.61%	7	2.04%	3.95248538	3.528195489	Y	Y	Y
fpd_30_act	var9	变量9	17	>	681	5.18%	9	1.32%	2.522401148	2.284778576	Y	Y	Y
fpd_30_act	var10	变量10	0.166666667	<=	1079	8.21%	15	1.39%	2.819266917	2.403358373	Y	Y	Y
fpd_30_act	var11	变量11	0	>	11	0.08%	0	0.00%	0	0	N	N	N
fpd_30_act	var12	变量12	0	>	10	0.08%	0	0.00%	0	0	N	N	N
fpd_30_act	var13	变量13	1.25	>	372	2.83%	2	0.54%	0.899038021	0.929470855	Y	N	N
fpd_30_act	var14	变量14	679649	>	113	0.86%	1	0.88%	1.54952567	1.529925477	Y	N	N
fpd_30_act	var15	变量15	1	>	134	1.02%	0	0.00%	0	0	Y	N	N
fpd_30_act	var16	变量16	0.070608029	<=	1180	8.98%	16	1.36%	2.820674662	2.344157003	Y	Y	Y
mob3_dpd_30_ac	var1	变量1	3	>	216	1.80%	22	10.19%	2.841004411	2.524621212	Y	N	N
mob3_dpd_30_ac	var2	变量2	3	>	6	0.05%	1	16.67%	4.843890274	4.131198347	Y	N	N
mob3_dpd_30_ac	var3	变量3	5	>	18	0.15%	6	33.33%	12.25062972	8.262396694	Y	N	N
mob3_dpd_30_ac	var4	变量4	0	>	18	0.15%	3	16.67%	4.862	4.131198347	Y	N	N
mob3_dpd_30_ac	var5	变量5	1	>	25	0.21%	5	20.00%	6.104899497	4.957438017	Y	N	N
mob3_dpd_30_ac	var6	变量6	6	>	19	0.16%	5	26.32%	8.72666906	6.522944759	Y	N	N
mob3_dpd_30_ac	var7	变量7	5	>	6	0.05%	1	16.67%	4.84278607	4.131198347	Y	N	N
mob3_dpd_30_ac	var8	变量8	704	<=	532	4.43%	52	9.77%	2.872238232	2.422808053	Y	N	N
mob3_dpd_30_ac	var9	变量9	18	>	508	4.23%	37	7.28%	1.989233464	1.805366207	Y	N	N
mob3_dpd_30_ac	var10	变量10	0.125	<=	720	6.00%	52	7.22%	1.981814149	1.79018595	Y	N	N
mob3_dpd_30_ac	var11	变量11	0	>	11	0.09%	0	0.00%	0	0	N	N	N
mob3_dpd_30_ac	var12	变量12	0	>	9	0.08%	1	11.11%	3.025808458	2.754132231	N	N	N
mob3_dpd_30_ac	var13	变量13	0.923076923	>	1094	9.12%	25	2.29%	0.507008086	0.566434874	Y	N	N
mob3_dpd_30_ac	var14	变量14	189024	>	720	6.00%	13	1.81%	0.425836869	0.447546488	Y	N	N
mob3_dpd_30_ac	var15	变量15	1	>	116	0.97%	2	1.72%	0.421096382	0.427365346	Y	N	N
mob3_dpd_30_ac	var16	变量16	0.092186033	<=	1163	9.69%	81	6.96%	2.012654849	1.726364915	Y	N	N

图 2-4　策略测算效果分析和筛选结果示例

通过，标签 2 为 Y 表示规则效果分析筛选通过，标签 3 为 Y 表示基于规则变量的相关性分析最终筛选出来的需要进行泛化的规则，在最终筛选规则进行泛化的时候，筛选的是标签 1、标签 2 和标签 3 同时为 Y 的规则。

> **注意**
>
> 在进行策略测算的时候，无论是贷前、贷中，还是贷后，除使用不同风控场景的样本（贷前、贷中、贷后策略测算使用的样本必然是不一样的，贷前使用贷前的样本，贷中使用贷中的样本，贷后使用贷后的样本）和不同的目标字段以外，测算方法、分析指标基本上是一样的。策略测算方法是通用的，也就是说，上述这套单维度策略测算方法基本上可以在整个风控过程的不同风控场景中使用。

但是，在进行策略泛化的时候，除策略泛化的样本不同以外，策略泛化的指标和指标计算逻辑也存在一定的差异，需要结合实际场景，具体分析。

2.2.4 规则泛化效果分析和筛选

在完成单维度策略测算后，需要对测算环节筛选出来的效果好的规则进行泛化分析，验证规则在验证集上的效果，若泛化效果仍较好，则说明规则效果较好，可以上线决策。需要说明的是，很多时候，规则在测算集上表现较好，而在验证集上表现较差，所以，为了筛选效果好且表现稳定的规则，规则泛化过程是必不可少的。本节以贷前单维度策略泛化为例，介绍策略泛化常用的一些指标（贷中和贷后单维度策略泛化指标大同小异，读者结合具体场景适当调整即可），具体见表 2-7。

表 2-7 贷前单维度策略泛化指标

序号	指标名称	指标计算说明	指标解读
1	申请量	授信申请量	泛化总样本量
2	通过量	授信申请通过量	执行完授信审批规则后通过的样本量
3	通过率	通过率=通过量/申请量	授信申请通过率
4	置前触碰量	线上运行的所有规则触碰量	该指标其实就是授信申请拒绝量
5	策略触碰量	此次泛化规则触碰量	此次泛化的规则离线分析时的触碰量
6	重复触碰量	此次泛化规则和线上运行规则触碰相同样本的数量	此次泛化规则与已有规则触碰样本的交集
7	额外触碰量	此次泛化规则和线上运行规则触碰差集的数量	此次泛化规则独有的触碰样本量
8	置后触碰量	此次泛化规则和线上运行规则触碰并集的数量	若泛化规则上线，则上线后与已有规则合计触碰样本量

第 2 章
风控策略开发

（续）

序号	指标名称	指标计算说明	指标解读
9	置前触碰率	置前触碰率=置前触碰量/申请量	线上运行规则触碰率
10	策略触碰率	策略触碰率=策略触碰量/申请量	待上线规则触碰率
11	重复触碰率	重复触碰率=重复触碰量/申请量	待上线规则和线上运行规则重复触碰率
12	额外触碰率	额外触碰率=额外触碰量/申请量	待上线规则单独触碰率
13	置后触碰率	置后触碰率=置后触碰量/申请量	待上线规则上线后所有规则触碰率
14	重复触碰占策略触碰比例	重复触碰占策略触碰比例=重复触碰量/策略触碰量	待上线规则和线上运行规则重复触碰量与策略触碰量的比值
15	额外触碰占策略触碰比例	额外触碰占策略触碰比例=额外触碰量/策略触碰量	待上线规则独有触碰量与策略触碰量的比值
16	整体成熟量	截止观测点，目标字段对应的所有成熟可计算的样本量	假设要分析的目标字段是 fpd30，则观测点减去首次应还款日后至少要大于 30 天，fpd30 对应的指标才成熟可计算
17	额外触碰成熟量	截止观测点，目标字段对应的额外触碰且成熟可计算的样本量	额外触碰成熟的样本量
18	整体成熟坏样本量	截止观测点，目标字段对应的成熟可计算的样本中坏样本数量	整体成熟的样本中坏样本量
19	额外触碰成熟坏样本量	截止观测点，目标字段对应的额外触碰成熟可计算的样本中坏样本数量	额外触碰成熟的样本中坏样本量
20	fpd15 整体成熟量	截止观测点，fpd15 成熟可计算的样本量	所有样本中 fpd15 成熟样本量
21	fpd15 额外触碰成熟量	截止观测点，fpd15 对应的额外触碰且成熟可计算的样本量	额外触碰样本中 fpd15 成熟样本量
22	fpd15 整体成熟坏样本量	截止观测点，fpd15 成熟可计算的坏样本量	所有样本中 fpd15 成熟且为坏的样本量
23	fpd15 额外触碰成熟坏样本量	截止观测点，fpd15 对应的额外触碰且成熟可计算的坏样本量	额外触碰样本中 fpd15 成熟且为坏的样本量
24	整体逾期率	截止观测点，目标字段对应的成熟样本中坏样本占比	整体成熟的样本中坏样本量占比
25	额外触碰逾期率	截止观测点，目标字段对应的额外触碰成熟样本中坏样本占比	额外触碰成熟的样本中坏样本占比
26	置后触碰整体逾期率	截止观测点，目标字段对应的置后触碰成熟样本中坏样本占比	置后触碰成熟的样本中坏样本占比

(续)

序号	指标名称	指标计算说明	指标解读
27	逾期率下降值	逾期率下降值=整体逾期率-置后触碰整体逾期率	此次泛化规则上线后，目标字段对应的逾期率下降值
28	逾期率下降幅度	逾期率下降幅度=（整体逾期率-置后触碰整体逾期率）/整体逾期率	此次泛化规则上线后，目标字段对应的逾期率下降幅度
29	额外触碰Odds	额外触碰Odds=（非缺失值样本中目标字段对应的额外触碰成熟样本中坏样本量/好样本量）/（非缺失值样本中目标字段对应非额外触碰成熟样本中坏样本量/好样本量）	该指标是一个针对非缺失值样本的局部类指标，指标值越大，说明在非缺失值样本中规则泛化效果越好，但不一定在全量样本中效果较好，因为若缺失值对应的Badrate远高于非缺失值对应的Badrate，可能会出现规则额外触碰样本的Badrate低于整体样本badrate的情况，即规则在整体样本上区分度一般
30	额外触碰Lift	额外触碰Lift=目标字段对应的额外触碰成熟样本中坏样本占比/目标字段对应的全量成熟样本中坏样本占比	该指标是一个全局类指标，指标值越大，说明规则泛化效果越好
31	额外触碰fpd15_Odds	额外触碰fpd15_Odds=（非缺失值样本中fpd15对应的额外触碰成熟样本中坏样本/好样本）/（非缺失值样本中fpd15对应的非额外触碰成熟样本中坏样本/好样本）	在进行策略测算的时候，分析的往往是如fpd30、mob6_dpd30_ever等长表现期目标字段，泛化时，长表现期目标字段成熟期较长，往往无法观测距观测点较近的样本的风险表现情况。当目标字段为fpd15时，距离观测点较近的一些样本会有一定的风险表现，若规则在长表现期目标字段上表现较好，通常在fpd15上表现也较好，可以通过观测规则在fpd15上的风险表现来评估规则短期效能
32	额外触碰fpd15_Lift	额外触碰fpd15_Lift=fpd15对应的额外触碰成熟样本中坏样本占比/fpd15对应的全量成熟样本中坏样本占比	同上
33	额外触碰Lift大于目标值的月份占比	额外触碰Lift大于目标值的月份占比=目标字段对应的额外触碰Lift大于目标值月份数/目标字段对应的额外触碰Lift月份数	在进行规则泛化时，通常按月进行，若泛化的目标字段成熟的月份为6，则分母取值为6。在泛化时，若额外触碰Lift大于目标值（目标值基于业务情况确定，一般为3）的月份占比较大（如大于80%），则说明规则泛化效果较好
34	置前触碰率离散度	置前触碰率离散度=置前触碰率标准差/置前触碰率均值	若离散度取值在0%~15%，则说明触碰率非常稳定；若其取值在15%（不含）~40%，则说明触碰率相对稳定；若其取值在40%（不含）~75%，则说明触碰率不稳定；大于75%，则说明触碰率极不稳定

(续)

序号	指标名称	指标计算说明	指标解读
35	策略触碰率离散度	计算公式类似置前触碰率离散度	同上
36	重复触碰率离散度	计算公式类似置前触碰率离散度	同上
37	额外触碰率离散度	计算公式类似置前触碰率离散度	同上
38	置后触碰率离散度	计算公式类似置前触碰率离散度	同上
39	评估结论	若额外触碰 Lift 大于目标值的月份占比大于或等于某个值（如 0.8）且额外触碰率离散度非常稳定或相对稳定，则评估结论为建议上线，否则为不建议上线	基于额外触碰 Lift 大于目标值的月份占比和额外触碰率离散度指标对是否上线泛化规则给出风险建议

在规则泛化时，建议至少要有三个月的目标字段表现成熟的样本，同时目标字段未成熟月份的数据也要纳入泛化样本集。在目标字段表现成熟的样本上，可分析规则的额外触碰 Lift、逾期率下降幅度等指标；在目标字段未表现成熟的样本上，可分析近期样本上的额外触碰率等指标。上述指标对评估策略效能具有重要意义。

在规则泛化时，主要分析以下两部分内容。

1) 按月回溯分析规则上线后对风险的影响，主要分析指标有额外触碰率、额外触碰成熟坏样本量、额外触碰逾期率、逾期率下降幅度、额外触碰 Lift、额外触碰 fpd15_Lift、额外触碰率离散度等。

2) 按周、日回溯分析规则在近期不同时间段样本上对通过率的影响，主要分析指标有额外触碰量、额外触碰率等。

通过对规则进行泛化分析，可以基于分析结果预估规则上线后对通过率和风险的影响，在规则上线决策后，若相关指标与分析结果差异较大，则需要尽快分析原因并基于分析结果决定下一步动作。图 2-5 为规则泛化部分分析结果示例，具体泛化文档可基于本章案例实践代码和数据获得。

在规则泛化完成后，需要将基于泛化结果筛选出的效果好的规则部署到决策引擎上进行风险决策。在筛选效果好的泛化规则时，主要筛选额外触碰率在合理区间（通常为 0.5%~5%）、额外触碰率离散度稳定或相对稳定且额外触碰 Lift 值持续较高（通常均要大于 3）的规则准备进行上线。

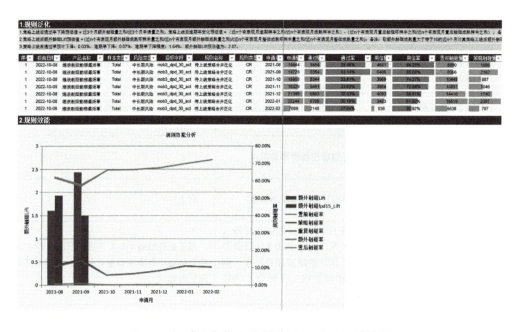

● 图 2-5　规则泛化部分分析结果示例（经脱敏处理）

在实际筛选待上线规则的过程中，有时会遇到规则额外触碰 Lift 值持续较高，但是额外触碰率不稳定的情况。举个简单的例子，额外触碰率连续 3 个月取值分别为 1%、4.5%、0.5%，虽然额外触碰率不稳定，但是都小于 5%，还是可以进行上线的。在筛选待上线规则的时候，评估的主要指标就那么几个，具体是否上线，要结合具体情况具体分析。

▶▶ 2.2.5　待上线规则集合并泛化

在规则泛化完成后，若只筛选了一条待上线的规则，那么基于规则泛化结果就能近似预估出规则上线后对通过率和风险的影响；若筛选了多条待上线的规则，那么要怎么评估规则同时上线后对通过率和风险的影响呢？方法很简单，基于多条单维度规则使用的变量重组一个新变量，并基于新变量对规则进行泛化分析。举个简单的例子，若筛选出两条待上线规则，那么，在重组新变量的时候，满足任一规则的触碰条件时新变量取值为 1，两个规则均未触碰时新变量取值为 0，新变量映射为规则的形式是"新变量≥1"，对新的规则重新泛化即可。

▶▶ 2.2.6　基于 Python 自动生成标准化分析结果文档

在策略测算和泛化分析完成后，需要整理和汇总分析结果文档，如果每次分析完成后都要将分散各处的分析结果进行整合并进行格式调整和美化，那么会有很多重复性工作且工作量非常大。有没有一种可以基于预设的分析模板对分析结果自动整合并进行格式调整、美化，然后自动生成分析文档的工具呢？当然有，它就是功能强大的 XlsxWriter 工具包。

XlsxWriter 是基于 Python 的用来生成 Excel 文件（.xlsx），并对文件进行数据、图表、图像插入，以及页面设置、条件格式设置等操作的工具包。XlsxWriter 工具包的功能非常强大，我们日常在 Excel 文件中进行的很多操作都可通过该工具包实现。

上文中展示的单维度策略测算和泛化分析结果截图均是基于 XlsxWriter 工具包自动生成的。现在，我们假设完成了单维度策略测算，需要将测算步骤、测算过程中变量分析和筛选情况进行汇总并自动输出到 Excel 文件中，于是，我们可以参照下列代码进行实践。

```python
"""
XlsxWriter 包自动输出策略测算结果至 Excel 文档的 Python 代码执行顺序：
1.加载所需 Python 包；
2.基于 XlsxWriter 包进行 Excel 格式和配色设置；
3.加载基于 XlsxWriter 包的自动化输出函数；
4.生成变量分析和筛选结果，即待输出的数据样例；
5.基于生成的数据样例自动生成 Excel 文档
"""
# 1.加载所需 Python 包

import copy
import xlsxwriter
import pandas as pd
import numpy as np


# 2.基于 XlsxWriter 包进行 Excel 格式和配色设置

# 针对标题字体、边框和背景格式的设置
title_format = {'bold': True,                   # 字体加粗
                'font_name':'Arial',            # 字体
                'font_size': 12,                # 字体大小
                'font_color':'white',           # 字体颜色
                'top_color':'#366092',          # 上边框颜色
                'bottom_color':'#366092',       # 下边框颜色
                'left_color':'#366092',         # 左边框颜色
                'right_color':'#366092',        # 右边框颜色
                'bg_color':'#366092'            # 背景颜色
```

```python
                }
# 针对数据框列名进行格式和配色设置
subtitle_format ={'border': True,
                 'font_size': 10,
                 'font_name': 'Arial',
                 'top_color':'#44546A',
                 'font_color': 'white',
                 'bottom_color': '#44546A',
                 'bold': True,
                 'left_color': '#FFFFFF',
                  'right_color': '#FFFFFF',
                  'bg_color': '#44546A',
                  'align': 'left',
                  'valign': 'vcenter'
                  }
# 设置表格正文字体格式和配色
body_text_format_01 ={'border': True,
                     'font_size': 9,
                     'font_name': 'Arial',
                     'top_color':'#E3E3E3',
                     'bottom_color': '#E3E3E3',
                     'left_color': '#FFFFFF',
                     'right_color':'#FFFFFF',
                     'bg_color': '#E3E3E3',
                     'align': 'left',
                     'valign': 'vcenter'
                     }

# 在body_text_format_01的基础上,将数值转换为百分比形式
body_text_per_format_01=copy.deepcopy(body_text_format_01)
body_text_per_format_01['num_format']='0.00%'

# 设置表格正文字体格式和配色
body_text_format_02 = {'bold': True,'font_name': 'Arial','font_size':8,'font_color': 'black'}

# 3.加载基于XlsxWriter包的自动化输出函数
```

```python
def rule_summary_output(wb,sheetname,data,start=0):
    """
    :param wb:              XlsxWriter 包生成的 Excel 文件。
    :param sheetname:       Excel 中工作表名称。
    :param data:            待输出数据。
    :param start:           开始进行输出的表格行
    """
    ws = wb.add_worksheet(sheetname)
    column = data.columns
    nrows, ncols = data.shape
    for i in range(ncols):
        ws.set_column(i+1, i+1, 11)
    body_text_title = wb.add_format(subtitle_format)
    # 在工作表的第四行中写入总标题
    body_title = wb.add_format(title_format)
    # 表格正文:边框为白色,字体为12,背景为浅灰色、居中
    body_text_xunhuan2 = wb.add_format(body_text_format_01)
    body_text_xunhuan2_per = wb.add_format(body_text_per_format_01)
    body_text_pink = wb.add_format(body_text_format_02)
    body_text_pink.set_bg_color('#F2DCE5')
    body_text_pink.set_text_wrap('True')
    body_text_pink.set_align('vcenter')
    body_text_blue = wb.add_format(body_text_format_02)
    body_text_blue.set_bg_color('#DAEEF3')
    ws.hide_gridlines({'option': 1})
    ws.merge_range(1 + start, 1, 1 + start, ncols, '一、' + sheetname, body_title)
    ws.set_column(0, 0, 2)
    ws.set_row(start + 3, 130)
    ws.set_row(start + 5, 100)
    ws.set_row(start + 7, 67)
    ws.set_row(start + 9, 26)
    ws.set_row(start + 10, 7)
    remark1 = '1.变量基础分析和筛选'
    remark2 = """
    (1) 分析维度
        样本量、缺失量、缺失率、Badrate、单一值最大占比的变量值、单一值最大占比的样本量、单一值最大占比、单一值第二大占比的变量值、单一值第二大占比的样本量、单一值第二大占比、单一值第三大占比的变量值、单一值第三大占比的样本量、单一值第三大占比、单一值前二大占比的总样本
```

量、单一值前二大占比总和、单一值前三大占比的总样本量、单一值前三大占比总和、变量取值数(包含缺失值)、变量取值数(不含缺失值)、最小值、最大值、平均值、分位数、标准差、离散系数

```
        (2) 筛选标准
        a.单一值最大占比 < 99%
        b.变量取值数(不含缺失值) >=2
        筛选结果详见标签 1
        """
    remark3 = '2.变量效果分析和筛选'
    remark4 = """
        (1) 对变量进行分箱,计算不同分箱的触碰量、触碰率、Odds、Lift 等指标
        (2) 基于头部和尾部分箱结果对变量进行筛选
        a.最小触碰量 >= 30  (备注:大于等于某一阈值,默认 30)
        b.触碰率 <= 5%  (备注:小于等于某一阈值,默认 5%)
        c.Lift>= 3   (备注:大于等于某一阈值,默认 3)
        筛选结果详见标签 2
        """
    remark5 = '3.变量相关性分析和筛选'
    remark6 = """
            筛选标准
            a.对标签 2 筛选的变量进行两两线性相关分析,若相关性较强,选取 Lift 值大的变量
            b.选取有明确业务含义的变量
            筛选结果详见标签 3
            """
    remark7 = '4.变量分析结果汇总'
    sk0 = data['变量总数'][nrows - 1]
    sk1 = data['标签 1 筛选变量数'][nrows - 1]
    sk2 = data['标签 2 筛选变量数'][nrows - 1]
    sk3 = data['标签 3 筛选变量数'][nrows - 1]
    sk5 = float(data['剩余变量占比'][nrows - 1])
    remark8 = """         分析的变量数总计为%s 个,标签 1 筛选剩余%s 个,标签 2 筛选剩余%s 个,标签 3 筛选剩余%s 个,最终筛选剩余变量占比为%.2f""" % (
        sk0, sk1, sk2, sk3, sk5 * 100) +'%'
    ws.merge_range(start + 2, 1, start + 2, ncols, remark1, body_text_blue)
    ws.merge_range(start + 3, 1, start + 3, ncols, remark2, body_text_pink)
    ws.merge_range(start + 4, 1, start + 4, ncols, remark3, body_text_blue)
    ws.merge_range(start + 5, 1, start + 5, ncols, remark4, body_text_pink)
    ws.merge_range(start + 6, 1, start + 6, ncols, remark5, body_text_blue)
    ws.merge_range(start + 7, 1, start + 7, ncols, remark6, body_text_pink)
```

```python
ws.merge_range(start + 8, 1, start + 8, ncols, remark7, body_text_blue)
ws.merge_range(start + 9, 1, start + 9, ncols, remark8, body_text_pink)
ws.merge_range(start + 10, 1, start + 10, ncols, '', body_text_pink)
add = 8
data = data.replace(np.inf, 'inf')
data = data.fillna("")
data = data.replace(-np.inf, '-inf')
body_text_title.set_text_wrap('True')
for j in range(ncols):
    ws.write(start + 3 + add, j + 1, column[j], body_text_title)
ws.autofilter(start + 3 + add, 1, start + 3 + add, ncols)
for i in range(nrows):
    for j in range(ncols):
        value = data.iloc[i][j]
        if ('%' in column[j]or '占比' in column[j]or 'rate' in column[j]):
            ws.write(i + start + 4 + add, j + 1, value, body_text_xunhuan2_per)
        else:
            ws.write(i + start + 4 + add, j + 1, value, body_text_xunhuan2)
```

#4.生成变量分析和筛选结果

```python
col=['坏客户定义','变量总数','标签1剔除变量数','标签1筛选变量数','标签2剔除变量数','标签2筛选变量数','标签3剔除变量数','标签3筛选变量数','剩余变量占比']
summary_info = pd.DataFrame(columns=col)

var_select01 = ['fpd_30_act',16,2,14,9,5,0,5,0.3125]
var_select02 = ['mob3_dpd_30_act',16,2,14,14,0,0,0,0]
var_select03 = ['总计',32,4,28,23,5,0,5,0.1563]

for var in [var_select01,var_select02,var_select03]:
    df_ls = pd.DataFrame(var).T
    df_ls.columns = col
    summary_info = summary_info.append(df_ls, ignore_index=True)
```

#5.基于生成的数据样例自动生成Excel文档

```python
# 文档存储路径,在实操时,要换成自己的本地路径
path='F:\\DataAna\\策略\\Chapter2\\2.2.6xlsxwriter自动化输出示例\\'
```

```
wb = xlsxwriter.Workbook(path+'xlsxwriter自动化输出示例.xlsx')
rule_summary_output(wb=wb,sheetname='策略测算步骤 & 变量分析和筛选结果',data=
summary_info,start=0)
wb.close()
```

上述代码运行后,输出内容如图2-6所示。虽然本节只生成了一个简单的Excel文档,但是展示了很多XlsxWriter工具包的常用功能,如数据插入、字体格式设置、配色设置、背景设置等。

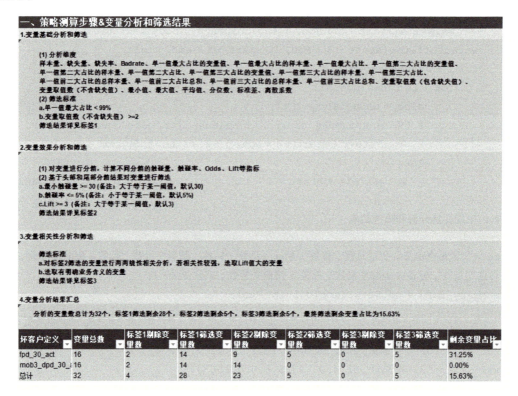

● 图2-6 单维度策略测算步骤以及变量分析和筛选结果

在实际工作中,无论是设计策略还是制作模型,分析报告格式一般都是固定的。在每次分析完成后撰写分析报告时,可以使用平时沉淀的标准化的分析模板,并用XlsxWriter工具包实现模板的自动化输出,这无疑大大提升了工作效率。

▶▶ 2.2.7 案例实践:授信审批场景单维度策略开发

本节将基于脱敏后的互联网金融贷前数据样例完成贷前授信审批场景单维度策略的分析和

挖掘，该数据样例包含 30 个变量，其中 var1~var16 这 16 个变量为需要进行分析的自变量，其他变量为主键或者标签类变量，变量的数据字典见表 2-8。

表 2-8 数据样例变量

序号	变量名	变量描述	变量类型	变量取值说明或示例
1	apply_id	申请 ID	int	1，2，3…
2	product_name	申请产品名称	string	虚构值
3	apply_day	贷前进件日	string	2022-02-02
4	apply_week	贷前进件周	string	用每周日的日期代替本周，如 2022-01-02
5	apply_mth	贷前进件月	string	2022-02
6	apply_refuse_flag	是否进件拒绝	int	1，拒绝；0，通过
7	if_loan_flag	申请通过后是否用信	int	1，用信；0，未用信
8	if_loan_in_30	申请通过后 30 天内是否用信	int	1，用信；0，未用信
9	var1	变量 1	int	3
10	var2	变量 2	int	3
11	var3	变量 3	int	3
12	var4	变量 4	float	0.3
13	var5	变量 5	int	20
14	var6	变量 6	int	500
15	var7	变量 7	int	3
16	var8	变量 8	int	4
17	var9	变量 9	int	5
18	var10	变量 10	int	1，是；0，否
19	var11	变量 11	int	0.3
20	var12	变量 12	int	3
21	var13	变量 13	int	3
22	var14	变量 14	float	0.1
23	var15	变量 15	int	3
24	var16	变量 16	int	6
25	agr_fpd_15	fpd15 是否成熟可计算	int	观察日减去首次应还款日后至少超过 15 天，fpd15 才成熟可计算，1 表示是，0 表示否
26	fpd_15_act	第一个应还款日逾期是否超过 15 天	int	1，是；0，否

（续）

序号	变量名	变量描述	变量类型	变量取值说明或示例
27	agr_fpd_30	fpd30是否成熟可计算	int	观察日减去首次应还款日后至少超过30天，fpd30才成熟可计算，1表示是，0表示否
28	fpd_30_act	第一个应还款日逾期是否超过30天	int	1，是；0，否
29	agr_mob3_dpd_30	mob3_dpd_30是否成熟可计算	int	观察日减去第三个应还款日后至少超过30天，mob3_dpd_30才成熟可计算
30	mob3_dpd_30_act	截至mob3，历史逾期是否超过30天	int	0表示未逾期，1表示逾期超过30天，2表示逾期在大于或等于1天和小于30天之间

  基于提供的数据样例，我们此次要分析表2-8中var1~var16这16个自变量在目标字段分别为fpd_30_act和mob3_dpd_30_act的情况下是否适合用来构建单维度规则。基于业务经验，若一个变量效果较好，则在大多数情况下，它们在长周期和短周期目标字段下的表现应该都较好。在进行单维度策略分析的时候，同时分析变量在不同目标字段上的效果，有助于我们找到效果确实较好的规则进行上线决策。

  在大数据时代，策略开发时往往要分析成千上万个变量，对工作效率要求比较高。本节提供的实践代码会注重解决工作效率问题，不但支持批量化、自动化分析成千上万个变量，而且支持同时对不同目标字段、不同类型样本进行组合分析，并在分析完成后自动输出分析结果，极大地提升了工作效率。

  在本次提供的样例数据中，客户授信申请时间分布范围为2021年8月~2022年2月，本次使用2021年8、9、10月进行授信申请且申请通过后30天内用信的样本进行策略测算。在策略测算完成后，会在全量样本上进行策略泛化，正常来讲，应该在非测算集（验证集）上进行策略泛化，因为本书提供的案例实践主要是为了演示实践过程，读者在实际生产中要做到活学活用。为什么不把授信申请通过后超过30天用信的样本纳入策略测算的范围呢？因为这些样本用信时点与授信申请时点的时间跨度较大，也就意味着授信申请通过后的表现期较长，若将这些样本纳入策略测算范围，相当于用客户授信申请时点的行为信息来拟合未来很长时间客户的风险表现，拟合结果会不准确。我们平时进行贷前授信审批场景策略测算的时候，要注意选取样本的时效性，我们拿到的样本的观察点是授信申请时点，要结合客户的用信时点，选择授信申请通过后且短时间（通常1个月以内）用信的样本来做策略测算。在确定了测算样本后，结合业务需求确定样本的表现期和目标字段，如要重点防范短期风险，表现期可设置得短一些，目标字段可选择 fpd_15_act、fpd_30_act 等；要防范长期风险，表现期可设置得长一些，目标字段可选择 mob6_dpd_30_act（截至 mob6，历史最大逾期是否超过 30 天）等，读者需要在生产中具体问题具体分析。

> **注意**
>
> 本书涉及的 Python 代码较多，若全部进行展示会占用较大篇幅，所以完整的代码以附件的形式免费提供，读者可扫描封底二维码获取。
>
> 在本章前边章节中展示的策略开发过程中的相关分析结果截图均为使用本节数据样例和代码自动生成的，各位读者可自行基于本节数据样例和代码进行实操并查看分析结果。

单维度策略开发主要包括策略测算和泛化两个大环节，接下来进行贷前授信审批场景单维度策略测算环节代码实践。代码实践部分如下。

```
"""
单维度策略测算代码执行顺序：
1.加载策略测算过程中需要使用的功能函数，因函数内容较多，详见本书附件 step11_calculate_fun.py；
2.加载基于 XlsxWriter 包的分析结果自动化输出函数，因函数内容较多，详见本书附件 step12_output_fun.py；
3.加载 Python 包；
4.配置相关分析文档路径和分析结果输出文档名称；
5.读入数据并进行数据预处理；
6.配置函数所需的各种参数；
7.基于加载的函数进行描述性统计分析和筛选、变量分箱、规则测算效果分析和筛选、变量分析和筛选结果汇总；
8.基于 XlsxWriter 包自动输出策略测算结果；
9.基于 XlsxWriter 包自动输出待泛化的策略
"""

# 3.加载 Python 包

import pandas as pd
import numpy as np
import datetime
import re
import os
import xlsxwriter
```

#4.配置相关分析文档路径和分析结果输出文档名称

# 配置数据存储路径,在实操时,读者要换成自己的本地路径
path='F:\\DataAna\\策略\\Chapter2\\2.2.7 授信审批场景单维度策略开发\\'
# 分析结果输出路径
path_result=path+'\\rule_result\\'
if not os.path.exists(path_result):
    os.makedirs(path_result)

# 加载策略测算生成的 Excel 文件名
starttime = datetime.datetime.now()
print('程序开始运行时间为:'+ str(starttime))
excel_name='Var_ana_result_'+starttime.strftime('%Y%m%d%H')+'.xlsx'

#5.读入数据并进行数据预处理

# 读取变量数据字典
var_dict = pd.read_excel(path + "待分析变量的数据字典.xlsx")
var_dict.变量名 = var_dict.变量名.map(lambda x:str(x).lower().replace('\t',''))

# 加载数据
f=open(path+'rule_data.csv',encoding='utf-8')
my_data = pd.read_csv(f)
my_data=my_data[(my_data['apply_mth'].map(lambda x:(x>='2021-08' and x<='2021-10')))&(my_data['if_loan_in_30']==1)]
my_data.columns=[x.lower() for x in my_data.columns]

删除不需要分析的字段
my_data.drop(labels=['apply_day','apply_week','apply_mth','apply_refuse_flag',
                    'apply_id','product_name','agr_fpd_15','fpd_15_act','if_loan_flag',
                    'if_loan_in_30'], axis=1, inplace=True)

# 处理缺失值:变量取值为-999、-9999、-999999,表示该取值缺失
for i in my_data.columns[my_data.dtypes!='object']:
    my_data[i][my_data[i].map(lambda x:x in (-999,-9999,-999999))]= np.nan

处理分类型变量

```
for i in my_data.columns[my_data.dtypes=='object']:
    my_data[i]=my_data[i].map(lambda x:str(x).strip())
    my_data[i][my_data[i].map(lambda x:x in ['-999','-9999','-999999'])]=np.nan
    try:
        my_data[i]=my_data[i].astype('float64')
    except:
        del my_data[i]
```

#处理灰样本

```
my_data['mob3_dpd_30_act']=my_data['mob3_dpd_30_act'].map(lambda x:1 if x==1 else 0)
my_data1=my_data
```

#6.配置函数所需的各种参数

"""
seq：变量计数开始序号，若有10个变量，则计算结果为seq,seq+1,…,seq+9。

sample_type：测算样本类型，本节中的代码支持同时测算多个不同类型的样本，如可同时对不同产品样本进行策略挖掘。

sample_type_col：若测算样本是全量样本（Total），则不需要配置该参数，否则需要配置该参数，指明样本类型从哪个字段获取以及如何获取。

sample_type_target：测算不同样本类型时对应要分析的目标字段。

target_ripe：获取目标字段对应的是否成熟标签。

target_del_col：在筛选完样本后，最终应只剩下待测算变量和目标字段，目标字段在最后一列。该参数表示删除不需要用到的字段。

sub_div_bin：头部和尾部需要精细化分析的样本占比（如5%，表示首尾5%的样本需要精细化分箱分析）。

min_num：每箱最小样本数。

target_min_rate：不同目标字段对应的分箱中，每箱最小样本占比。

sample_type_lift：在确定规则阈值后，筛选的样本要满足的最小Lift，对于不同目标字段，可设置不同的Lift，基于Lift衡量规则效果。

hit_num：虽然设置了min_num参数，但是，因为数据分布不均匀，筛选出来的分箱样本量可能小于min_num。虽然最终的分箱满足其他预设的各种条件，如Lift表现较好，但是，若样本量太小，不满足大数定律，则不建议作为规则使用。hit_num参数就是在min_num参数的基础上，对筛选规则触碰样本进行强制限制，小于该值时不筛选该规则。
"""

#参数值设置
sample_range = '202108-202110'

```
    seq = 1
    # sample_type 取值只有 Total,表示测算全量样本,不需要配置参数 sample_type_col;若还
有其他样本类型,则支持同时测算
    sample_type = ['Total']

    #若 sample_type 需要测算类型 1 和类型 2 的样本,则类型 1 和类型 2 所在的字段为
ordertype。sample_type_col 参数示例如下
    # sample_type_col = {
    #                   '类型1':['ordertype',['类型1']],
    #                   '类型2':['ordertype',['类型2']]
    #                  }

    sample_type_target = {'Total': ['fpd_30_act','mob3_dpd_30_act']}
    target_ripe = {'fpd_30_act':['agr_fpd_30'],'mob3_dpd_30_act':['agr_mob3_dpd_30']}
    target_del_col = {'fpd_30_act': ['agr_fpd_30','agr_mob3_dpd_30','mob3_dpd_30_act'],
                    'mob3_dpd_30_act':['agr_mob3_dpd_30','agr_fpd_30','fpd_30_act']}
    sub_div_bin = 0.1
    target_min_rate = {'fpd_30_act':[0.01],'mob3_dpd_30_act':[0.01]}
    min_num = 40
    hit_num=30
    sample_type_lift = {'Total': {'fpd_30_act':1.8,'mob3_dpd_30_act':3}}

    #7.基于加载的函数进行描述性统计分析和筛选、变量分箱、规则测算效果分析和筛选、变量分析和
筛选结果汇总

    # 变量描述性统计分析和筛选,ana_people 表示策略分析人
    var_select_01=describe_stat_ana(describe_data=my_data1,sample_range=
sample_range ,seq=seq,
    sample_type=sample_type,ana_people='fzp')

    # 规则测算效果分析和筛选
    filter2=bin_result_summary_final(hit_num=hit_num,bindata=my_data1,var_se-
lect01=var_select_01,
    sub_div_bin=sub_div_bin,min_num=min_num,sample_type=sample_type,method='
best',numOfSplit=25)

    # 获取变量分箱结果明细
```

```
    bins_result_detail=bin_result_detail(bindata=my_data1,var_select02=fil-
ter2,sample_type=sample_type,
    sub_div_bin=sub_div_bin,min_num=min_num,method='best',numOfSplit=25)

    #变量分析和筛选结果汇总
    summary_info=get_summary(filter2)

    #8.基于XlsxWriter包自动输出策略测算结果

    wb = xlsxwriter.Workbook(path_result+excel_name)
    var_summary_result_output(wb=wb,sheetname='变量筛选汇总',data=summary_info,
start=0)
    summary_result_output(wb=wb,sheetname='1.变量基础分析和筛选',data=var_
select_01)
    details_result_output(wb=wb,sheetname='2.变量分箱',data=bins_result_
detail,suoyin=0,ana_people='fzp')
    #此处因分析的变量较少,未对筛选出来的规则使用的变量进行相关性分析和筛选
    summary_result_output(wb=wb,sheetname='3.变量效果分析和筛选',data=filter2)
    wb.close()

    #9.基于XlsxWriter包自动输出待泛化的策略

    var_summary = filter2
    #筛选标签3为Y的规则进行泛化
    var_summary01=var_summary[var_summary.标签3=='Y']
    var_summary02=var_summary01[['序号','分析时间','样本类型','样本区间','坏客户定义','变
量英文名','变量中文名','type','Threshold','% Bad_Rate(包含缺失值)','#Obs','% Obs','#
Bad','% Bin_Bad_Rate','Odds','Lift']]

    var_summary02.rename(columns={'序号':'Seq','分析时间':'Ana_Date','样本类型':'
Rule_Limit',
    '样本区间':'Sample_Range','坏客户定义':'Target','变量英文名':'Var','变量中文名':'De-
scription',
    'type':'Direction','% Bad_Rate(包含缺失值)':'% Bad_Rate'},inplace=True)

    varChinese=[]
    for i,j in zip(var_summary02.loc[:,'Var'],var_summary02.loc[:,'Description']):
        print(i,j)
```

```python
        try:
            pipei = re.findall('[0-9]+.{1,3}', i)[-1:][0]
            suoyin = re.search(pipei, i).start()
            pipei = i[suoyin:]
            varChinese.append(j.replace('XX 时间',pipei))
        except:
            varChinese.append(j)

    var_summary02['Description']=varChinese

    var_summary02['Rule_Name']=['single_var_'+ i for i in var_summary02.loc[:,'Seq']]
    var_summary02['Rule_Category']='单变量规则'
    var_summary02['Rule_Type']=var_summary02['Target'].map(lambda x:'FR' if x=='fpd_30_act' else 'CR')

    var_summary02=var_summary02[['Ana_Date','Seq','Sample_Range','Rule_Name','Rule_Category','Rule_Type','Rule_Limit','Target','Var','Description','Direction','Threshold','% Bad_Rate','#Obs','% Obs','#Bad','% Bin_Bad_Rate','Odds','Lift']]

    var_summary02['id']=var_summary02.Seq.map(lambda x:int(x.replace('fzp','')))
    var_summary02.sort_values(by='id',inplace=True)
    del var_summary02['id']

    # 待泛化规则自动化输出
    wb = xlsxwriter.Workbook(path_result+'规则字典.xlsx')
    var_summary_result_output_01(wb = wb, sheetname = '规则字典', data = var_summary02)
    wb.close()
```

在完成单维度策略测算后,紧接着要对测算环节筛选出的效果好的规则进行泛化。需要再次强调的是,策略测算选取的是授信申请通过、30 天内用信且有风险表现的样本,策略泛化是在全量样本上进行的,授信申请被拒绝的样本也会用来做策略泛化。这种漏斗式的分析可以层层递进地展示策略效果。接下来,我们进行单维度策略泛化代码实践。

```
"""
单维度策略泛化代码执行顺序:
```

1.加载策略泛化过程中需要使用的功能函数和自动化输出函数。因函数内容较多,本节不进行展示,相关代码在本书附件中,对应的文件名为 step21_generation_fun.py;
2.加载 Python 包;
3.配置相关分析文档路径;
4.读入数据并进行数据预处理;
5.基于加载的函数进行策略自动泛化;
6.基于策略泛化结果筛选得到泛化效果好的规则集,进行合并泛化
"""

```python
# 2.加载 Python 包

import pandas as pd
import numpy as np
import datetime
import os


# 3.配置相关分析文档路径

# 配置数据存储路径,在实操时,读者要换成自己的本地路径
path='F:\\DataAna\\策略\\Chapter2\\2.2.7 授信审批场景单维度策略开发\\'
# 测算结果路径
path_result=path+'\\rule_result\\'
# 泛化结果输出路径
path_rule=path_result+"20221008\\"
if not os.path.exists(path_rule):
    os.makedirs(path_rule)


# 4.读入数据并进行数据预处理

#  读入测算环节筛选的待泛化规则
rules_dict=pd.read_excel(path_result+'规则字典.xlsx')
if 'Unnamed: 0' in rules_dict.columns.tolist():
    del rules_dict['Unnamed: 0']

# 加载数据
f=open(path+'rule_data.csv',encoding='utf-8')
mydata = pd.read_csv(f)
mydata.columns=mydata.columns.map(lambda x:x.lower())
```

```python
for i in mydata.columns[mydata.dtypes! = 'object']:
    mydata[i][mydata[i].map(lambda x:x in [-999,-9999,-999999])]= np.nan

for i in mydata.columns[mydata.dtypes== 'object']:
    mydata[i]=mydata[i].map(lambda x:str(x).strip())
    mydata[i][mydata[i].map(lambda x: x in ['-999','-9999','-999999'])] = np.nan
    try:
        mydata[i]=mydata[i].astype('float64')
    except:
        pass
#处理灰样本
mydata['mob3_dpd_30_act']=mydata['mob3_dpd_30_act'].map(lambda x:1 if x==1 else 0)

#5.基于加载的函数进行策略自动泛化(需要基于阈值测算的数据字典)

"""
#泛化参数说明
target_ripe：       获取目标字段对应的是否成熟标签,与测算环节的同名参数含义一样。
sample_type_col：   若测算样本是整个样本的子集,则需要配置该参数,指明样本类型从哪个字段获取。它与测算环节的同名参数含义一样。
rules_dict：        测算环节筛选的待泛化规则集。
rule_all：          当前已经在线上运行的所有规则对应的决策结果标签字段,1表示拒绝,0表示未拒绝。
use_credit_flag：   授信申请通过后是否用信标签字段,1表示用信,0表示未用信。
circle_mth：        申请月对应的字段。在进行策略泛化的时候,会按月进行泛化,分析策略触碰情况和风险表现情况。
circle_week：       申请周对应的字段。在进行策略泛化的时候,会按申请周进行泛化,分析近10周策略触碰情况。
circle_day：        申请日对应的字段。在进行策略泛化的时候,会按申请日进行泛化,分析近10日策略触碰情况。
base_lift：         在策略泛化时,取额外触碰样本的Lift值与base_lift进行比较,若额外触碰Lift值大于base_lift,则说明策略效果较好。
subset_total：      是否获取全量样本作为计算整体,若取值为False,则分母为全样本,计算各种指标时是从全量样本维度考虑的;若取值为True,则分母为样本类型对应的样本
"""
```

```
target_ripe = {'fpd_30_act':['agr_fpd_30'],'mob3_dpd_30_act':['agr_mob3_dpd_30']}
# 在进行策略测算时,若除测算全量样本(Total)外还测算了类型1和类型2的样本,假设类型1
和类型2所在的字段为ordertype,则需设置sample_type_col参数,否则不需要进行设置。
# sample_type_col = {
#                    '类型1':['ordertype',['类型1']],
#                    '类型2':['ordertype',['类型2']]
#                   }

# 对测算环节筛选的样本进行自动泛化
starttime = datetime.datetime.now()
print('程序开始执行时间为: ' + str(starttime))

rule_combine_results(data=mydata,rules_dict=rules_dict,rule_all='apply_refuse
_flag',
    use_credit_flag='if_loan_flag',circle_mth='apply_mth',circle_week='apply_
week',circle_day='apply_day',
    base_lift=3,subset_total=True)

endtime = datetime.datetime.now()
print('程序执行时间为: ' + str(endtime-starttime))

#6.基于策略泛化结果筛选得到泛化效果好的规则集,进行合并泛化(不需要测算结果数据字典)

# 此次未筛选到足够多的泛化效果好的规则,只为跑通代码流程,代码执行结果仅供参考。基于泛
化效果好的规则集,重构一条规则进行泛化,变量取值为1表示规则触碰,取值为0表示规则未触碰

mydata['all_need_online_rule']=mydata.apply(lambda x:1 if (x['var8']<=668
or x['var16']>17)  else 0,axis=1 )

starttime = datetime.datetime.now()
print('程序开始执行时间为: ' + str(starttime))

rule_combine_results_01(data=mydata, rule_all='apply_refuse_flag', use_
credit_flag='if_loan_flag',cut_point=0,direction='>',rule_name='待上线策略合并泛
化',rule_name_chinese='待上线规则合并泛化',var='all_need_online_rule',rule_type='
CR', rule_limit='Total', circle_mth='apply_mth', circle_week='apply_week',
circle_day='apply_day',target='mob3_dpd_30_act',base_lift=3,subset_total=
True)
```

```
endtime = datetime.datetime.now()
print('程序执行时间为：' + str(endtime-starttime))
```

2.3 决策树

决策树（Decision Tree）是一种强大的分类和预测方法，因其实践起来比较简单且具有较好的解释性，所以在金融风控领域应用广泛。决策树也是很多集成算法（如 Random Forest、GBDT、XGBoost、LightGBM）的基础，因此，掌握决策树的原理和应用是必要的。

2.3.1 决策树原理

决策树以树状图为基础（故得名决策树），输出结果为一系列简单、实用的规则。决策树其实就是一组 if-then 规则集，如"如果客户近两年借款申请次数小于 3 且月均收入大于 20000 元，则授信申请通过"等类似的规则，这些规则集易于理解且可解释性强，这与人脑决策时的思维方式类似。

决策树由节点和有向边组成。图 2-7 为一个简单的授信审批决策树模型，其中"近 1 个月借款申请次数"对应的是根节点，"A 卡模型分""是否有房"对应的是中间节点，决策结果"拒绝"和"通过"对应的是叶节点，连接节点的线为有向边。该决策树先判断客户近 1 个月借款次数是否小于或等于 5，若成立，则接着判断 A 卡模型分是否小于或等于 500，若成立，则授信审批拒绝，否则授信审批通过；若客户近 1 个月借款次数大于 5，则接着判断客户是否有房，若没有，则授信审批拒绝，否则授信审批通过。

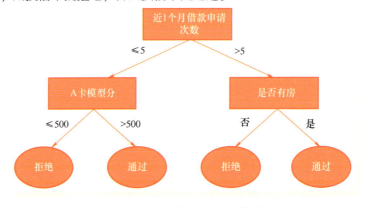

• 图 2-7 授信审批决策树

决策树的根节点到叶节点的每一条路径构成了一条规则，路径上内部节点的特征对应着具体规则的条件，叶节点表示最终决策结果。从根节点到叶节点的一条条路径构成了决策树的 if-then 规则集。决策树的规则集具有互斥且完备的性质，即最终每一个实例都只被一条规则覆盖。

2.3.2 决策树生成

决策树主要分为两种类型：分类树和回归树。分类树的目标变量为离散型，最终目的是预测各样本所属的类别，如基于客户的征信行为预测客户借款后是否逾期；而回归树的目标变量为连续型，最终目的是预测各样本的最终取值，如基于客户的消费行为预测客户的收入。

决策树的生成步骤是：特征选择、决策树生成、决策树剪枝。

（1）特征选择

特征选择就是选择对训练集样本有较强分类能力的特征来提高决策树学习效率。至于如何选择特征，有不同的量化标准，从而衍生出了不同的决策树算法。特征选择的标准主要有熵（Entropy）、信息增益（Information Gain）、信息增益比（Information Gain Ratio）、基尼指数（Gini Index）、均方误差（Mean Squared Error）和平均绝对误差（Mean Absolute Error）等，其中均方误差和平均绝对误差适用于回归树，其他指标适用于分类树。

在开始进行特征选择之前，往往需要对建模样本进行数据清洗，待完成数据清洗后，才会开始进行特征选择，筛选效果好的特征用来生成决策树。常见的数据清洗工作是缺失值处理。在实际生产中，每次构建决策树基本上都会遇到样本中某些特征值缺失的情况。若存在缺失值的样本较少且缺失值不是关键特征值，则抛弃缺失样本对决策树的构建没什么影响。若缺失的样本较多或者缺失值是关键的特征值，则抛弃有缺失值的样本将造成较多有用信息的浪费，并且最终构建的决策树可能存在较大偏差，在这种情况下，抛弃缺失样本的方法是不可取的。在构建决策树的过程中，如何处理缺失值呢？通常的做法是基于业务情况了解产生缺失值的原因，对有缺失值的特征进行插补或者不处理缺失值，直接将有缺失值的样本纳入建模样本集中来构建决策树模型。常见的缺失值插补的方法有均值插补、众数插补、回归插补、二阶插补、抽样填补等，在处理实际问题时，可结合具体情况采用相应的处理方法。

（2）决策树生成

决策树是一种贪心算法，在生成决策树的过程中，会基于某种特征选择标准自上而下递归地生成子节点，直到数据集不可分或达到限制条件从而停止决策树"生长"。

决策树的每一次节点生成步骤其实就是不断基于特征选择方法递归地选择最优特征和特征对应的切分点的过程。由于采用贪心算法生成决策树，因此最终得到的决策树往往非常庞大且冗余，很容易在训练样本上产生过拟合，即在训练样本上的准确率非常高，但是在验证样本上的准确率比较差。因此，为了确保决策树有较好的泛化能力，通常需要通过剪枝过程对复杂的决策树进行裁剪，避免生成的决策树过于复杂。

（3）决策树剪枝

决策树本身的特点决定了它比较容易过拟合，在这种情况下，通过剪枝（pruning）来控制模型复杂度是一种非常有效且必要的手段。需要说明的是，虽然绝大多数决策树都支持剪枝，但是也有例外，如ID3算法生成的决策树就不支持剪枝。决策树剪枝的过程就是从生成的决策树上裁掉一些子树或者叶节点。剪枝的目的是通过剪枝来提升决策树的泛化能力。决策树剪枝的基本策略有预剪枝（pre-pruning）和后剪枝（post-pruning）两种，在实际生产中，往往将两种剪枝方法结合使用。

预剪枝是指在决策树生成前设定一些前置条件，用来决定每个节点是否应该继续划分。预剪枝能够避免生成过于复杂的决策树，且能够降低计算复杂度，但是可能生成过于简单的决策树，导致预测时偏差较大，从而带来欠拟合的风险。预剪枝基于贪心算法，抱着能多剪枝就多剪枝的思路对决策树进行修剪，使得决策树的很多分支没有展开就提前停止了。虽然有些分支的当前划分不能提升泛化性能，甚至可能导致泛化性能暂时下降，但是在其基础上进行的后续划分有可能导致泛化性能显著提升，这就是预剪枝剪太多从而导致欠拟合的原因。

后剪枝就是先从训练集充分生长成一棵完整的决策树，再自底向上地对非叶结点进行考察，若将该节点对应的子树替换为叶结点能带来决策树泛化性能的提升，则将该子树替换为叶结点。后剪枝决策树通常比预剪枝决策树保留了更多的分支，且会产生更大的计算开销。一般情况下，后剪枝决策树的欠拟合风险相对较小，且泛化性能往往会优于预剪枝决策树。

在决策树的生成算法中，典型代表有ID3、C4.5、CART（Classification And Regression Tree，分类与回归树）等，它们的区别在于树的结构与构造算法。上述几个决策树生成算法的比较见表2-9。

表2-9 典型决策树生成算法比较

决策树生成算法名称	树的结构	分类或回归	特征选择标准	特征类型	特征选择偏好	是否支持缺失值	是否支持剪枝
ID3	多叉树	分类	信息增益	离散变量	取值较多的属性	不支持	不支持
C4.5	多叉树	分类	信息增益比	离散/连续变量	取值较少的属性	支持	支持
CART	二叉树	分类	基尼指数	离散/连续变量	—	支持	支持
CART	二叉树	回归	均方误差	离散/连续变量	—	支持	支持

为了弥补决策树容易过拟合、预测精度偏低等不足，基于决策树算法衍生出了随机森林（Random Forest）、GBDT、XGBoost、LightGBM 等集成算法。上述集成算法预测精度较高，在风控领域应用广泛。常用的风控评分卡模型（A 卡、B 卡、C 卡）除选择逻辑斯谛回归（Logistic Regression）算法拟合以外，往往还会同时选择上述至少一种集成算法进行拟合，通过比较不同算法拟合的模型结果，选择最优的模型进行上线决策。

▶▶ 2.3.3 基于 Python 生成决策树

Python 的 scikit-learn 包中有两类决策树生成函数，它们均采用优化的 CART 决策树算法来实现。

scikit-learn 中 tree 模型下的 DecisionTreeClassifier() 函数主要用来实现分类决策树，解决分类问题。它的原型：

```
class sklearn.tree.DecisionTreeClassifier(criterion='gini', splitter='best', max_depth=None, min_samples_split=2, min_samples_leaf=1, min_weight_fraction_leaf=0.0, max_features=None, random_state=None, max_leaf_nodes=None, min_impurity_decrease=0.0, class_weight=None, ccp_alpha=0.0)
```

scikit-learn 中 tree 模型下的 DecisionTreeRegressor() 函数主要用来实现回归决策树，解决回归问题。它的原型：

```
class sklearn.tree.DecisionTreeRegressor(criterion='mse', splitter='best', max_depth=None, min_samples_split=2, min_samples_leaf=1, min_weight_fraction_leaf=0.0, max_features=None, random_state=None, max_leaf_nodes=None, min_impurity_decrease=0.0, ccp_alpha=0.0)
```

接下来从参数、属性、方法三个维度介绍如何使用 scikit-learn 中的 tree 模型。

（1）主要参数说明

通过对比上述分类树和回归树的实现函数，我们会发现两个决策树函数使用的大多数参数都是一样的。接下来，我们选一些主要参数进行说明，具体见表 2-10。

表 2-10　决策树函数主要参数说明

参　　数	参 数 解 释	分类树参数输入详细说明	回归树参数输入详细说明
criterion	最优属性衡量标准函数	主要有'gini'（默认）和'entropy'两种。 1）'gini'表示基尼指数； 2）'entropy'表示信息增益	主要有'mse'（默认）、'friedman_mse'、'mae'和'poisson'四种。 1）'mse'表示均方误差； 2）'friedman_mse'表示费尔德曼均方误差； 3）'mae'表示平均绝对误差； 4）'poisson'表示泊松偏差

（续）

参　数	参数解释	分类树参数输入详细说明	回归树参数输入详细说明
splitter	最优属性的最优切分点选择	主要有'best'（默认）和'random'两种。 1）'best'表示最优切分； 2）'random'表示随机切分	与分类树参数一致
max_depth	决策树的最大深度	取值为None（默认）或整数。None表示树的深度不限，直到所有叶节点都是"纯"的为止，或者直到所有叶节点包含小于min_samples_split个样本为止	与分类树参数一致
min_samples_split	内部节点最小样本个数	取值为整数，默认为2	与分类树参数一致
min_samples_leaf	叶节点最小样本个数	取值为整数，默认为1	与分类树参数一致
min_weight_fraction_leaf	叶节点中样本的最小权重和	取值为浮点数，默认为0。节点作为叶节点，样本权重总和必须≥min_weight_fraction_leaf。取值为0时表示无限制	与分类树参数一致
max_features	最大特征选择数	取值为None（默认）或整数。None表示每次最优属性选择时使用全部特征	与分类树参数一致
random_state	训练过程中的随机种子	取值为None（默认）或整数。如果设定为同一个整数值，则基于同样样本的每次拟合结果都是一样的	与分类树参数一致
max_leaf_nodes	叶节点最大数量	取值为None（默认）或整数。None表示无限制	与分类树参数一致
ccp_alpha	剪枝时的alpha系数	取值为非负浮点数，默认值为0，取值为0时表示不剪枝	与分类树参数一致
class_weight	各类别样本的权重，可通过加权来处理样本不均衡的情况	取值为None（默认）、'balanced'或字典。 1）None表示每个分类的权重都为1； 2）'balanced'表示按照正负样本的比例加权； 3）字典用来表示自定义加权，权重形式为｛class_label：weight｝	不涉及该参数

（2）主要属性说明

基于scikit-learn中的tree模型构建的分类决策树和回归决策树的一些重要属性见表2-11。

表 2-11 决策树的一些重要属性

决策树类型	属 性 名 称	说　明
分类树/回归树	feature_importances_	返回特征重要程度，取值越大，特征越重要
分类树/回归树	max_features_	max_features 的推断值，基于此可查看决策树生成时每次分析的特征数量
分类树/回归树	n_features_in_	模型拟合时输入特征数量
分类树/回归树	n_outputs_	模型拟合后输出的目标数量
分类树/回归树	tree_	底层的决策树对象

（3）主要方法说明

基于 scikit-learn 中的 tree 模型构建的分类决策树和回归决策树有多个重要方法，具体见表 2-12。

表 2-12 决策树的一些重要方法

决策树类型	方 法 名 称	说　明
分类树/回归树	fit(X, y[, sample_weight, check_input, …])	在训练集样本上的模型拟合函数
分类树/回归树	predict(X[, check_input])	预测输入样本对应的具体结果值
分类树/回归树	score(X, y[, sample_weight])	基于预测样本，返回预测性能得分。预测结果值不超过 1，但是可能为负值（预测效果太差）。值越大，说明模型效果越好
分类树	predict_log_proba（X）	预测输入样本属于各个类别的概率的对数值，返回结果为数组形式
分类树	predict_proba（X）	预测输入样本属于各个类别的概率值，返回结果为数组形式

通过对分类决策树和回归决策树相关参数、属性、方法的讲解，可以看到两种决策树的 Python 代码实现非常类似。接下来，我们主要进行回归决策树的 Python 代码实现，分类决策树的 Python 代码实现与之类似，不再赘述。

本节基于 2.2.7 节中授信审批场景单维度策略开发时使用的数据样例来完成"回归决策树"的代码实战。建模样本选取 2021 年 8~10 月授信申请且申请通过后 30 天内用信的样本，建模对应的目标字段为 mob3_dpd_30_act。具体 Python 代码如下。

```
"""
决策树生成与规则自动抽取和解析 Python 代码执行顺序：
1.加载 Python 包；
```

2.读入数据并进行数据预处理;
3.将建模数据拆分为训练集和测试集;
4.基于训练集构建决策树并对决策树进行可视化输出;
5.进行特征重要性评估;
6.进行决策树模型效果评估;
7.进行决策树规则自动抽取和解析
"""

1.加载 Python 包

```python
import pandas as pd
from sklearn import tree
from sklearn.tree import _tree
from sklearn.model_selection import train_test_split
from six import StringIO
import pydotplus
import os
import numpy as np
```

2.读入数据并进行数据预处理

```python
# 数据存储路径,在实操时,读者要换成自己的本地路径
path="F:\\DataAna\\策略\\Chapter2\\2.3决策树生成与规则抽取\\"
# 分析结果输出路径
path_result=path+'rule_result\\'
if not os.path.exists(path_result):
    os.makedirs(path_result)

# 读入数据
f=open(path+'rule_data.csv',encoding='utf-8')
my_data=pd.read_csv(f)
# 数据筛选
my_data=my_data[(my_data['apply_mth'].map(lambda x:(x>='2021-08' and x<='2021-10')))&(my_data['if_loan_in_30']==1) & (my_data['agr_mob3_dpd_30']==1)]
my_data.columns=[x.lower() for x in my_data.columns]
# 删除不需要的字段
my_data.drop(labels=['apply_day','apply_week','apply_mth','apply_refuse_flag','apply_id','product_name','agr_fpd_15','fpd_15_act','fpd_30_act','agr_fpd_30','if_loan_flag','if_loan_in_30','agr_mob3_dpd_30'], axis=1, inplace=True)
```

```python
# 处理缺失值:变量取值为-999、-9999、-999999,表示该取值缺失
for i in my_data.columns[my_data.dtypes! ='object']:
    my_data[i][my_data[i].map(lambda x:x in (-999,-9999,-999999))]= np.nan

# 处理分类型变量
for i in my_data.columns[my_data.dtypes=='object']:
    my_data[i]=my_data[i].map(lambda x:str(x).strip())
    my_data[i][my_data[i].map(lambda x:x in ['-999','-9999','-999999'])]= np.nan
    try:
        my_data[i]=my_data[i].astype('float64')
    except:
        pass

# 处理灰样本
my_data['mob3_dpd_30_act']=my_data['mob3_dpd_30_act'].map(lambda x:1 if x==1 else 0)

# 剔除众数占比过高的变量,这类变量往往包含的信息较少,不具备分析价值
del_var_01=[]
for var in my_data.columns:
    mode_value_rate=my_data[var].value_counts(dropna=False,
        normalize=True).sort_values(ascending=False).tolist()[0]
    if (var not in ['mob3_dpd_30_act']) and  mode_value_rate>=0.85:
        print(var+' 众数占比:'+str(mode_value_rate)+' ,需删除')
        del_var_01.append(var)

my_data.drop(labels=del_var_01, axis=1, inplace=True)

# 进行缺失值填充,为计算两两变量间的线性相关系数做好准备
my_data_01 = my_data
for var in (set(my_data_01.columns)-set(['mob3_dpd_30_act'])):
    try:
        my_data_01[var][my_data_01[var].isnull()]=my_data_01[var].mean()
    except:
        my_data_01[var][my_data_01[var].isnull()]= my_data_01[var].mode()
```

```python
# 若两个变量线性相关性较高,则随机剔除一个
del_var_02 = []
for i in (set(my_data_01.columns)-set(['mob3_dpd_30_act'])):
    if i in del_var_02:
        continue
    for j in (set(my_data_01.columns)-set(['mob3_dpd_30_act'])):
        if (i == j) or (j in del_var_02):
            continue
        roh = np.corrcoef(my_data_01[i],my_data_01[j])[0,1]
        if abs(roh)>=0.75:
            print(i+' , '+j+' '+str(roh))
            if np.random.rand(1)[0]>=0.5:
                del_var_02.append(i)
            else:
                del_var_02.append(j)

my_data_01.drop(labels=set(del_var_02),axis=1,inplace=True)

#3.将建模数据拆分为训练集和测试集

trainData, testData = train_test_split(my_data_01,test_size=0.4,random_state=1111)

#4.基于训练集构建决策树并对决策树进行可视化输出

min_samples_split = int(trainData.shape[0]/ 50) if int(trainData.shape[0]/50) >= 50 else 50
min_samples_leaf = int(trainData.shape[0]/ 100) if int(trainData.shape[0]/100) >= 30 else 30

dtree = tree.DecisionTreeRegressor(max_depth=3,
min_samples_leaf=min_samples_leaf,min_samples_split=min_samples_split)
dtree.fit(trainData[trainData.columns.tolist()[:-1]], trainData[trainData.columns.tolist()[-1:][0]])

#保存决策树可视化输出结果
dot_data = StringIO()
```

```
tree.export_graphviz(dtree,out_file=dot_data,feature_names=trainData.col-
umns.tolist()[:-1],class_names=trainData.columns.tolist()[-1:],filled=True,
rounded=True,special_characters=False)

graph = pydotplus.graph_from_dot_data(dot_data.getvalue())
graph.write_png(path_result+'Regression_tree.png')
#5.进行特征重要性评估

vars_importance=pd.DataFrame({
        'Characteristic':trainData.columns.tolist()[:-1],
        'Importance':list(dtree.feature_importances_)}).sort_values(by=
'Importance',ascending=False)
vars_importance.head()

#6.进行决策树模型效果评估

#性能得分不超过1,值越高,说明模型效果越好
print('决策树模型在训练集上的预测性能得分为:
%f'% (dtree.score(trainData[trainData.columns.tolist()[:-1]],trainData
[trainData.columns.tolist()[-1:][0]])))
print('决策树模型在测试集上的预测性能得分为:
%f'% (dtree.score(testData[testData.columns.tolist()[:-1]],testData
[testData.columns.tolist()[-1:][0]])))
```

上述代码执行完成后,输出的决策树结构的可视化结果如图 2-8 所示,根节点为变量 var8,从根节点沿着每条路径到叶节点就是一条决策树规则。在后续的基于 CART 模型的多维度策略

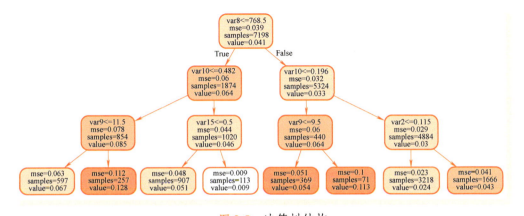

● 图 2-8 决策树结构

开发过程中，需要将决策树的每一条规则都抽取出来，并选择效果好的规则作为最终上线的规则，参与风险决策。

本节提供的决策树生成代码相对简单，在实际生产中，为了获取决策树生成的最优参数，可使用网格搜索、随机搜索、贝叶斯优化等方法生成决策树，然后通过比较生成的不同决策树的结果，选择结果最优的决策树使用的参数来生成决策树。

> **注意**
>
> 在利用 Python 进行决策树画图之前，需要安装 Graphviz 插件。该插件是由贝尔实验室的几位计算机开发人员设计的开源图形可视化工具，在网络、生物信息学、软件工程、数据库和网页设计、机器学习以及其他技术领域的视觉界面中有重要的应用。
>
> Graphviz 插件支持 Linux、Windows、macOS 等操作系统。在 Graphviz 官网下载该插件后，双击下载好的文件进行安装，安装完成后，需要进行环境变量配置，配置好后，即可使用该插件绘制生成的决策树。

▶▶ 2.3.4 基于 Python 进行决策树规则自动抽取和解析

一棵决策树是由多条规则构成的，从根节点到叶节点的每一条路径构成了一条规则。在决策树生成后，为了快速获取构成决策树的规则并评估不同规则的效果，往往需要对决策树规则进行抽取和解析，转化成易解读的形式，然后评估各个规则是否适合用来作为策略。本节主要讲述如何基于 Python 实现决策树规则的自动抽取和解析。接下来，基于 2.3.3 节中构建的 "回归决策树" 进行决策树规则的自动抽取和解析。

```
# 7.进行决策树规则自动抽取和解析

# 输出每条决策树规则对应的最终预测值函数
def predict_value(tree):
    """
    tree：决策树对象。
    返回值：    决策树不同决策流对应的预测值,即 Badrate
    """
    value_list = []
    tree_ = tree.tree_
    def recurse(node, depth):
        if tree_.feature[node]! = _tree.TREE_UNDEFINED:
            recurse(tree_.children_left[node], depth + 1)
            recurse(tree_.children_right[node], depth + 1)
```

```python
        else:
            value_list.append(tree_.value[node][0][0])
    recurse(0, 1)
    return value_list

# 决策树规则抽取和解析函数
def extract_tree_rules(tree, feature_names):
    """
    tree:               决策树对象。
    feature_names:      构建决策树使用的特征名称。
    返回值:              决策树规则抽取结果
    """
    left = tree.tree_.children_left
    right = tree.tree_.children_right
    threshold = tree.tree_.threshold
    features = [feature_names[i] for i in tree.tree_.feature]
    index_list = np.argwhere(left == -1)[:, 0]
    value_list = predict_value(tree)
    def decision_flow_extract(left, right, child, d_flow=None):
        """
        left:     数组格式,决策树左子节点 id。
        right:    数组格式,决策树右子节点 id。
        child:    子节点 id。
        d_flow:   子节点决策流。
        返回值:    子节点对应的决策流
        """
        if d_flow is None:
            d_flow = [child]
        if child in left:
            parent = np.where(left == child)[0].item()
            split = 'le'
        else:
            parent = np.where(right == child)[0].item()
            split = 'rg'
        d_flow.append((parent, split, threshold[parent], features[parent]))
        if parent == 0:
            d_flow.reverse()
            return d_flow
```

```python
        else:
            return decision_flow_extract(left, right, parent, d_flow)
    rule_list=[]
    left_symbol = '<='
    rgiht_symbol = '>'
    for j, child in enumerate(index_list):
        clause = ''
        for node in decision_flow_extract(left, right, child):
            if len(str(node)) < 3:
                continue
            i = node
            if i[1]=='le':
                sign = left_symbol
            else:
                sign = rgiht_symbol
            clause = clause + i[3]+ sign + str(i[2]) +' and '
        clause = clause[:-4]+' Badrate:' + str(round(value_list[j],2))
        rule_list.append(clause)
    return rule_list
```

 # 调用决策树规则自动抽取函数,进行规则抽取和解析

```python
rule_list = extract_tree_rules(tree = dtree, feature_names = trainData.columns.tolist()[:-1])
```

 # 输出抽取和解析的决策树规则

```python
for rule in rule_list:
    print(rule)
```

在执行完上述代码后,抽取和解析的决策树规则如图2-9所示。该决策树共包含8条规则。

```
In [13]: # 输出抽取和解析的决策树规则
    ...: for rule in rule_list:
    ...:     print(rule)
    ...:
var8<=768.5 and var10<=0.4821200519800186 and var9<=11.5  Badrate:0.07
var8<=768.5 and var10<=0.4821200519800186 and var9>11.5  Badrate:0.13
var8<=768.5 and var10>0.4821200519800186 and var15<=0.5  Badrate:0.05
var8<=768.5 and var10>0.4821200519800186 and var15>0.5  Badrate:0.01
var8>768.5 and var10<=0.19581377506256104 and var9<=9.5  Badrate:0.05
var8>768.5 and var10<=0.19581377506256104 and var9>9.5  Badrate:0.11
var8>768.5 and var10>0.19581377506256104 and var2<=0.11527819186449051  Badrate:0.02
var8>768.5 and var10>0.19581377506256104 and var2>0.11527819186449051  Badrate:0.04
```

● 图2-9 决策树规则自动抽取和解析结果

因为它是回归树，所以每条规则对应的叶节点的均方误差其实就是叶节点对应样本的 Badrate，最终在输出每条规则时也输出了规则对应的 Badrate，Badrate 的值越大，说明规则对坏样本的区分度越好。

2.4 基于 CART 模型进行多维度策略开发

贷前授信审批、贷中用信审批、贷中预警、贷后催收等多个风控场景都涉及多维度策略的开发。在开发上述场景多维度策略的时候，通常基于 CART 模型进行。为什么基于 CART 模型进行多维度策略开发呢？因为 CART 模型是二叉树，生成的决策树规则简单易懂，方便快速部署到决策引擎上进行风险管控。当然也可以基于如 C4.5 模型进行多维度策略的开发，但是 C4.5 模型是多叉树，比二叉树更复杂，所以应用没那么广泛。

多维度策略开发步骤与单维度策略类似，也包括策略测算和策略泛化两个主要环节，其中策略测算是在训练集上分析策略效果，策略泛化是在验证集上分析策略效果。若策略在训练集和验证集上的效果都较好，那么我们才认为策略效果较好，可以上线做决策。多维度策略测算包括三个主要步骤，具体如下。

1）构建多维度策略分析所需的变量池。

2）为了充分利用变量池中变量信息进行多维度策略的分析和挖掘，可利用变量组合加随机数的方式批量化、自动化生成决策树并对生成的决策树进行规则抽取和解析。

3）基于决策树规则解析后的结果筛选效果好的多维度规则进行泛化。

多维度策略的泛化与单维度策略类似。在进行多维度规则泛化之前，将筛选的多维度规则转换为单维度规则，然后基于单维度策略的泛化方法进行策略泛化和筛选即可。

2.4.1 构建多维度策略变量池

多维度策略开发的第一步是构建多维度策略分析使用的变量池，变量池的构建包括以下三步。

（1）构建初始变量池

构建初始变量池分下列两种情况。

1）在进行多维度策略开发前，已进行单维度策略分析和挖掘，可以依赖单维度策略分析结果，从单维度策略分析结果文档中选择描述性统计分析筛选通过（已剔除缺失值或众数占比较高的变量）的变量进入初始变量池，这样就可以避免对原始变量的重复分析工作。在进行策略开发的时候，单维度策略和多维度策略不是相互独立的，而是相互联系的，若一次要分析成千上万个变量,则通过使用单维度策略的分析结果构建初始变量池可以降低变量池复杂度,节省数据探索的成本。

2)若未进行单维度策略分析和挖掘,则可将全部变量放入初始变量池。

(2)基于变量缺失值或众数占比进行变量筛选

在确定了初始变量池后,分析各个变量的缺失值和众数占比,若缺失值或众数占比太高(如大于90%),则说明该变量包含的信息较少,对构建决策树帮助不大,可从初始变量池中剔除。基于变量缺失值或众数占比进行变量筛选主要适用于未进行单维度策略分析,直接将全部变量纳入初始变量池的情况。

(3)基于变量相关性进行变量筛选

在基于变量众数完成变量筛选后,紧接着需要基于变量间的线性相关关系进行变量筛选。若两个变量线性相关性非常强,则说明两个变量包含的信息基本上是一样的,选择其中一个变量用来构建决策树即可,没必要使用重复的信息来构建决策树,因为会增加模型的复杂度。

在进行变量线性相关分析和筛选的时候,首先对变量进行两两相关性分析,若两个变量的线性相关系数绝对值大于某个值(如0.9),则随机剔除一个变量即可。在完成变量相关性分析后,就完成了多维度策略变量池的构建,接下来要基于变量池中的变量构建决策树。

▶▶ 2.4.2 利用组合加随机数的方式批量生成决策树并进行规则抽取和解析

在构建完成多维度策略变量池后,就到了决策树生成以及规则抽取和解析环节。如果构建的变量池中有1000个变量,那么生成多少棵决策树合适呢?若基于这1000个变量构建一棵决策树,那么最终决策树可能只使用了10个变量,剩下990个变量未使用,会造成信息的大量浪费,这显然是不可取的。为了最大程度地利用变量池中的变量信息进行多维度策略开发,可以先通过变量组合加设置随机数的方法生成决策树,再对生成的决策树进行规则抽取和解析,具体实现步骤如下。

(1)利用变量组合的方法进行变量选择,充分利用已有变量信息

假如变量池中有 n(n 为正整数,通常大于或等于5)个变量,每次可随机从变量池中抽取 k(k 通常的取值范围是3~5)个变量来构建决策树,则共有 C_n^k 种变量组合方式,可构建 C_n^k 棵决策树,这样一方面可确保所有的变量信息被充分利用,不至于造成信息的浪费,另一方面也不至于生成过于复杂的决策树,从而产生过于复杂的多维度规则。在实际生产中,若多维度规则比较复杂,则使用和维护成本会比较高,通常建议基于CART模型生成的多维度规则包含2~5个变量就可以了。以变量组合的方式构建决策树虽然解决了信息浪费的问题,但是会带来一个新问题:若变量池中变量较多,则通过随机组合的方式生成决策树会造成信息多次重复使

用，大大增加了计算复杂度。举个简单的例子，假如变量池中有 1000 个变量，每次从中随机抽取 3 个变量来构建决策树，则共有 C_{1000}^{3} = 166167000 种变量组合方式，共计要构建 166167000 棵决策树，显然，在进行变量排列的时候，每个变量都会被多次重复抽取，这样造成了信息的多次重复使用，极大地增加了计算的复杂度。如何解决这个问题呢？很简单，引入均匀分布随机数可在一定程度上解决信息重复利用的问题。

（2）设置随机数以降低变量被重复使用的次数

如何通过引入均匀分布随机数来解决信息重复使用的问题呢？在每次完成变量组合后，生成一个均匀分布随机数 a，$a \in [0,1)$，通过控制 a 与预设的数值 b 进行比较，即可控制决策树生成数量。假设 b 的取值为 0.5，当 $a<b$ 时，才进行决策树生成，则最终生成的决策树数量为原来生成决策树数量的 1/2。在实际生产中，b 的取值通常要结合变量池中的变量数来决定，变量池中变量数越多，b 的取值往往越小，可通过控制 b 的取值来控制决策树构建的数量，通常将决策树生成数量控制在 1000 以内。

（3）决策树规则抽取和解析

在基于变量组合和设置的随机数进行决策树生成的过程中，每生成一棵决策树，都要对决策树规则进行抽取，抽取成一条条规则，并解析出每条规则对应的叶节点的 Badrate，便于后续进行规则测算效果分析和筛选。

2.4.3 规则测算效果分析和筛选

在完成规则解析后，需要分析规则效果，筛选效果较好的规则进行泛化。如何评估不同规则的效果呢？通常基于各个规则对应的 Badrate 值与建模样本对应的 Badrate 值的比值进行规则筛选，这个比值其实就是前边讲到的 Lift 值。

在进行决策树生成的时候，可以获取建模样本的 Badrate 值（建模样本的 Badrate = 建模样本中的坏样本量/建模样本量），在决策树生成并进行规则抽取和解析后，可获取每条决策树规则对应的叶节点样本的 Badrate 值，基于上述两个 Badrate 值，即可计算出评估规则效果的 Lift 值。

在实际生产中，通常选择 Lift 大于或等于某个阈值（通常该阈值为 3）且符合业务解释性的规则进行泛化，基于泛化效果决定是否选取该规则进行上线决策。

2.4.4 规则泛化效果分析和筛选

在进行多维度规则泛化前，需要将筛选的多维度规则转换为单维度规则。多维度规则由多个变量构成，我们要做的就是将多维度规则重新映射成一个新变量，若满足多维度规则触碰条件,则新变量取值为 1,否则新变量取值为 0,最终新变量映射的规则形式为"新变量≥1",然后对新的单维度规则进行泛化分析即可。

在将多维度规则转换为单维度规则后,按照单维度规则的泛化方法和规则筛选方法进行规则泛化与筛选即可。因为单维度策略开发部分(2.2 节)对如何进行规则泛化和筛选进行了详细阐述,所以本节不再赘述。

2.4.5 待上线规则集合并泛化

在完成多维度规则泛化和筛选后,若筛选出了多条待上线的多维度规则,则需要评估这些规则同时上线后对通过率和风险的影响,具体评估方法与 2.2.5 节中"待上线规则集合并泛化"对应的方法是一样的,本节不再赘述。

2.4.6 案例实践:授信审批场景多维度策略开发

本节基于 2.2.7 节中授信审批场景单维度策略开发使用的数据样例来完成授信审批场景多维度策略开发实践。多维度策略测算样本选取 2021 年 8~10 月进行授信申请且申请通过后 30 天内用信的样本,测算时目标字段分别取 fpd_30_act 和 mob3_dpd_30_act,之所以同时选取两个目标字段进行多维度策略分析和挖掘,是因为我们既要找到对短期风险识别度较好的多维度规则,又要找到对偏长期风险识别度较好的规则,从短期和长期维度同时管控风险。在基于上述样本完成策略测算后,会在所有样本上进行策略泛化。与单维度策略开发实践类似,基于 CART 模型的多维度策略开发实践所提供的 Python 代码可以快速、高效地从成百上千个变量中筛选出效果好的多维度规则并自动输出分析结果文档,极大地提升了工作效率。

多维度策略开发同样包括策略测算和策略泛化两个大环节。在进行策略测算实践时,主要基于回归决策树进行。接下来,我们进行贷前授信审批场景多维度策略测算环节代码实践。

```
"""
多维度策略测算代码执行顺序:
1.加载策略测算过程中需要使用的功能函数和分析结果自动化输出函数;
2.加载 Python 包;
3.解释并配置策略测算过程中的各种参数;
4.读入数据并进行数据预处理;
5.批量化、自动化生成决策树并进行决策树规则抽取和解析;
6.自动筛选效果好的多维度规则;
7.多维度策略分析结果统计和汇总;
8.基于 XlsxWriter 包自动输出多维度策略测算结果分析文档
"""
```

#1.加载策略测算过程中需要使用的功能函数和分析结果自动化输出函数

#1.1 批量化、自动化生成决策树并对生成的决策树进行规则抽取函数

```python
def tree_rules_all_fun(data,sample_type,sample_type_col,sample_type_target,target_ripe,target_del_col):
    """
    data:                   建模数据。
    sample_type:            分析的样本类型,列表格式。
    sample_type_col:        样本类型标签所在的字段,字典格式。
    sample_type_target:     分析的样本类型对应的目标字段。
    target_ripe:            目标字段对应的"是否成熟"标签。
    target_del_col:         在分析某个目标字段时,需要删除的无用变量。
    返回值:                  决策树规则抽取和解析后的结果
    """
    rules_dict = {}
    rule_seq = 1
    for sample_type_sub in sample_type:
        if '其他' in sample_type_sub:
            model_data = data[data[sample_type_col[sample_type_sub][0]].map
                ( lambda x:str(x) not in sample_type_col[sample_type_sub][1])]
        elif 'Total' in sample_type_sub:
            model_data = data
        else:
            model_data = data[data[sample_type_col[sample_type_sub][0]].map
                ( lambda x:str(x) in sample_type_col[sample_type_sub][1])]
        print('正在分析的样本类型为:'+sample_type_sub+' 样本量:'+ str(len(model_data)))
        for target_sub in sample_type_target[sample_type_sub]:
            # 获取目标字段对应的成熟样本
            model_data1 = model_data[model_data[target_ripe[target_sub][0]]==1]
            model_data1 = model_data1.drop(labels=target_del_col[target_sub],axis=1)
            if len(model_data1[model_data1[target_sub] == 1])<=30:
                print(sample_type_sub +' ' + target_sub+' 坏样本量: ' + str(len(model_data1[model_data1[target_sub] == 1]))+' 不建议继续建模')
                continue
            # 基于样本组合和随机数进行决策树批量生成
            if target_sub=='fpd_30_act':
```

```python
                    for i in itertools.combinations(range(model_data1.shape[1]-1),comb):
                        if np.random.rand(1)[0]<=fpd_random:
                            var_list=list(i)
                            var_list.append(model_data1.shape[1]-1)
                            model_data2 = model_data1.iloc[:,var_list]
                            if len(model_data2) < 50:
                                print('在数据排列组合阶段,有异常情况出现,请进行检查' + set(i))
                                break
                            if target_sub not in model_data2.columns:
                                continue
                            if need_rm_narow:
                                model_data2 = model_data2.dropna()
                            else:
                                col_name=model_data2.columns
                                model_data2=pd.DataFrame(imp.fit_transform(model_data2))
                                model_data2.columns=col_name
                            # 决策树建模时的好坏样本抽样
                            try:
                                df01 = model_data2[model_data2[target_sub]==1]
                                df02 = model_data2[model_data2[target_sub]==0].sample(n=len(df01) * sample_multiple,replace=False)
                                model_data3 = pd.concat([df01, df02])
                                print(sample_type_sub + '' + target_sub + '建模样本量' + str(len(model_data3)) +'坏样本量:' + str(len(df01)))
                                print(model_data3.columns.tolist())
                                min_samples_split = int(model_data3.shape[0]/ 50) if int(model_data3.shape[0]/ 50) >= 45 else 45
                                min_samples_leaf = int(model_data3.shape[0]/ 100) if int(model_data3.shape[0]/ 100) >= 30 else 30
                                dtree = tree.DecisionTreeRegressor(max_depth=tree
                                    _deph, min_samples_leaf=min_samples_leaf,
                                    min_samples_split=min_samples_split)
                                dtree.fit(model_data3[model_data3.columns.tolist()[:-1]],
            model_data3[model_data3.columns.tolist()[-1:][0]])
                                    # 决策树规则抽取和解析
                                rule_list = extract_tree_rules(tree=dtree, feature_names=model_data3.columns.tolist()[:-1])
```

```python
                        rules_dict[str(rule_seq)] = [sample_type_sub, target_sub, rule_list]
                        rule_seq += 1
                    except:
                        print(str(model_data3.columns.tolist()) + "无法生成组合规则")
            else:
                for i in itertools.combinations(range(model_data1.shape[1]-1),comb):
                    if np.random.rand(1)[0]<=dpd_random:
                        var_list = list(i)
                        var_list.append(model_data1.shape[1]-1)
                        model_data2 = model_data1.iloc[:, var_list]
                        if len(model_data2)<50:
                            print('在数据排列组合阶段,有异常情况出现,请进行检查'+set(i))
                            break
                        if target_sub not in model_data2.columns:
                            continue
                        if need_rm_narow:
                            model_data2 = model_data2.dropna()
                        else:
                            col_name = model_data2.columns
                            model_data2 = pd.DataFrame(imp.fit_transform(model_data2))
                            model_data2.columns = col_name
                        # 决策树建模时的好坏样本抽样
                        try:
                            df01 = model_data2[model_data2[target_sub]==1]
                            df02 = model_data2[model_data2[target_sub]==0].sample(n=len(df01) * sample_multiple, replace=False)
                            model_data3 = pd.concat([df01, df02])
                            print(sample_type_sub +' '+ target_sub+' 建模样本量 '+str(len(model_data3))+' 坏样本量:'+str(len(df01)))
                            print(model_data3.columns.tolist())
                            min_samples_split = int(model_data3.shape[0]/50) if int(model_data3.shape[0]/50)>40 else 40
                            min_samples_leaf = int(model_data3.shape[0]/80) if int(model_data3.shape[0]/80)>25 else 25
```

```
                        dtree = tree.DecisionTreeRegressor(max_depth=tree
                            _deph, min_samples_leaf=min_samples_leaf,
                            min_samples_split=min_samples_split)
                        dtree.fit(model_data3[model_data3.columns.tolist
()[:-1]],
    model_data3[model_data3.columns.tolist()[-1:][0]])
                        # 决策树规则抽取和解析
                        rule_list = extract_tree_rules(tree=dtree, feature
_names=model_data3.columns.tolist()[:-1])
                        rules_dict[str(rule_seq)] = [sample_type_sub, target
_sub, rule_list]
                        rule_seq += 1
                except:
                    print(str(model_data3.columns.tolist())+" 无法生成
组合规则")
    return rules_dict

# 1.2 决策树规则自动抽取函数
# 函数为extract_tree_rules(tree, feature_names), 已在 2.3.4 节进行过展示, 此处不再
重复展示
# 1.3 测算结果自动化输出函数

import copy
import re
# 主标题格式
title_format ={'bold': True,'font_name':'Arial','font_size': 12,'font_color
            ': 'white','top_color': '#44546A', 'bottom_color': '#44546A', '
            left_color': '#44546A','right_color': '#44546A', 'bg_color': '#
            44546A'}


# 副标题格式
subtitle_format ={'border': True, 'font_size': 9, 'font_name': 'Arial', 'font_
                color':'white','left_color': 'white', 'right_color':'white',
                'bg_color': '#44546A', 'align': 'center', 'valign': 'vcenter'}


# 表格正文
```

```python
body_text_format_01 ={'border': True,'font_size': 8,'font_name':'Arial','bg
                     _color':'#D1D1D1','top_color':'white','bottom_color':
                     'white','left_color':'white','right_color':'white',
                     'align':'center','valign':'vcenter'}

# 正文为百分比
body_text_per_format_01 = copy.deepcopy(body_text_format_01)
body_text_per_format_01['num_format']='0.00%'

# 表格正文
body_text_format_02 = {'border': True,'font_size': 8,'font_name':'Arial','bg
                      _color':'#E3E3E3','top_color':'white','bottom_color':
                      'white','left_color':'white','right_color':'white',
                      'align':'center','valign':'vcenter'}
# 正文左对齐、百分比
body_text_left_format_02 = copy.deepcopy(body_text_format_02)
body_text_left_format_02['align']='left'
body_text_per_format_02 = copy.deepcopy(body_text_format_02)
body_text_per_format_02['num_format']='0.00%'
# 表格正文
body_text_format_03 = {'bold': True,'font_name':'Arial','font_size': 8,
'font_color':'black'}

# 自动获取单元格内容的长度,如果包含汉字,则一个汉字计数为2;如果是英文,则计数为1
def get_same_len(x):
    """
    x:     输入内容。
    返回值:字符串长度
    """
    if type(x)!=str:
        x=str(x)
    l=list(x)
    num=0
    for i in l:
        if re.match("[\u4e00-\u9fa5]+",i):
            num=num+2
```

```
        else:
            num=num+1
    return num

# 自动为每一列数据匹配合适的长度
def get_max_len(data,nrows,ncols,max_len=60):
    """
    data:           输入数据框。
    nrows:          数据框行数。
    ncols:          数据框列数。
    max_len:        每一列数据输出时的最大长度。
    返回值:         Excel 中每一列对应的长度。
    """
    data=data.fillna('')
    res=[]
    res1=[]
    column = data.columns
    for i in range(len(column)):
        x = column[[i]][0]
        res1.append(get_same_len(x))
    res2=[]
    for i in range(ncols):
        tmp=[]
        for j in range(nrows):
            tmp.append(get_same_len(data.iloc[j,i]))
        tmp=max(tmp)
        if tmp>max_len:
            tmp=max_len
        res2.append(tmp* 0.73684)
    for i,j in zip(res1,res2):
        res.append(max(i,j))
    return res

# 多维度策略分析步骤与分析结果汇总输出
def  get_summary(wb,data,sheetname,start=0):
    """
    wb:             Excel 文件。
    sheetname:      工作表名称。
```

```
data:        待输出数据。
start:       序号所在的列。
返回值：     输出的Excel分析结果文档
"""
ws = wb.add_worksheet(sheetname)
column = data.columns
nrows, ncols = data.shape
body_text_title = wb.add_format(subtitle_format)
body_title = wb.add_format(title_format)
body_text_xunhuan2 = wb.add_format(body_text_left_format_02)
body_text_xunhuan2_per = wb.add_format(body_text_per_format_02)
body_text_red = wb.add_format(subtitle_format)
body_text_red.set_font_color('red')
body_text_pink = wb.add_format(body_text_format_03)
body_text_pink.set_bg_color('#F2DCE5')
body_text_pink.set_text_wrap('True')
body_text_pink.set_align('vcenter')
body_text_blue = wb.add_format(body_text_format_03)
body_text_blue.set_bg_color('#DAEEF3')
body_text_percent = wb.add_format(body_text_per_format_01)
body_text_red_xifen = wb.add_format(subtitle_format)
body_text_red_xifen.set_font_color('red')
ws.hide_gridlines({'option': 1})
ws.merge_range(1 + start, 1, 1 + start, ncols+4, sheetname, body_title)
ws.set_column(0, 0, 2)
ws.set_column(1, 1, 4)
ws.set_row(start + 2, 18)
ws.set_row(start + 3, 140)
ws.set_row(start + 4, 18)
ws.set_row(start + 5, 40)
remark1 = '1.基于决策树算法进行多维度策略测算'
remark2 = """
```

(1) 构建多维度策略变量池(以下两种情况是"或"的关系)

a.基于单维度策略测算文档,抽取标签1等于Y且标签3等于N的变量放入多维度策略变量池;

b.如果未进行单维度策略测算,可直接将所有变量放入多维度策略变量池。

(2) 对变量池中变量进行筛选

分析建模变量的众数占比、皮尔逊相关系数等指标,对于众数占比大于某一阈值(如0.85)的变量进行剔除,对于皮尔逊相关系数大于某一阈值(如0.9)的变量,随机剔除一个。

(3) 基于最终筛选的变量构建决策树

若最终筛选的变量数为 N,则每次从 N 中筛选 K(K<=N,K 默认取 3,建议 K 的取值范围为 2~4,若取值太大,则构建的规则复杂度较高,不利于解释、维护和部署)个变量构建决策树,在决策树构建完成后,基于决策树的复杂程度决定是否进行剪枝。

(4) 筛选满足条件的规则集

在步骤 3 中,每棵决策树都由若干规则集组成,抽取每棵决策树的规则集,抽取完成后,筛选 Badrate(通常,Badrate 取值为建模样本 Badrate 的 3 倍及以上)满足一定阈值的规则进行输出,输出结果参考《1.多维度策略测算结果汇总》

```
"""
    remark3 = '2.解析基于决策树筛选的多维度策略,筛选满足预设条件的多维度策略进入待泛化规则集'
    remark4 = """
        从决策树规则集中抽取的满足条件的多维度策略可读性不强,需要解析成更易读的格式,基于解析结果筛选最终进行泛化的多维度策略,输出结果参考《2.多维度策略解析和筛选》
    """
    ws.merge_range(start + 2, 1, start + 2, ncols+4, remark1, body_text_blue)
    ws.merge_range(start + 3, 1, start + 3, ncols+4, remark2, body_text_pink)
    ws.merge_range(start + 4, 1, start + 4, ncols+4, remark3, body_text_blue)
    ws.merge_range(start + 5, 1, start + 5, ncols+4, remark4, body_text_pink)
    ws.set_row(start + 6, 10)
    data = data.replace(np.inf, 'inf')
    data = data.fillna('')
    data = data.replace(-np.inf, '-inf')
    body_text_title.set_text_wrap('True')
    for j in range(ncols):
        ws.write(start + 7, 1+j+2, column[j], body_text_title)
    for i in range(nrows):
        for j in range(ncols):
            value = data.iloc[i][j]
            if ('之比' in column[j] or '占比' in column[j] or 'rate' in column[j]):
                ws.write(i + start + 8, j + 1+2, value, body_text_xunhuan2_per)
            else:
                ws.write(i + start + 8, j + 1+2, value, body_text_xunhuan2)


# 多维度策略测算结果输出
def std_result_output(wb, sheetname, data, offset):
    """
    wb:              Excel 文件。
```

```
    data:           待输出数据。
    sheetname:      工作表名称。
    start:          从 1+start 行或列输出分析结果。
    返回值:         输出的 Excel 分析结果文档
    """
nrows, ncols = data.shape
    first_title = wb.add_format(title_format)
    body_text_title = wb.add_format(subtitle_format)
    body_text_center1 = wb.add_format(body_text_format_01)
    body_text_percent1 = wb.add_format(body_text_per_format_01)
    body_text_center2 = wb.add_format(body_text_format_02)
    body_text_percent2 = wb.add_format(body_text_per_format_02)
    ws = wb.add_worksheet(sheetname)
    ws.freeze_panes(2, 7)
    ws.autofilter(offset, offset, offset, ncols-1 )
    ws.hide_gridlines({'option': 1})
    ws.set_column(0, 0, 2)
    column = data.columns
    need_len = get_max_len(data=data, nrows=nrows, ncols=ncols, max_len=40)
    for i in range(len(need_len)):
        ws.set_column(i + offset, i + offset, need_len[i])
    data = data.replace(np.nan, '')
    data = data.replace(np.inf, 'Inf')
    for j in range(ncols):
        ws.write(offset, j , column[j], body_text_title)
    for i in range(nrows):
        for j in range(ncols):
            value = data.iloc[i][j]
            seq = int(data.iloc[i]['Seq'])
            if seq % 2 == 1:
                if '占比' in column[j] or '率' in column[j]:
                    ws.write(i + offset + 1, j , value, body_text_percent1)
                else:
                    ws.write(i + offset + 1, j , value, body_text_center1)
            else:
                if '占比' in column[j] or '率' in column[j]:
                    ws.write(i + offset + 1, j , value, body_text_percent2)
                else:
                    ws.write(i + offset + 1, j , value, body_text_center2)
```

在运行多维度策略测算主代码前,要先运行上面展示的相关函数代码,因为在策略测算过程中要调用上面的函数。接下来展示多维度策略测算相关主代码。

```
#2.加载Python包

import pandas as pd
import os
import datetime
import re
import numpy as np
from sklearn import tree
from sklearn.tree import _tree
import itertools
import xlsxwriter
from sklearn.impute import SimpleImputer


#数据存储路径,在实操时,读者要换成自己的本地路径
path="F:\\DataAna\\策略\\Chapter2\\2.4.6多维度策略开发\\"
#分析结果输出路径
path_result=path+'\\rule_result\\'
if not os.path.exists(path_result):
    os.makedirs(path_result)


#策略测算生成的Excel文件名
excel_name='授信审批场景多维度策略测算结果'+str(datetime.datetime.now().strftime('%Y%m%d%H'))+'.xlsx'


#读取变量数据字典
var_dict = pd.read_excel(path+"待分析变量的数据字典.xlsx")
var_dict['变量名']=var_dict['变量名'].map(lambda x:str(x).lower())


#3.解释并配置策略测算过程中的各种参数

"""
#3.1数据预处理参数
sample_range:         分析样本区间。
na_threshold:         在变量处理过程中,剔除单一值占比大于或等于na_threshold的变量。
```

第 2 章 风控策略开发

```
    sample_type:           样本类别,即进行建模时抽取的样本的类别,如分产品、分地域建模等。
    sample_type_col:       样本类别标签所在的列。
    sample_type_target:    不同类别样本对应的目标字段。
    target_ripe:           目标字段对应的样本是否成熟标签。
    target_del_col:        在最终建模的时候,剔除不同目标字段对应的不需要进行分析的字段
#3.2 决策树建模、规则筛选参数
    comb:                  每次取 K 个变量进行随机组合以构建决策树。
    fpd_random:            如果建模的目标字段为 fpd_N_act,假如变量有 1000 种组合方式,则
随机抽取 1000* fpd_random 种组合进行建模。因为组合方式太多,很多情况下组合的规则接近,所以
进行组合数限制。
    dpd_random:            如果建模的目标字段为 mob_dpd_N_act,假如变量有 1000 种组合方
式,则随机抽取 1000* dpd_random 种组合进行建模。
    need_rm_narow:         是否剔除有空值的行进行建模。
    sample_multiple:       对训练集样本进行抽样,sample_cnt 表示好样本是坏样本的多少倍。
    tree_deph:             决策树最大深度。理论上,决策树的最大深度为建模样本量的对数(以
2 为底),深度取值越大,决策树越复杂,建议取值范围为 2~4。
    prob_threshold:        筛选 Badrate>prob_threshold 的多维度规则。若建模样本 Badrate
为 a,则通常取 prob_threshold>=3* a,即 Lift>=3
#3.3 决策树规则输出参数
    excel_name:            输出的 Excel 文件名称。
    start=1:               输出规则开始序号。
    ana_people:            分析人。在输出决策树规则序号时,能够从序号中识别出分析人
"""
sample_range = '202108-202110'
na_threshold=0.9


# 可同时分析不同样本类型的样本
sample_type = ['Total']


# 当分析的样本类型只有 Total 时,sample_type_col={}
sample_type_col = {}
# 当分析的样本类型为非 Total 时,获取样本类型标签对应的字段及在字段中的取值
# sample_type_col = {'type1':['col',['type1']],'type2':['col',['type2']]}


# 分析全量样本在目标字段为 fpd_30_act 和 mob3_dpd_30_act 时的效果
sample_type_target = {'Total': ['fpd_30_act','mob3_dpd_30_act']}
target_ripe = {'fpd_30_act':['agr_fpd_30'],'mob3_dpd_30_act':['agr_mob3_dpd_
30']}
```

```python
target_del_col ={'fpd_30_act':
                ['agr_fpd_30','mob3_dpd_30_act','agr_mob3_dpd_30'],'mob3_dpd
                _30_act':['agr_fpd_30','fpd_30_act','agr_mob3_dpd_30']}

# 将每次随机抽取的 3 个变量与目标字段一起构建决策树
comb = 3
# 将引入的 0-1 均匀分布随机数取值与预设的值进行比较,控制生成的决策树数量,防止生成太多信息重复的决策树
fpd_random = 0.1
dpd_random =0.1
# need_rm_narow 为 True,表示在决策树建模时剔除有缺失值的行,为 Flase,则基于 SimpleImputer 函数填充每列的缺失值,strategy 的取值为'most_frequent'、'mean'、'median'、'constant',
# 分别表示基于众数、均值、中位数、常数进行缺失值填充
need_rm_narow =True
if not need_rm_narow:
    imp=SimpleImputer(missing_values=[np.nan],strategy='most_frequent')

# 在建模时,若样本不均衡,则可对好样本进行抽样建模
sample_multiple = 3
# 决策树深度
tree_deph=2
# 当 sample_multiple=3 时,建模样本 Badrate 为 0.25,prob_threshold=0.5 表示最终筛选 Lift>=2 的样本进行泛化
prob_threshold = 0.5
ana_people='fzp'
start= 1
# 在进行数据预处理时,need_var 表示需要保留的字段
need_var=[]
    for i in target_del_col.keys():
    need_var.extend(target_del_col[i])

# 4.读入数据并进行数据预处理

f=open(path+'rule_data.csv',encoding='utf-8')
my_data=pd.read_csv(f)

my_data=my_data[ (my_data['apply_mth'].map(lambda x:(x>='2021-08' and x<='2021-10')))& (my_data['if_loan_in_30']==1)]
```

```python
my_data.columns=[x.lower() for x in my_data.columns]

my_data.drop(labels=['apply_day', 'apply_week', 'apply_mth', 'apply_refuse_
flag', 'apply_id','product_name','agr_fpd_15', 'fpd_15_act', 'if_loan_flag','if_
loan_in_30'],
    axis=1, inplace=True)

# 处理缺失值:变量取值为-999、-9999、-999999,表示该取值缺失
for i in my_data.columns[my_data.dtypes!='object']:
    my_data[i][my_data[i].map(lambda x:x in [-999,-9999,-999999])]=np.nan

# 处理分类型变量
for i in my_data.columns[my_data.dtypes=='object']:
    my_data[i]=my_data[i].map(lambda x:str(x).strip())
    my_data[i][my_data[i].map(lambda x:x in ['-999','-9999','-999999'])]=
np.nan
    try:
        my_data[i]=my_data[i].astype('float64')
    except:
        if i not in need_var:
            print('删除非数值型变量:'+i)
            del my_data[i]

# 处理灰样本
my_data['mob3_dpd_30_act']=my_data['mob3_dpd_30_act'].map(lambda x:1 if x==
1 else 0)

# 剔除单一值占比超过na_threshold 的变量
del_var_01=[]
for var in my_data.columns:
    most_value_rate=my_data[var].value_counts(dropna=False,
                normalize=True).sort_values(ascending=False).tolist()[0]
    if (var not in set(need_var)) and  most_value_rate>=na_threshold:
        print(var+' 众数占比:'+str(most_value_rate)+',需删除')
        del_var_01.append(var)

my_data.drop(labels=del_var_01, axis=1, inplace=True)
```

```python
# 剔除相关性高的变量
trainData = my_data
for i in trainData.columns[trainData.dtypes! = 'object']:
    trainData[i][trainData[i].isnull()] = trainData[i].mean()

for i in trainData.columns[trainData.dtypes == 'object']:
    trainData[i][trainData[i].isnull()] = trainData[i].mode()

del_var_02 = []
for i in (set(trainData.columns)-set(need_var)):
    if i in del_var_02:
        continue
    for j in (set(trainData.columns)-set(need_var)):
        if (i == j) or (j in del_var_02):
            continue
        roh = np.corrcoef(trainData[i],trainData[j])[0,1]
        if abs(roh)>=0.75:
            print(roh)
            if np.random.rand(1)[0]>=0.5:
                del_var_02.append(i)
            else:
                del_var_02.append(j)

my_data.drop(labels=set(del_var_02), axis=1, inplace=True)

# 最终建模样本量
final_model_varnum = len(set(my_data.columns)-set(need_var))
print(final_model_varnum)

# 5.批量化、自动化生成决策树并进行决策树规则抽取和解析

starttime = datetime.datetime.now()

rules_dict = tree_rules_all_fun(data=my_data, sample_type=sample_type,
                    sample_type_col=sample_type_col,sample_type_
                    target=sample_type_target,target_ripe=target
                    _ripe,target_del_col=target_del_col)
```

```python
endtime = datetime.datetime.now()
print('程序执行时间为:' + str(endtime-starttime))

# 对决策树规则进一步解析

tree_rule_df=pd.DataFrame([],columns=['Ana_Date','Seq','Tree_Seq','Sample_
                          Range','Rule_Category','Rule_Type','Sample_Type',
                          'Rule_Name','Target','Rules','Bad_Rate'])

for i in rules_dict.keys():
    tree_a = ana_people+'_tree_'+i
    type_a=rules_dict[i][0]
    target_b=rules_dict[i][1]
    for j in rules_dict[i][2]:
        rule_list_01={}
        rule = j.split('Badrate:')[0]
        badrate = j.split('Badrate:')[1]
        rule_list_01['Ana_Date']= datetime.datetime.strftime(datetime.datetime.now(),'%Y-%m-%d')
        rule_list_01['Seq']= start
        rule_list_01['Tree_Seq']= tree_a
        rule_list_01['Sample_Range']= sample_range
        rule_list_01['Rule_Category']= 'Multi_Rule' if 'and' in j else 'Single_Rule'
        rule_list_01['Rule_Type']= 'FR' if 'fpd' in target_b else 'CR'
        rule_list_01['Sample_Type']= type_a
        rule_list_01['Rule_Name']= rule_list_01['Rule_Category']+'_' + ana_people+str(start)
        rule_list_01['Target']= target_b
        rule_list_01['Rules']= rule
        rule_list_01['Bad_Rate']= float(badrate.strip())
        rule_list_01=pd.DataFrame.from_dict(rule_list_01, orient='index').T
        tree_rule_df = pd.concat([tree_rule_df, rule_list_01])
        start += 1
        print('正在解析第:'+str(start)+'个规则:' + j)
```

#6.自动筛选效果好的多维度规则

```python
tree_rule_df_01 = tree_rule_df[(tree_rule_df['Bad_Rate']>=prob_threshold) &
(tree_rule_df['Rule_Category']=='Multi_Rule')]

# 为规则中用到的变量匹配中文名,增加解析规则的可读性
print('运行开始时间为:'+ str(datetime.datetime.now()))
pattern=re.compile('<|<=|>|>=')
col_seq=['Ana_Date','Seq','Tree_Seq','Sample_Range','Model_Parameter','Rule
        _Category','Rule_Type','Sample_Type','Target','Rule_Name','Var',
        'Description','Direction','Threshold','Bad_Rate','If_Choose']
tree_rule_df_02=pd.DataFrame([],columns=col_seq)

for row in tree_rule_df_01.iterrows():
    rule=row[1]['Rules']
    ana_date=row[1]['Ana_Date']
    Seq=row[1]['Seq']
    Tree_Seq=row[1]['Tree_Seq']
    sample_range=row[1]['Sample_Range']
    rule_category=row[1]['Rule_Category']
    rule_type=row[1]['Rule_Type']
    Sample_Type=row[1]['Sample_Type']
    rule_name=row[1]['Rule_Name']
    target=row[1]['Target']
    sample_badrate= row[1]['Bad_Rate']
    split_rule=rule.split(' and ')[:-1]
    split_rule.append(rule.split(' and ')[-1])
    for name in split_rule:
        print(name)
        rule_details={}
        name = name.strip()
        try:
            index_1=pattern.search(name).span()
            direction_index=pattern.search(name,index_1[1]).span()
        except:
            direction_index=pattern.search(name).span()
        rule_details['Ana_Date']=ana_date
        rule_details['Seq']= Seq
```

```
            rule_details['Tree_Seq']= Tree_Seq
            rule_details['Sample_Range']=sample_range
            rule_details['Model_Parameter']= ' good:bad='+str(sample_multiple)+
                ':1; model_varcnt:'+str(comb)+'; tree_depth:'+str(tree_deph)
            rule_details['Rule_Category']=rule_category
            rule_details['Rule_Type']=rule_type
            rule_details['Sample_Type']=Sample_Type
            rule_details['Var']= name[:direction_index[0]]
            col=rule_details['Var']
            rule_details['Description']  = var_dict['变量描述'][var_dict['变量名']=
= col].values[0]if sum(var_dict.变量名 == col) else '其他'
            rule_details['Rule_Name']= rule_name
            rule_details['Target']= target
            rule_details['Direction']= name[direction_index[0]:direction_index
[1]+1]if name[direction_index[0]:
            direction_index[1]+1]in ['>=', '<=']else \
                name[direction_index[0]:direction_index[1]]
            rule_details['Threshold']= float(name[(direction_index[1]+1):]if
rule_details['Direction']in ['>=','<=']else name[direction_index[1]:])
            rule_details['Bad_Rate']= round(sample_badrate,4)
            rule_details['If_Choose']= ''
            df_ls=pd.DataFrame.from_dict(rule_details, orient='index').T
            df_ls=df_ls[col_seq]
            tree_rule_df_02 = tree_rule_df_02.append(df_ls)
    print('step1 运行结束', str(datetime.datetime.now()))

    # 规则合并去重,删除重复规则
    for i in tree_rule_df_02['Seq'].unique():
        rule = tree_rule_df_02[tree_rule_df_02['Seq']== i]
        for row in rule[['Var', 'Direction']].drop_duplicates().iterrows():
            rule1 = rule[(rule.loc[:,'Var']== row[1][0]) & (rule.loc[:,'Direc-
tion']== row[1][1])]
            if len(rule1) > 1:
                if '>' in  rule1['Direction'].tolist()[0]:
                    tree_rule_df_02['Threshold'][(tree_rule_df_02.loc[:,'Seq']=
= i) & (tree_rule_df_02.loc[:,'Var']== row[1][0]) & (
                        tree_rule_df_02.loc[:,'Direction']== row[1][1])]= rule1.loc
[:,'Threshold'].max()
```

```
            else:
                tree_rule_df_02['Threshold'][(tree_rule_df_02.loc[:,'Seq']=
=i) & (tree_rule_df_02.loc[:,'Var']==row[1][0]) & (
                tree_rule_df_02.loc[:,'Direction']==row[1][1])]=rule1.loc
[:,'Threshold'].min()
    tree_rule_df_03 = tree_rule_df_02.drop_duplicates()

    #决策树生成的规则中可能会包含单维度规则,需要对单维度规则进行识别和标注
    tree_rule_df_03['If_Single_Var_Rule']='N'

    for i in tree_rule_df_03['Seq'].unique():
        rule1 = tree_rule_df_03[tree_rule_df_03.loc[:,'Seq']==i]
        if len(rule1) == 1:
            tree_rule_df_03['If_Single_Var_Rule'][tree_rule_df_03.loc[:,'Seq']==
i]='Y'

    #最终准备泛化的多维度规则
    tree_rule_df_04=tree_rule_df_03[tree_rule_df_03['If_Single_Var_Rule']=='N']
    del tree_rule_df_04['If_Single_Var_Rule']

    #7.多维度策略分析结果统计和汇总

    col_seq=['样本类型','坏客户定义','建模变量数','决策树数量','抽取规则数','单规则数','多规
则数','单规则占比','多规则占比','最终筛选泛化多规则数','最终筛选泛化多规则占比','最终筛选泛化
多规则占多规则之比']
    tree_summary=pd.DataFrame([],columns=col_seq)

    for row in  tree_rule_df[['Sample_Type','Target']].drop_duplicates().
iterrows():
        ls_dict={}
        st_ls =row[1]['Sample_Type']
        t_ls = row[1]['Target']
        df_ls = tree_rule_df[(tree_rule_df['Sample_Type']==st_ls) & (tree_rule_df
['Target']==t_ls)]
        df_ls_03 = tree_rule_df_03[(tree_rule_df_03['Sample_Type']==st_ls) &
(tree_rule_df_03['Target']==t_ls)]
        df_ls_04 = tree_rule_df_04[(tree_rule_df_04['Sample_Type']==st_ls) &
(tree_rule_df_04['Target']==t_ls)]
```

```
    ls_dict['样本类型']=st_ls
    ls_dict['坏客户定义']=t_ls
    ls_dict['建模变量数']=final_model_varnum
    ls_dict['决策树数量']= len(df_ls['Tree_Seq'].unique())
    ls_dict['抽取规则数']= len(df_ls['Seq'].unique())
    ls_dict['单规则数']= sum(df_ls['Rule_Category']=='Single_Rule')+\len(df_
              ls_03[df_ls_03['If_Single_Var_Rule']=='Y']['Seq'].
              unique())
    ls_dict['多规则数']= sum(df_ls['Rule_Category']=='Multi_Rule')-\len(df_ls
              _03[df_ls_03['If_Single_Var_Rule']=='Y']['Seq'].
              unique())
    ls_dict['单规则占比']=ls_dict['单规则数']/ls_dict['抽取规则数']if ls_dict['抽
取规则数']>0 else None
    ls_dict['多规则占比']=ls_dict['多规则数']/ls_dict['抽取规则数']if ls_dict['抽
取规则数']>0 else None
    ls_dict['最终筛选泛化多规则数']= len(df_ls_04['Seq'].unique())
    ls_dict['最终筛选泛化多规则占比']=ls_dict['最终筛选泛化多规则数']/ls_dict['抽取
规则数']if ls_dict['抽取规则数']>0 else None
    ls_dict['最终筛选泛化多规则占多规则之比']=ls_dict['最终筛选泛化多规则数']/ls_
dict['多规则数']if ls_dict['多规则数']>0 else None
    df_ls = pd.DataFrame.from_dict(ls_dict, orient='index').T
    tree_summary = tree_summary.append(df_ls)

tree_summary = tree_summary.reset_index()
del tree_summary['index']
sp = tree_summary.sum().tolist()[3:-5]
sp2= tree_summary.sum().tolist()[9]
k1 = ['总计']+['']* 2 + sp +[sp[2]/ sp[1]]+[sp[3]/ sp[1]]+[sp2]+[sp2/sp[1]]+
[sp2/sp[3]]
tree_summary.loc[len(tree_summary)]= k1

#8.基于XlsxWriter包自动输出多维度策略测算结果分析文档

wb = xlsxwriter.Workbook(path_result + excel_name)
get_summary(wb=wb,data=tree_summary,sheetname='0.多维度策略筛选说明',start=0)
std_result_output(wb=wb, sheetname='1.多维度策略测算结果汇总', data=tree_rule_
df, offset=0)
```

```
    std_result_output(wb=wb, sheetname='2.多维度策略解析和筛选', data=tree_rule_
 df_04, offset=0)
    wb.close()
```

在多维度策略测算完成后，若将筛选的效果好的多维度规则全部进行泛化，则可能存在某些效果好的规则的业务解释性不佳等问题，通常的解决方法是人为检查筛选的待泛化规则，从中挑选出业务解释性强的规则进行泛化。

接下来展示多维度策略泛化代码。因策略泛化依赖的函数代码较多，此处不再展示，见随书代码。

```
"""
多维度策略泛化代码执行顺序：
1.加载策略泛化过程中需要使用的功能函数和自动化输出函数,因代码内容较多,不进行展示,详
  见随书代码 step21_muti_rules_generation_fun.py；
2.加载 Python 包；
3.读入数据并进行数据预处理；
4.基于加载的函数进行策略自动泛化；
5.基于策略泛化结果筛选泛化效果好的规则集进行合并泛化
"""

#2.加载 Python 包

import pandas as pd
import numpy as np
import datetime
import os

# 数据存储路径,在实操时,读者要换成自己的本地路径
path="F:\\DataAna\\策略\\Chapter2\\2.4.6 多维度策略开发\\"
# 测算结果路径
path_result=path+'\\rule_result\\'
# 泛化结果输出路径
path_rule=path_result+"rules\\"
if not os.path.exists(path_rule):
    os.makedirs(path_rule)

# 读入测算环节筛选的待泛化规则
```

```
    rules_dict=pd.read_excel(path_result+max([x for x in os.listdir(path_
result) if '.xlsx' in x]),sheet_name='2.多维度策略解析和筛选')

    # 若 generation_all 为 True,则表示泛化全量的规则;若为 False,则表示只泛化人为筛选的
规则
    generation_all=True
    if generation_all:
        rules_dict = rules_dict
    else:
        rules_dict = rules_dict[rules_dict['If_Choose'].map(lambda x:'Y' in x)]

    # 3.读入数据并进行数据预处理
    f = open(path+'rule_data.csv',encoding='utf-8')
    mydata=pd.read_csv(f)
    mydata.columns=mydata.columns.map(lambda x:x.lower())

    # 处理缺失值:变量取值为-999、-9999、-999999,表示该取值缺失
    for i in mydata.columns[mydata.dtypes!='object']:
        mydata[i][mydata[i].map(lambda x:x in [-999,-9999,-999999])]=np.nan

    for i in mydata.columns[mydata.dtypes=='object']:
        mydata[i]=mydata[i].map(lambda x:str(x).strip())
        mydata[i][mydata[i].map(lambda x:x in ['-999','-9999','-999999'])]=
np.nan
        try:
            mydata[i]=mydata[i].astype('float64')
        except:
            pass

    # 处理灰样本
    mydata['mob3_dpd_30_act']=mydata['mob3_dpd_30_act'].map(lambda x:1 if x==1
else 0)

    # 4.基于加载的函数进行策略自动泛化

    # 将多维度规则转换成单维度规则,之后用单维度策略泛化方法进行泛化
    for Rule_Name in rules_dict['Rule_Name'].unique():
        print('正在生成多变量:'+ Rule_Name)
```

```
            sub_muti_rule =  rules_dict[rules_dict['Rule_Name']==Rule_Name]
            sub_var_num = len(sub_muti_rule)
            i=1
            sub_var = ''
            for row in sub_muti_rule.iterrows():
                if i<sub_var_num:
                    sub_var= sub_var + "(x['"+row[1]['Var']+"']"+ row[1]['Direction']+ str(row[1]['Threshold']) +') and '
                if i == sub_var_num:
                    sub_var= sub_var + "(x['"+row[1]['Var']+"']"+ row[1]['Direction']+ str(row[1]['Threshold']) +')'
                i += 1
            mydata[Rule_Name]= mydata.apply(lambda x:1 if eval(sub_var) else 0,axis=1)
```

```
"""
# 泛化参数说明
    target_ripe:          获取目标字段对应的是否成熟标签,与测算环节中同名参数的含义一样。
    sample_type_col:      若测算样本是整个样本的子集,则需要配置该参数,指明样本类型从哪个字
段获取,与测算环节中同名参数的含义一样。
    rules_dict:           测算环节筛选的待泛化规则集。
    rule_all:             当前已经在线上运行的所有规则对应的决策结果标签字段,1 表示拒绝,0 表
示未拒绝。
    use_credit_flag:      授信申请通过后是否用信标签字段,1 表示用信,0 表示未用信。
    circle_mth:           申请月对应的字段,在进行策略泛化的时候,会按月进行泛化,分析策略
触碰情况和风险表现情况。
    circle_week:          申请周对应的字段,在进行策略泛化的时候,会按申请周进行泛化,分析
近 10 周策略触碰情况。
    circle_day:           申请日对应的字段,在进行策略泛化的时候,会按申请日进行泛化,分析
近 10 日策略触碰情况。
    base_lift:            在策略泛化时,取额外触碰样本的 Lift 值与 base_lift 进行比较,若额
外触碰样本的 Lift 值大于 base_lift,则说明策略效果较好。
    subset_total:         是否获取全量样本作为计算整体。若取值为 False,则分母为全样本,表
示计算各种指标时是从全量样本维度考虑的;若取值为 True,则分母为样本类型对应的样本
"""
target_ripe = {'fpd_30_act':['agr_fpd_30'],'mob3_dpd_30_act':['agr_mob3_dpd_30']}
# 分析的样本类型为非 Total 时,需基于 sample_type_col 获取样本类型标签对应的字段及在
字段中的取值,具体示例如下所示
# sample_type_col = {'type1': ['col', ['type1']], 'type2': ['col', ['type2']]}
```

```python
# 对测算环节筛选的规则进行自动泛化
starttime = datetime.datetime.now()
print('程序开始执行时间为：' + str(starttime))

rule_combine_results(data=mydata,rules_dict=rules_dict,rule_all='apply_refuse_flag',
    use_credit_flag='if_loan_flag',circle_mth='apply_mth',circle_week='apply_week',circle_day='apply_day',
    base_lift=3,direction='>',cut_point=0,subset_total=True)

endtime = datetime.datetime.now()
print('程序执行时间为：' + str(endtime-starttime))

# 5.基于策略泛化结果筛选泛化效果好的规则集进行合并泛化(不需要测算结果数据字典)

# 接下来只为跑通代码流程,代码执行结果仅供参考。基于泛化效果好的规则集重构一条规则进行泛化
mydata['all_need_online_rules']=mydata.apply(lambda x:1 if (x['Multi_Rule_fzp312']>0 or x['Multi_Rule_fzp359']>0 or x['Multi_Rule_fzp366']>0) else 0,axis=1)

starttime = datetime.datetime.now()
print('程序开始执行时间为：' + str(starttime))

rule_combine_results_01(data=mydata, rule_all='apply_refuse_flag', use_credit_flag='if_loan_flag', rule_name='all_need_online_rules', rule_name_chinese='待上线规则合并泛化',var='all_need_online_rules',rule_type='CR', sample_type='Total', circle_mth='apply_mth', circle_week='apply_week',circle_day='apply_day',target='mob3_dpd_30_act',base_lift=3,direction='>',cut_point=0, subset_total=True)

endtime = datetime.datetime.now()
print('程序执行时间为：' + str(endtime-starttime))
```

多维度策略泛化代码与单维度策略泛化代码类似，主要区别是：在进行多维度策略泛化前，会先将多维度规则转换为单维度规则，再按单维度策略的泛化方法进行泛化。

2.5 策略自动化开发系统

当前，金融机构大多注重提升金融风控相关的科技实力，希望依托科技降低风控门槛，提高风控效率，降低风控成本。

截至本节，单维度策略和基于 CART 模型的多维度策略开发方法已经讲完了，那么，结合上述方法，能否开发一套策略自动化开发系统以提升金融机构的风控科技实力呢？答案是肯定的。方法很简单，将策略自动化分析涉及的 Python 代码嵌于系统底层，同时设计一个系统与用户的交互界面，用户通过交互界面准备好数据并设置好相关策略参数，然后进行单维度策略或基于 CART 模型的多维度策略自动化开发即可。

上述系统不但可以降低风控策略开发的准入门槛，甚至无代码开发能力的人也可以开发风控策略，而且可以提升金融机构的风控科技实力，甚至可以对外输出风控科技实力以获取丰厚的收益。

2.6 策略评审

在策略开发完成后，需要通过策略评审后方能提交策略部署需求进行策略部署上线。策略评审通常是由策略评审委员会组织进行的，在进行策略评审时，各评审委员基于策略分析背景、分析思路、分析结果等提出评审意见和建议，并最终决定策略是否进行部署上线。

策略评审委员会一般由主任委员（通常由首席风控官担任）、评审委员（通常为风控专家，至少2人）、秘书处（通常为1人）组成，主任委员主持会议并对策略内容提出专业的评审意见和建议，评审委员主要对策略内容提出专业的评审意见和建议，秘书处负责组织和处理策略评审会日常事务。

不同金融机构进行策略评审的组织形式、组织机构大同小异，具体可结合实际情况进行，本节以策略评审委员会为例介绍如何进行策略评审。

2.6.1 策略评审流程

当策略开发完成后，策略开发人员将策略评审文档和相关分析结果文档以邮件的形式发送给策略评审委员会成员，在策略评审委员查看策略分析内容后，由策略评审委员会秘书处人员询问各位评审委员是否需要组织策略评审会进行策略评审。若只是进行轻微的策略调整且分析过程及结果没有问题，那么往往不需要组织策略评审会进行策略评审；若进行策略调整后对线上决策结果影响较大，那么往往需要组织策略评审会进行策略评审。

若需要进行策略评审，那么，在进行策略评审时，由策略开发人员介绍策略调整背景、调整内容、分析思路、分析方法、分析结果、策略上线后的影响、数据源成本变化等内容，策略评审委员在策略开发人员讲解的时候提出问题，策略开发人员对评审委员的疑问进行解答。待策略开发人员讲述完成后，策略评审人员需要给出相关的意见和建议，并给出是否同意策略部署上线的表决意见，表决意见分为"同意"和"否决"。在给出"否决"意见时，需要说明具体原因。原则上，表决意见为"同意"的票数达到表决票数的 2/3（具体达到什么样的比例，可视现实情况灵活调整）及以上，则视为审议通过。若策略评审未通过，则策略开发人员需要基于评审委员的意见和建议重新进行策略分析与挖掘，待完成后，再次申请上会即可；若策略评审通过，则可开始提交策略部署需求，进入策略部署环节。另外，对于评审通过但是需要补充论据的情况，策略开发人员需要在会后完善数据材料并发送相关评审委员进行审阅，直至问题解决。

待策略评审会结束后，秘书处人员撰写并同步会议纪要。

2.6.2 档案管理

对于策略评审过程中产出的相关文档，需进行分类管理和存储，以备后续查阅。对于策略评审过程中产生的电子文档，可放入 GitLab、SVN 等版本库中留存；对于产生的纸质档案，要做好归口管理。在进行文档管理时，需要做好权限管理，尽量做到权限最小化，防止重要信息泄露给公司带来损失或不好的影响。

2.6.3 案例实践：策略评审文档设计和撰写

在策略开发完成后，若需要上策略评审会进行策略评审，则策略开发人员需要撰写标准化的策略评审文档，方便评审委员基于标准化的策略评审文档快速进行策略评审。若策略评审文档没有形成标准化的模板，就会出现策略开发人员提供的策略评审文档五花八门，甚至不能突出重点和信息遗漏的情况，这样会大大影响评审文档的可读性，进而影响评审效率，不利于评审工作快速、有效开展，所以各金融机构在进行策略评审的时候都会设计自己的标准化策略评审文档。策略评审文档要简洁明了、突出重点，以便节省策略开发人员撰写和策略评审人员阅读的时间。

表 2-13 展示的是一个金融机构策略评审文档样例，接下来我们会以该样例为例讲解如何快速、有效地撰写策略评审文档。策略评审文档一般使用 Word 格式，也可以使用 Excel 等其他格式，无论使用什么格式，只要能把要展示的内容讲清楚即可。

表 2-13 策略评审文档样例

策略评审表			
报审人	某某某	报审日期	XXXX 年-XX 月-XX 日
报审类别	<ul><li>授信审批策略： ☑上线 □迭代 □下线 □其他</li><li>定额定价策略： □上线 □迭代 □下线 □其他</li><li>用信审批策略： □上线 □迭代 □下线 □其他</li><li>贷中预警策略： □上线 □迭代 □下线 □其他</li><li>调额调价策略： □上线 □迭代 □下线 □其他</li><li>贷后催收策略： □上线 □迭代 □下线 □其他</li><li>其他策略： □上线 □迭代 □下线 □其他</li><li>备注：</li></ul>			
影响程度	□高 ☑中 □低			
报审事项	一、策略调整背景和预期目标 策略调整背景：针对授信审批场景新挖掘了一条效果好的策略，希望能上线进行风险管控。 策略上线后预期达到的目标：授信审批通过率预计下降 2.93%，逾期率下降 0.05%，逾期率下降幅度为 12.19%，策略额外触碰样本风险倍数预估值为 2.25。 二、策略调整数据分析结果 基于单维度策略分析方法，此次共分析了 100 个变量，筛选了 1 个效果好的变量准备作为单维度规则进行上线，规则为"变量 X>10，授信申请拒绝"。 此次策略测算和泛化的目标字段为首期逾期是否超过 30 天（fpd_30_act），策略测算样本为 2021 年 8~10 月授信申请通过且 30 天内用信的样本，测算完成后在 2021 年 8 月至 2022 年 2 月的全量进件样本上进行策略泛化，待上线规则泛化分析的主要结果如下图所示。 **1.规则泛化** 1.策略上线后通过率下降预估值 = 近3个月额外触碰量之和/近3个月申请量之和；策略上线后逾期率变化预估值 =（近n个有表现月逾期样本之和/近n个有表现月成熟样本之和）-（近n个有表现月置后触碰坏样本之和/近n个有表现月置后触碰成熟样本之和）；备注：取整体逾期率大于0的近n个月计算策略上线后逾期率变化值，n默认取3，若不足3个月，有几个月计算几个月。 2.策略上线后额外触碰Lift预估值 =（近n个有表现月额外触碰成熟坏样本量之和/近n个有表现月额外触碰成熟量之和）/（近n个有表现月整体成熟坏样本量之和/近n个有表现月整体成熟量之和）；备注：取额外触碰成熟量大于等于10的近n个月计算策略上线后额外触碰Lift预估值，n默认取3，若不足3个月，有几个月计算几个月。 3.策略上线后通过率预计下降：2.93%，逾期率下降：0.05%，逾期率下降幅度：12.19%，额外触碰Lift预估值为：2.25。 	目标字段	申请月	申请量	通过率	用信率	策略触碰量	额外触碰量	策略触碰率	额外触碰率	逾期率下降值	逾期率下降幅度	额外触碰Lift
---	---	---	---	---	---	---	---	---	---	---	---
fpd_30_act	2021-08	14444	38.45%	84.28%	1553	406	10.75%	2.81%	0.11%	16.42%	3.35
fpd_30_act	2021-09	14728	43.14%	85.08%	2255	756	15.31%	5.13%	0.10%	16.32%	2.41
fpd_30_act	2021-10	15808	33.81%	74.27%	1405	412	8.89%	4.35%	0.01%	3.59%	1.32
fpd_30_act	2021-11	16329	33.63%	72.56%	1355	601	8.30%	3.68%	0.08%	22.07%	3.43
fpd_30_act	2021-12	21399	32.63%	58.61%	1987	685	9.29%	3.20%	0.05%	11.16%	2.30
fpd_30_act	2022-01	22244	30.16%	51.92%	2766	625	12.43%	2.81%			
fpd_30_act	2022-02	7689	27.94%	38.92%	918	196	11.94%	2.55%			| 三、策略调整数据分析附件 详见附件《xxx》			
数据成本	此次策略调整使用了外部第三方收费数据源 XX，数据成本会有所上升，预计每月多产生 XX 万元的数据源调用费用。			

策略评审文档中要展示的主要信息包括策略的报审类别（介绍评审的是何种风控场景的策略）、策略上线后的影响程度（可基于业务情况灵活制订相应的标准。以授信审批策略为例，如对通过率影响程度小于或等于2%，则表示影响程度低；对通过率影响程度大于2%且小于或等于5%，则表示影响程度中等；对通过率影响程度大于5%，则表示影响程度高）、策略的调整背景和预期目标、策略开发使用的分析方法及分析结果、数据源成本变化情况等，同时需要以附件的形式提供策略完整的分析过程。

在策略评审会结束后，各位评审委员出具评审意见，策略开发人员基于评审意见决定是否提交策略部署需求。

2.7 本章小结

策略开发是一个从无到有的过程，是策略全生命周期管理过程中最重要也是难度最大的一环。在实际工作中进行策略开发时，往往要分析成千上万个变量，基于这么多变量进行策略开发会使人眼花缭乱，无法聚焦。通常的做法是先挑选效果最好的少数单变量开发成单维度规则，再挑选少数效果次之的变量开发成多维度规则，剩余的绝大多数变量会被用来开发足够多的有效的模型，主要基于模型分别进行策略开发和风险管控。

在授信审批和用信审批等风控场景，策略开发和上线是一个做加法的过程，但随着不断上线新策略，审批通过率会一直下降，这显然不符合业务需求，也是不合理的。我们在开发上述场景风控策略的时候，既要做加法，又需要做减法，如何做减法呢？可通过对已有策略效能进行持续监控并放松或下线效能变差的策略将通过率维持在合理的水平，具体方法会在后续风控策略监控与调优相关章节展开说明。

本章主要介绍了单维度策略和基于CART模型的多维度策略开发的通用方法与策略评审流程，并附带了相关的实践案例。希望本章内容能够对读者进行策略开发有一定的帮助和启发。

第3章

风控策略部署

在策略评审通过后,需要将策略部署到决策引擎上进行决策,这样才能发挥其作用。策略部署是策略全生命周期管理中的重要一环,本章主要讲述策略部署过程中涉及的内容。

3.1 策略部署流程

如图 3-1 所示,策略部署流程包括提交策略部署需求、策略部署、策略部署结果验证、需求提交人验收等步骤,这些步骤完成才算是完成了策略的部署工作,接下来就可以基于上线的策略进行风险决策了。

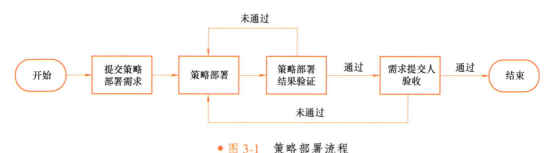

● 图 3-1 策略部署流程

3.2 提交策略部署需求

策略部署需求通常包括两部分内容。一是提交策略部署需求 OA,基于策略部署需求 OA,一方面便于追踪策略部署进度,另一方面可进行存档,方便后续进行问题追踪。二是提交策略部署需求文档，策略部署人员依据策略部署需求文档进行策略部署，策略部署需求文档通常由策略需求提交人上传至本地的 GitLab 版本库（当然也可以是其他的版本库，如 SVN）中，方便所有相关人员及时获取和查看。

策略部署需求 OA 的通常审批顺序为：风控部门领导（进行需求审核）→策略部署人员（接收部署需求）→策略部署后的测试人员（测试策略部署的准确性）→需求提交人（需求验收和结果反馈）。提交策略部署需求涉及的相关流程都比较简单，本节不做过多介绍。对于策略部署需求提交人员，假如没有现成的策略部署需求文档，如何设计一个简洁、实用的策略部署需求文档呢？策略部署需求文档的设计相对复杂，接下来详细介绍策略部署需求文档的设计。

策略部署需求文档设计有两个难点，一是策略部署轮次的设计，二是策略规则编码的设计。

3.2.1 策略部署轮次设计

贷前授信审批、贷中用信审批等风控场景的策略开发往往是由反欺诈团队和信用团队协同完成的。那么，问题来了，当反欺诈团队和信用团队完成各自的策略开发后，如何将策略串联并部署到决策引擎进行决策呢？这就不得不提到策略部署轮次，通过设计策略部署轮次，将不同团队的策略部署到不同的轮次，然后各轮次串联构成最终的策略决策流。在实际生产中，策略决策流通常会被设置为串行执行，当进件被当前规则拒绝时，后面的轮次和规则将不再执行，这样可以通过减少收费数据源的调用降低数据源成本。

图 3-2 是策略部署轮次的简单示例，该示例中只有两个策略部署轮次，轮次 1 是反欺诈规则集，轮次 2 是信用规则集，两个轮次串联执行形成了最终的策略决策流。

需要注意的是，在进行策略部署轮次设计的时候，除要思考如何更好地满足业务需求，支持业务更好的发展，还需要在策略维护成本和数据源成本之间寻找平衡。

在风控策略决策流中，一个策略部署轮次其实就是一个封装的规则集，有几个轮次就要开发几个规则集。通常情况下，策略部署轮次不需要设计得太多，设计得越多，部署和维护

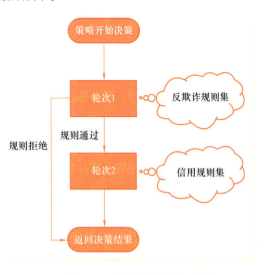

● 图 3-2 策略部署轮次示例

的成本越高，一般两个轮次或者四个轮次就可以了，当然，这不是绝对的，具体设计几个部署轮次，要视实际情况而定。在两个部署轮次的情况下，第一个轮次为反欺诈规则集，第二个轮次为信用规则集；在四个部署轮次的情况下，第一个轮次往往是反欺诈的基于免费数据源设计的规则集，第二个轮次是信用的基于免费数据源设计的规则集，第三个轮次是反欺诈的基于收费数据源设计的规则集，第四个轮次是信用的基于收费数据源设计的规则集。两个部署轮次虽然会导致数据源成本的增加，但是策略部署和维护很简单；四个部署轮次虽然适当增加了策略部署复杂度和维护成本，但是降低了数据源成本，策略部署和维护成本以及数据源调用成本处于相对平衡的范围内。若设计更多的策略部署轮次，那么，虽然通过将免费或者收费低的数据源策略放到前面的轮次会降低数据源成本，但是会导致策略部署和维护非常复杂，大大增加了人工成本，有可能得不偿失，所以，在设计策略部署轮次时，要综合考虑，注意在策略维护成本和数据源成本之间寻找平衡。

3.2.2 标准化规则编码设计

在进行策略开发的时候，以授信审批场景为例，该场景的策略是由反欺诈团队和信用团队协同完成的，且各团队在进行各自策略开发的过程中均会使用多个类型的数据源，在各自策略开发完成后，最终可能由上百条规则组成授信审批策略。从策略管理规范的角度来说，需要为每条规则匹配一个唯一的规则编码，通过规则编码，风控人员需要能够区分出来规则开发方、规则的类型、规则使用的具体数据源、不同数据源下规则的数量等信息。如何设计标准化的规则编码，往往是策略开发人员面临的一个难题。

在风控过程中，绝大多数风控场景都涉及风控策略的开发，但是，不是所有的风控策略都需要使用标准化的规则编码，涉及使用标准化规则编码的风控策略主要有贷前授信审批、贷中用信审批、贷中预警、贷中续授信、贷后催收策略等。

在设计规则编码时，要遵循以下3个原则。

（1）编码唯一性

在实际生产中，需要保证规则编码的唯一性，若不能保证唯一性，则后续的规则部署、决策、监控和分析等工作均无法开展。

（2）业务可读性

规则编码的设计要贴合业务，将业务经验融于规则编码之中，赋予规则编码明确的业务含义，一方面，方便风控人员通过规则编码快速识别规则含义，另一方面，即使时间过去很久或策略人员进行了变更，也能通过规则编码快速了解策略情况，降低策略维护和使用成本。

(3) 简短适用性

规则编码的设计要简短、精练，若太长，则不利于存储和分析。

表 3-1 为标准化规则编码设计样例，该样例仅供参考，在设计规则编码时要结合实际情况具体分析。在需要使用标准化规则编码的风控场景中，主要基于数据源将规则分为四大类，分别为 ZR（ZR 表示准入类规则，主要基于客户提供的信息制订准入规则，如年龄、职业、行业、地域等准入规则）、ZY（ZY 表示自有数据源规则，如内部黑名单、内部逾期、内部多头规则）、WB（WB 表示外部数据源规则，如基于人行征信、第三方数据源开发的规则）、ZH（ZH 表示基于多个数据源开发的组合规则，如基于多个第三方数据源开发的融合模型规则），其中准入类规则和自有数据源规则所使用的数据源往往是免费的，外部数据源规则、组合规则使用的数据源往往是收费的，在进行策略部署轮次设计时，按准入类规则、自有数据源规则、外部数据源规则、组合规则的顺序将规则从前往后放到合适的轮次即可。

表 3-1 标准化规则编码设计样例

规则类型 (2位码值)	规则开发 (1位码值)	是否 HC 规则（1位码值，HC 指代 Hard Check 规则）	数据源 (2位码值)	个性化接口编码（2位码值）	规则编号 (3位码值)	其他个性化需求——位数自定义
ZR：准入类规则	F：反欺诈	Y：是	UI：用户个人信息	同一第三方数据源往往存在多个接口，如多重借贷类接口、逾期接口等，一个接口可能存在数百个变量。接口编码从 01 开始递增	从 001 开始递增	若有个性化需求，则可自行增加码值
ZY：自有数据源规则	C：信用	N：否	IN：用户行业信息			
WB：外部数据源规则	D：贷后		XX：假设 XX 指代第三方数据源，每个第三方数据源可制订一个唯一的规则编码，如 BR 表示百融第三方数据源			
ZH：组合规则			MX：融合数据源			

基于表 3-1 所示的规则编码样例表，由左到右，每个类目（即每列）占固定的位数，拼接组合在一起形成不同的规则编码，如 ZRFYUI002 表示反欺诈团队基于用户个人信息开发的第 2 条准入类 HC 规则，WBCNSF02001 表示信用团队基于外部第三方数据源的第 2 个接口开发的第 1 条非 HC 规则。在此次设计标准化规则编码的时候，未基于风控场景（如授信

审批、用信审批、贷中预警等）设计相应的编码，因为在决策引擎进行规则执行结果落库的时候，往往会落库风控场景编码信息，在数据库中，基于风控场景编码信息自行筛选和关联即可。在确定规则编码逻辑后，基于规则编码对具体规则进行命名的时候会变得更清晰、更标准、更简单。

3.3 策略部署

策略主要部署在决策引擎上进行风险决策，接下来分别介绍决策引擎系统，以及基于决策引擎进行策略部署的相关内容。

3.3.1 决策引擎系统简介

决策引擎是风控策略和风控模型部署并进行集中决策的平台，也是金融机构所有风控系统中的核心系统，它可以被看作智能风控的"大脑"，支撑着贷前、贷中、贷后大多数风控场景的风险评估和决策。决策引擎系统往往具有可视化、操作简单等优点。它具有以下四个核心功能。

1）变量接入和整合。决策引擎实现了对底层变量的接入和整合，将所有来源的变量汇总到一起，为模型和规则的计算奠定了基础。

2）实现模型和规则计算。决策引擎基于整合的变量对模型和规则进行计算，并输出计算结果。

3）实现决策流配置。决策引擎按照决策流将规则进行串联或并联，然后进行决策，并输出决策结果。需要说明的是，决策引擎对决策结果响应时间有非常高的要求，通常需要在数百毫秒内返回决策结果。

4）决策结果监控。决策引擎往往实现了对决策结果的监控功能，相关人员可以实时或非实时获取相关的监控数据，以便及时了解各个维度的风控指标并做出相应的判断和决策。

3.3.2 基于决策引擎进行策略部署

在策略部署人员接收到策略部署需求 OA 后，就到了策略部署环节，策略部署人员会基于 GitLab 等版本库中上传的策略需求文档在决策引擎上部署策略，待策略部署完成后，点击策略部署需求 OA，进入策略部署结果验证环节。

现在，决策引擎的操作越来越简单，一些金融机构的策略开发和部署工作已经逐渐开始由策略开发人员独自完成了，这样做的好处是可以大大降低沟通成本，提高策略部署上线的效率，使策略快速上线并产生应有的作用，相信在不久的将来，策略开发和部署由策略开发人员独自完成的现象会越来越普遍。

3.4 策略部署结果验证

在策略部署完成后，需要对策略部署结果进行验证。策略部署结果验证方法主要有测试验证和回溯比对，在实际工作中，经上述两种验证方法先后验证无误后，策略才可以正式上线参与风险决策。之所以在策略部署过程中对部署结果进行多次验证，是因为若策略部署有问题，上线后可能会造成重大的生产事故，甚至会给金融机构带来不可估量的损失。为了避免上述情况的出现，在策略部署完成后、上线决策前，对策略进行多次验证是必不可少的。

【知识点补充】

在风控场景中，除上面提到的策略部署结果验证方法，还有针对第三方数据源效果的线下回溯验证和线上"空跑"验证，以及针对策略效果的 AB 测试、随机测试等验证方法。

金融机构在评估客户风险的时候通常会依赖一些第三方数据源，在引入这些数据源之前，如何评估数据源的好坏呢？常用的评估方法有线下回溯验证和线上"空跑"验证。

线下回溯验证是金融机构将客户脱敏后的如 MD5 格式的身份证号、MD5 格式的手机号、进件时间等信息离线发送给第三方数据源机构，第三方数据源机构基于这些信息对数据源进行时点回溯，回溯完成后将结果发送给金融机构进行评估，金融机构基于评估结果决定是否调用该数据源进行风险决策。第三方数据源机构为了出售自己的数据源信息，可能会进行伪回溯操作，将客户当前的数据信息而非回溯时点的信息发送给金融机构进行评估，基于伪回溯的客户信息进行评估的结果往往是非常好的，但是，在真正生产中调用后，就会发现数据源效果没有回溯分析时那么好，会出现较大的偏移。为了防止第三方数据源机构进行伪回溯从而干扰数据源评估效果，可采用数据源线上"空跑"验证的方式评估数据源效果。数据源线上"空跑"验证是通过线上实时调用第三方数据源信息而不做决策的方式积累数据源样本，待样本积累到一定数量后，停止调用该数据源，待这些样本有一定风险表现后，再评估数据源效果的操作。上述两种数据源效果验证方式各有利弊，其中线下回溯验证周期短但很难识别是否进行了伪回溯；线上"空跑"验证可以避免伪回溯但验证周期太长，通常要三个月或者更长的时间才能评估完成数据源效果。在实际工作中，为了快速找到效果好的数据源进行风险管控，常用的评估数据源效果的方法仍然是进行线下回溯。在进行线下回溯时需要提防伪回溯。

针对策略效果的 AB 测试、随机测试等验证方法在后面的章节中会一一讲述，此处不再赘述。

3.4.1 测试验证

测试验证是指在策略部署完成后，由专门的测试人员对部署结果进行验证的过程。测试验证主要验证策略部署结果是否正确、策略决策流是否能"跑通"、决策流执行速度是否达到要求、决策结果是否符合预期等内容。

在测试验证时，测试人员首先会对策略部署结果进行检查，若部署结果没有问题，则测试人员会构造一批满足策略执行条件的入参，并输入策略决策流进行决策，在策略决策时，对决策结果进行验证。若验证不通过，则进行原因排查并基于排查结果协同策略部署人员解决相关问题；若验证通过，则说明策略部署结果没有大的问题，可以通知需求提交人（通常是策略开发人员）进行部署结果验收，需求提交人通常基于"回溯比对"方式验证策略部署结果是否准确。

3.4.2 回溯比对

在"测试验证"通过后，测试人员会通知需求提交人再次对策略部署结果进行验证和确认，需求提交人对策略部署结果准确性进行验证和确认通常分为两种情况，一是策略开发时无历史样本（如冷启动策略），无法进行策略回溯，这时通常不再进行确认，直接同意策略上线决策即可；二是策略开发时有历史样本，这时通常采用回溯比对的方法验证策略部署的准确性，待验证无误后，即可同意策略上线决策。

在讲解"回溯比对"之前，先介绍一下策略回溯。策略回溯是通过策略回溯功能（该功能通常会集成在决策引擎中），基于历史数据而非线上实时数据执行部署好的策略并返回决策结果的过程。在"回溯比对"过程中，通常会使用策略回溯来评估已经部署的策略是否准确。回溯比对是指在策略部署后、上线前对部署的策略进行回溯，回溯完成后比较在相同样本区间上策略回溯结果与策略开发过程中的离线分析结果是否一致，若结果一致，则说明线上部署的策略没有问题，可以上线参与决策；若不一致，则需要排查不一致的原因并协同策略部署人员解决相关问题。

3.5 案例实践：策略部署文档设计和撰写

策略开发人员在策略评审通过后需要撰写策略部署文档，并提交给策略部署人员依照该文档进行策略部署。但是，很多金融机构的策略部署人员并非策略开发人员，可能对风控策略不是很熟悉，在与策略部署人员频繁互动中，如何设计和撰写策略部署文档才能让策略部署人员容易看懂呢？在设计策略部署文档的时候，要尽可能简单，突出核心信息，把策略内容准确传达给策略部署人员，降低策略部署过程中的沟通成本，快速推动策略部署上线。

策略部署文档通常为 Excel 格式，主要由"版本管理"和不同风控场景对应的策略内容组成。版本管理相对容易理解，主要记录策略版本号、策略开发人员、策略调整内容、策略需求提交日期和其他需要说明的信息等内容，不再赘述；不同风控场景对应的策略内容为各个风控场景对应的具体策略。接下来，结合表 3-2，以贷前授信审批信用策略为例对策略部署文档进行说明。

表 3-2 贷前授信审批信用策略部署文档样例

信用策略轮次	规则编码	规则描述	数据源	变量	规则内容	风控建议	拒绝原因码
轮次 2	ZRCYUI001	年龄准入不符	进件数据	idcard_age：年龄（周岁）	idcard_age≤18	拒绝	ZR01
	ZYCYUI001	客户当前在本机构申请产品数过多	自有数据	apply_prodnum：申请贷款产品数量	apply_prodnum>3	拒绝	ZY01
	...						
轮次 4	WBCNSF001	第三方 A 卡模型分过低	第三方数据	sf_acard_score：第三方 A 卡模型分	0≤sf_acard_score≤500	拒绝	WB01
	ZHCNMX001	融合 A 卡模型分	自有数据、第三方数据	mx_acard_score：融合 A 卡模型分	0≤mx_acard_score≤510	拒绝	ZH01
	...						

策略执行说明：任一轮次出现规则拒绝，则后续规则和轮次不再执行。

上文讲到授信审批场景的风控策略既包含反欺诈策略又包含信用策略，且反欺诈和信用策略通常由不同的团队开发，策略开发完成后通过策略部署轮次将策略串联起来部署到决策引擎进行决策。表 3-2 为贷前授信审批环节信用策略部署文档，该文档包含了两个策略部署轮次，分别为轮次 2 和轮次 4，由此可知，对应的反欺诈策略部署轮次分别为轮次 1 和轮次 3，轮次 1~4 串联起来就构成了最终的策略决策流。在每次撰写授信审批环节策略部署文档时，除了要指明规则所属的部署轮次，还要写清楚规则编码、规则描述、规则使用的数据源、规则使用的具体变量、规则内容、风控建议（包括拒绝、人工审核、通过等）、拒绝原因码（用来表明客户被什么类型的策略拒绝）等主要信息，策略部署人员正是通过上述信息完成策略部署工作的。

不同的风控阶段对应着不同的风控场景，不同的风控场景对应着不同的风控策略。总的来讲,贷前授信审批、贷中用信审批、贷中预警、贷中续授信、贷后催收策略的策略部署文档内容相似,贷前定额、贷前定价、贷中调额、贷中调价等策略的部署文档与其他风控场景的策略部署文档略有差异。无论什么场景的风控策略,在撰写策略部署文档的时候,都要将策略的部署信息准确传达给策略部署人员,这才是重中之重。

3.6 本章小结

本章主要讲述了策略部署相关的内容。策略部署是实现策略价值的关键一环,其时效性和准确性会对风控目标的达成产生非常大的影响。所以,在策略部署环节,要不断提质增效,通过更好、更快地上线新策略来辅助达成风控目标。

风控策略监控及调优

风控策略监控和调优是两个联系非常紧密的课题。在策略上线决策后，需要持续对策略运行情况进行监控，主要监控策略决策结果是否存在异常，若出现异常，则要马上分析策略异常的原因，基于分析结果对策略进行版本回退、问题修正、收紧、放松、下线、重新开发等调优操作，确保线上运行的策略保持效能最大化。

4.1 基于策略监控报表进行策略监控和调优

在实际生产中，往往会通过开发各种维度的策略监控报表来对策略运行情况进行监控。策略监控报表主要分为微观层面的具体策略运行情况的监控报表和宏观层面的项目运行情况的监控报表。风控人员应该养成每天关注策略监控报表的习惯，若发现异常，则需要快速定位原因，并基于分析结果对策略进行调优。

4.1.1 策略微观监控和调优

在每一条规则上线后，都需要对运行情况进行监控，对每一条具体规则的监控就是本节要讲的策略微观层面的监控。策略微观监控主要涉及开发策略效能监控相关的报表，在进行报表开发时，需要结合风控场景设计简单、有效的监控指标，以便通过相关指标快速发现规则异常并结合实际情况对异常规则进行调优。在对策略进行微观监控时，可以通过以下三种方式识别规则是否存在异常。

（1）基于专家经验判断具体规则是否存在异常

在基于专家经验对策略监控指标进行分析时，对相关人员的业务熟悉程度和数据敏感度要求较高。举两个简单的例子：①授信审批环节某个单维度规则拒绝率（拒绝率＝策略触碰量/

进件量）在30%以上，基于专家经验来看，策略拒绝率太高，明显是不合理的；②在对定额策略进行监控的时候，发现授信审批通过客群的授信笔均相较市场上的同类型产品差距非常大，也可能存在问题，需要分析原因并决定是否对策略进行调优。

（2）基于具体规则同一监控指标的波动幅度判断规则是否存在异常

对具体规则同一指标波动幅度进行分析，若当前指标值较之前出现较大的波动，则策略可能存在异常。举个简单的例子，如授信审批场景，某条规则的拒绝率之前持续保持在2%左右，近期拒绝率突然上升至5%，则规则可能出现异常，需要分析异常原因并基于分析结果对策略进行调优。

（3）基于具体规则的风险表现指标判断规则是否存在异常

在规则上线且积累了一定数量的好坏样本后，才可以基于具体规则的风险表现指标对策略进行监控。基于规则风险表现指标对策略监控的情况比较复杂，在实际生产中，要具体问题具体分析。下面举三个简单的例子进行说明：①以贷前授信审批策略为例，若在贷前授信审批场景中随机抽取3%的样本进行了随机测试，随机测试样本会运行所有的规则，但是不对规则触碰的样本进行拒绝操作，则可通过监控随机测试样本中具体规则触碰样本的Lift（Lift=随机测试样本中规则触碰样本的Badrate/所有样本的Badrate，Lift值越大，说明规则效能越好）等指标来评估策略效能，基于评估结果对策略进行放松或收紧；②以贷前授信审批策略为例，若贷前授信审批策略未进行随机测试，则可通过监控规则使用变量拒绝阈值附近分箱的Lift等指标来近似评估策略效能，基于评估结果进行策略调优；③以定价策略为例，可通过监控不同定价区间客群的逾期率指标来评估定价策略的有效性，通常情况下，定价与逾期率应该呈现正相关关系，若监控结果与业务经验相悖，则需要重新对策略进行分析和调优。在上面三个例子中，因为前两个例子对应的规则监控方法会经常用到，所以在后续章节中会对这两个例子进行展开介绍。

接下来介绍对主要风控场景策略进行微观监控时需要监控的一些重要指标。下文提到的定额策略、定价策略、调额策略、调价策略、贷后催收策略等都是比较复杂的多维度策略，在进行策略微观监控时，往往将上述策略作为一个整体，监控策略整体的运行结果是否有异常。另外，客户营销策略比较特殊，也主要监控策略整体的执行结果。

（1）授信审批策略

授信审批策略主要涉及对具体规则触碰指标、风险表现指标的监控。在监控策略触碰指标时，主要监控策略触碰量、触碰率有没有出现陡升或陡降的情况，可设计如策略触碰率环比、策略触碰率离散系数等指标对策略进行监控；在监控策略风险表现指标时，主要监控随机样本中策略触碰样本的Lift或策略使用变量拒绝阈值附近分箱的Lift等指标。

（2）定额策略

定额策略主要监控授信额度笔均、授信额度分布及不同分布对应的逾期率指标。若授信笔均与市场上的竞品相比，出现过高或过低情况，或者与自身前一段时期相比，突然升高或降低，那么均需要进行原因分析并基于分析结果决定是否进行策略调优、如何进行策略调优。在监控授信额度分布时，若授信额度分布呈现严重的左偏分布或右偏分布，那么大概率是客群质量较差或较好导致的，需要进行关注。基于业务经验，授信额度应与逾期率成反比，即额度越高的客群，逾期率越低，额度越低的客群，逾期率越高，若监控到不同额度区间客群逾期率与认知相悖，则很可能是授信额度策略有问题，需要进行调优。

（3）定价策略

定价策略主要监控平均对客利率、利率分布及不同分布对应的逾期率指标。定价策略要监控的指标及判断指标异常的标准与定额策略类似。若平均对客利率较竞品或者较自身之前阶段忽高或忽低，利率分布呈现严重的左偏或右偏等，那么都需要进行关注和分析。通常来讲，利率越高，对应客群的逾期率越高，利率越低，对应客群的逾期率越低，若监控的结果与预期有出入，则定价策略很可能有问题，需要进行调优。

（4）用信审批策略

用信审批策略上线后，要监控的指标与授信审批策略基本上是一样的，参考授信审批策略相关监控指标即可。

（5）贷中预警策略

贷中预警策略主要对有在贷客群定期执行预警策略，从中找出高风险客群并进行预警。在对贷中预警策略进行监控时，主要监控每一条规则的触碰量、触碰率、触碰样本的 Lift 等指标。在进行策略触碰指标监控的时候，主要与自身之前时间段的触碰指标进行比较，若触碰指标陡升或陡降，则需要进行关注和分析。在监控策略风险表现指标时，主要监控策略触碰样本的 Lift 值，若 Lift 值较大，则说明预警策略有效，可进行策略收紧或者暂不对策略进行调整；若 Lift 值较小，则说明预警策略效果一般，需要进行调优。

在贷中对风险客户进行预警后，风险客户的额度通常会被冻结，剩余额度（授信金额-在贷余额）无法使用。若客户额度被冻结后发生了逾期，那么可以认为剩余额度等于挽损金额，挽损金额越多，说明贷中预警策略越有效。

（6）调额策略

调额策略分为提额和降额两种情况，主要监控客群调额前后的授信笔均、支用率、逾期率、收益率等指标。

对于提额场景，若策略比较有效，则通常提额后客群的支用率会上升，逾期率会有轻微上升，但是最终的收益率会高于提额前。对于提额策略，其实要监控的核心指标是提额后的收益率，即监控它有没有上升，若收益率没有上升甚至出现下降，则说明提额策略有问题，需要分析原因并进行调优。对于降额场景，若策略比较有效，则通常降额后客群的支用率不会出现较大的变化，逾期率会出现轻微下降。在降额场景，通常会对风险偏高的客群进行降额，这些客群往往对额度不敏感，降额后支用率不会出现较大的变化，因对客户进行了降额，即使客户逾期了，因为借款金额减少，催回的可能性会有一定的提升。

（7）调价策略

调价策略与调额策略类似，分为降价和提价两种情况，主要监控客群调价前后的平均利率、支用率、逾期率、收益率等指标。对于降价场景，若策略比较有效，则降价后客群的支用率和收益率均会上升；对于提价场景，若策略比较有效，则提价后客群的支用率可能会下降，逾期率可能会上升，但是最终的收益率也会上升。若在进行策略监控时，发现监控指标与预期不符，则需要对策略进行分析和调整。

（8）客户营销策略

客户营销往往需要跨团队配合才能完成，风控团队通常只负责筛选风险可控的营销名单并将它发送给营销团队，营销策略的制订和营销的开展通常由营销团队负责。

待完成营销动作后，通常要监控营销触达率、营销响应率、营销成本、营销客群的逾期率、营销后的收益率等指标。客户营销的最终目的是提升客户价值，增加收益，若最终通过客户营销能够增加收益，则说明营销策略是有效的。

（9）续授信策略

在贷前定额策略中，为客户进行定额的同时通常会给客户设置授信有效期，对于授信有效期即将到期的客户，为了不影响客户后续的借款操作，需要为客户进行续授信动作。续授信策略其实就是对客户进行再次授信审批，审批通过后为客户延长授信有效期，若审批未通过，则客户无法再用信。续授信策略要监控的指标与授信审批策略类似，具体可参考授信审批策略。

（10）贷后催收策略

贷后催收策略通常会基于客户贷后的综合风险评级对客户进行分层，不同分层采取不同的催收策略。贷后催收策略主要监控客户不同评级分布较之前是否出现较大的偏移、不同评级的催回率是否出现明显波动等，若监控到异常，则要关注并分析原因，必要时需要进行策略调优操作。

上面阐述了不同风控场景策略要监控的主要指标，对策略调优的阐述较少，因为策略调优通常与策略监控紧密相伴，只有监控到具体的策略异常，才能确定策略调优的方向。在实际生产中，策略微观监控的指标包括但不限于上述指标，可结合业务情况调整要监控的指标。策略微观监控报表比较烦琐，需要分场景、分规则一一进行监控，若监控时发现相应的监控指标出现异常，则需要快速进行原因分析，基于分析结果决定是否对策略进行调优、如何对策略进行调优。只有做好不同风控场景每一条策略的监控，才能及时发现策略中的问题，更好地优化策略，进而才可能实现各阶段的风控目标。

▶▶ 4.1.2 案例实践：单维度策略效能监控和调优

假如贷前授信审批场景中上线了一条单维度规则，如何通过监控规则上线后的风险表现情况来确定规则的效能是否异常？假设规则使用的变量不同分箱的 Lift 值是单调的，则在绝大多数情况下，都可以通过评估规则使用变量拒绝阈值附近分箱的风险表现情况来近似评估规则上线后的效能，基于评估结果对策略进行相应的优化。假设在规则上线前，我们对规则使用的变量进行了单维度策略分析，分析的目标字段为 mob3_dpd30_ever（截至 mob3，历史最大逾期超过 30 天为坏，其他为好），规则对应的变量共分了 10 箱，不同分箱对应的 Lift 值如表 4-1 中"上线前测算的不同分箱 Lift 值"列所示。可以看到，不同分箱对应的 Lift 值是单调的，且分箱 1 的 Lift 值最高。假设分箱 1 对应的触碰率满足要求，我们上线该规则进行风险管控，若客户对应的变量值落入分箱 1，则在授信申请的时候会被直接拒绝。

表 4-1 单维度策略效能监控示例

变量分箱	上线前测算的不同分箱 Lift 值	上线后 1 月 Lift	上线后 2 月 Lift	上线后 3 月 Lift	上线后 4 月 Lift
分箱 1	4	分箱 1 样本已拒绝			
分箱 2	3	2	1.1	1.2	1
分箱 3	2.5	1.6	1.2	1.3	0.9
分箱 4	2.3	1.4	0.9	1.1	0.8
分箱 5	2	1.2	0.8	1	0.7
分箱 6	1.8	1	0.7	0.9	0.5
分箱 7	1.6	0.8	0.6	0.7	0.4
分箱 8	0.6	0.6	0.5	0.6	0.3
分箱 9	0.2	0.4	0.4	0.3	0.1
分箱 10	0.1	0.2	0.3	0.1	0.05

基于规则上线前的分箱，得到规则上线后 4 个月不同分箱对应的 Lift 取值情况，因为分箱

1 对应的进件已经被拒绝，故在之后的 4 个月中无法计算 Lift 值，其他分箱的 Lift 值见表 4-1，可以看到，分箱 2 对应的 Lift 值在策略上线后的第 2、3、4 月显著下降，且连续 3 个月的取值较低，基于此，我们认为策略效能已经出现了下降，可考虑适当放松策略或者下线该策略。

在对已上线规则进行监控的时候，通常更关心规则拒绝阈值附近分箱的风险表现情况，随着规则上线时间的推移，规则拒绝阈值附近分箱 Lift 值可能存在三种情况：一是 Lift 值平稳波动（如 Lift 取值：1.5≤Lift≤3），说明该组客群质量相对稳定，无须进行规则调整；二是 Lift 值不断上升（如 Lift 取值：Lift>3），说明该组客群风险在不断上升，可考虑对规则进行收紧；三是 Lift 值持续下降（如 Lift 取值：Lift<1.5），说明该组客群风险在不断下降，可考虑对规则进行放松或下线。需要说明的是，上述方法是一种近似而非精准评估策略效能的方法，基于评估结果进行策略收紧或放松时，建议逐步调整，不建议一次性调整较大的幅度，因为可能导致不好的结果。

若贷前授信审批环节上线的是基于决策树开发的多维度策略，那么如何监控多维度策略效能呢？很简单，将多维度规则拆分成多条单维度规则，利用单维度策略效能监控方法分析每一条单维度规则效能，若单维度规则效能同时在变差，就近似认为多维度规则效能变差了，可适当进行策略放松；若单维度规则效能同时在变好，就近似认为多维度规则效能在变好，可适当进行策略收紧；若有些单维度规则效能在变好，有些在变差，有些效能稳定，则可暂不对多维度规则进行调优，继续进行监控即可。

▶▶ 4.1.3　策略宏观监控和调优

在进行策略监控时，不但要从微观层面监控具体规则的效能情况，而且要从宏观层面监控项目整体的运行情况。策略微观结果和项目宏观结果之间存在一定的因果关系，若具体的规则效能不好，就会导致项目整体结果不佳；若项目整体表现达不到预期，那么很大可能是具体规则效能不佳引起的。

在项目宏观监控时，通常会将贷前、贷中、贷后项目相关的综合指标整合成少数几张重要的监控报表，通过这些监控报表来监控项目宏观表现，进而基于项目宏观表现反推策略效能情况。宏观层面的项目监控主要涉及项目运营报表、资产监控报表、项目风险报表、贷后催收报表等一系列报表的开发。

（1）项目运营报表

项目运营报表对一些重要的贷前、贷中和贷后风控指标进行了整合，涉及监控的指标相对简单，通常开发一张报表即可完成监控，主要的监控指标见表 4-2。

表 4-2 项目运营报表主要监控指标

序号	指标名称	指标计算说明	指标解读
1	授信申请量	授信申请客户数	申请贷款客群数量指标，值越大，说明产品受众越广泛
2	授信通过量	授信申请通过客户数	通过授信审批策略的客户数量
3	授信通过率	授信通过率=授信通过量/授信申请量	监控授信通过率是否符合预期，若不符合，则要调整授信审批策略
4	授信总金额	授信通过客户的授信金额加总	若授信总金额忽高或忽低，则需要进行关注并分析原因，必要时进行策略调整
5	授信笔均	授信笔均=授信总金额/授信通过量	监控授信笔均是否符合预期，若不符合，则可能要调整定额策略
6	平均对客利率	授信申请通过客群的平均利率	监控授信申请通过客群的平均利率是否符合预期，若不符合，则可能要调整定价策略
7	用信申请量	借款申请笔数（人数）	对于循环额度类产品，一个人可进行多次借款，可从借款笔数和借款人数两个口径进行统计
8	用信通过量	借款通过笔数（人数）	对于循环额度类产品，可从借款笔数和借款人数两个口径进行统计
9	用信通过率	用信通过率=用信通过量/用信申请量	监控用信通过率是否符合预期，若不符合，则可能要调整用信审批策略
10	放款金额	借款通过并放款成功金额加总	项目规模指标。放款金额越多，项目越容易做大规模
11	放款笔均	放款笔均=放款金额/借款通过笔数	监控客群资金需求情况
12	放款人均	放款人均=放款金额/借款通过人数	与放款笔均进行比较，若差异不大，则说明同一人频繁借款的情况较少，否则说明这种情况较多
13	放款平均利率	放款平均利率=sum(放款金额×借据利率)/sum(放款金额)	放款平均利率是金额口径的利率指标，与收益率相关性较强，是影响项目收益率的重要指标，要重点关注，若不符合预期，则要对定价、调价等策略进行调整
14	还款金额	还款总金额	若还款金额大于放款金额，则说明项目规模正在收缩
15	金额复贷率	金额复贷率=复贷金额/放款金额	客户非首次借款即算复贷（当然也可以根据业务情况自行定义复贷），复贷率越高，可能是存量客户黏性越高，也可能是新借款客户越来越少
16	人数复贷率	人数复贷率=复贷人数/放款人数	同上

(续)

序号	指标名称	指标计算说明	指标解读
17	在贷余额	项目在贷总金额	项目规模指标
18	金额逾期率	金额逾期率=观察时点逾期1天及以上资产的在贷余额/观察时点在贷余额	金额逾期率越高,项目整体风险越高
19	不良贷款率	不良贷款率=观察时点逾期90天及以上资产的在贷余额/观察时点在贷余额	同上

在基于项目运营报表监控项目运行情况时,要注意对上述指标进行横向(同类竞品)和纵向(本产品)对比,若发现异常,则要回头检查相关策略是否有优化空间,必要时需要进行调优。

(2)资产监控报表

资产监控报表主要由客群质量监控报表和资产使用报表等子报表组成,通过相关报表监控项目资产情况,为策略调整提供宏观指引。

1)客群质量监控报表。

在项目开展的过程中,通过开发新授信申请客群和存量客群的质量监控报表来监控新老客群的质量是非常有必要的,可基于有效的模型分、多头类指标、负债类指标和其他指标的分布情况来评估客群质量有没有变好或者变差。在监控的过程中,若发现客群质量显著变差,则需要评估是否收紧相关策略,压缩放贷规模,防止过度放贷为金融机构带来较大的损失;若发现客群质量显著变好,则需要评估是否放松相关策略,增加放贷规模,为公司带来更大的收益。

若客群质量发生了较大变化,那么,通常情况下,授信审批通过率、用信审批通过率、授信笔均、平均对客利率、逾期率、催回率等指标都会出现较大的波动。项目运行过程中不同指标的变化情况不是孤立的,而是存在紧密的联系。在进行客群质量监控的时候,不但要纵向对比同一个指标,而且要横向对比相关联的指标,确保出现异常情况后能够立即发现并进行策略调整。

2)资产使用报表。

资产使用报表主要用来监控与资产使用情况相关的指标,这些指标与项目收益情况息息相关,应该重点关注。在监控这些指标的时候,通常要将它们转换成年化指标。在监控资产使用情况的过程中,若发现某些指标的变化会显著降低收益率,则需要重点关注并分析原因,并基于分析结果对相关策略进行调优。项目资产使用报表主要监控的指标见表4-3。

第 4 章 风控策略监控及调优

表 4-3　项目资产使用报表主要监控指标

序号	指标名称	指标计算说明	指标解读
1	生息资产	截至观察时点，m3 以内（逾期小于或等于 90 天）的在贷资产加总	通常指非损失类资产
2	生息资产平均利率	生息资产平均利率＝生息资产利息收入/生息资产平均余额＝sum(m3 以内的借据×借据利率)/sum(m3 以内的在贷资产)	反映了生息资产的平均对客利率
3	借款久期	借款久期＝sum(放款金额×放款期次)/sum(放款金额)	借款维度借据金额加权平均，未考虑提前还款情况，是理想状态下的久期
4	还款久期	还款久期＝sum(放款金额×实际结清日对应期次)/sum(放款金额)，若借据未结清，则用最大放款期次	还款维度借据金额加权平均，考虑了提前还款情况，更接近真实的还款久期，还款久期越短，资金年周转次数越多
5	金额提前结清率	金额提前结清率＝提前结清的放款金额/总放款金额	通常，"贷款到期日−提前结清（指实际结清）日期＞1 个月"的贷款才认为是提前结清的贷款。金额提前结清率越高，资金占用率越低，资金周转越快
6	笔数提前结清率	笔数提前结清率＝提前结清的放款笔数/总放款笔数	同上
7	资金占用率	资金占用率＝实收利息加总/sum(放款金额×借据利率)	基于放款月月末口径计算，未到期的实收利息用应还利息替代，通常情况下，资金占用率越高，提前还款行为越少，最终获得的利息收入越多，项目收益越高
8	资金周转次数	资金周转次数＝1/资金占用率	通常，资金周转次数越少，项目收益越高；常基于资金周转次数计算 APR 口径的盈亏平衡点和项目年化损失率等指标

（3）项目风险报表

项目风险报表主要由 FSTPD 逾期报表、迁徙率报表、Vintage 报表等子报表组成，反映了项目的风险情况，是需要重点关注的报表。若项目的风险表现太差，则往往需要进行相关策略的收紧，尽快遏制风险，减少放贷规模，降低损失；若项目的风险表现较好，则可适当放松相关策略，增加放贷规模，增加收益。

1）FSTPD 逾期报表。

FSTPD（First/Second/Third Payment Deliquency）表示 FPD、SPD、TPD 等指标，即客户首

次逾期发生在第几期，一般在指标后加上具体数字来表示逾期天数，如 FPD30 表示第一期首次逾期 30 天，SPD10 表示在第一期正常或提前还款但在第二期逾期 10 天，TPD10 表示前两期正常或提前还款但在第三期逾期 10 天。FSTPD 指标常常和欺诈关联，一般首次逾期发生在前三期的贷款回收率会比较低，因为其中有很多欺诈因素。FSTPD 指标对应的逾期率（如 FPD30 借据占比）越高，说明欺诈客户占比越大，反欺诈策略做得越差。

本节提到的 FSTPD 报表主要是从借据维度加工生成的。我们将所有借据划分为新借据和老借据，新借据是指客户授信成功后第一笔借款对应的首次应还款日之前的借据，老借据是指客户第一笔借款首次应还款日及之后的借据。当然，也可以按其他合理的标准划分新老借据。在划分完新老借据后，分别计算新老借据的 FSTPD 等指标对应的逾期率，基于逾期率表现监控反欺诈策略效能。若新借据的 FSTPD 指标对应的逾期率较大，则很可能是授信审批场景的反欺诈策略效能较差，需要进行策略调优；若老借据的 FSTPD 相关指标值对应的逾期率较大，则很可能是用信审批环节的反欺诈策略效能较差，需要进行策略调优。

2）迁徙率报表。

在计算迁徙率（Flow Rate）之前，需要引入逾期阶段的概念。根据逾期天数，可分为 M0~M7 八个阶段，没有逾期的是 M0，逾期 1~29 天的是 M1，逾期 30~59 天的是 M2，以此类推，逾期 150~179 天的是 M6，逾期大于或等于 180 天的定义为 M7，处于 M7 的贷款的催回难度非常大。迁徙率就是处于某一逾期阶段的客户转移到下一逾期阶段的比例。迁徙率通常有金额和笔数两种计算口径，常用的是金额口径的迁徙率。

迁徙率是截面数据，能很好地反应截至某一时点大盘资产的风险走势和未来可能发生的坏账损失情况，我们通常用月末时点的金额迁徙率来反应大盘资产的风险情况，月末时点 $M(n-1) \rightarrow Mn$ 的金额迁徙率 = 月末时点 Mn 资产的在贷余额/上月末时点 $M(n-1)$ 资产的在贷余额，n 的取值范围为 1~6。例如，M1→M2 的金额迁徙率 = 月末时点 M2 资产的在贷余额/上月末时点 M1 资产的在贷余额。

表 4-4 为月末时点某项目大盘金额口径的迁徙率数据示例。通常来讲，对大盘风险影响最大、表现期相对较短且需要重点关注的是 M0→M1 的金额迁徙率，如表 4-4 所示，通过横向比较 M0→M1 的金额迁徙率变化情况，可知大盘风险在持续好转，相反，若 M0→M1 的金额迁徙率在快速上升，则说明大盘风险在快速上升，需要尽快进行风险复盘，必要时进行策略收紧，防止资产变坏带来较大的损失。另外，迁移率通常可以用来预测不同逾期阶段的资产未来变为损失的概率。假设我们把 M7 定义为损失，则处于 M3 阶段的资产变为损失的概率为（M3→M4）×（M4→M5）×（M5→M6）×（M6→M7）。

表 4-4　月末时点大盘金额迁徙率示例

金额迁徙率	2020年6月	2020年7月	2020年8月	2020年9月	2020年10月	2020年11月	2020年12月
M0→M1	0.73%	0.67%	0.61%	0.55%	0.44%	0.46%	0.43%
M1→M2	69.64%	77.03%	78.32%	73.05%	77.66%	75.03%	79.63%
M2→M3	90.40%	90.69%	90.86%	90.49%	89.50%	90.10%	92.97%
M3→M4	93.98%	99.49%	95.36%	94.13%	93.89%	94.51%	93.66%
M4→M5	95.66%	96.02%	97.06%	95.85%	94.74%	96.38%	95.92%
M5→M6	96.62%	97.11%	95.85%	97.31%	98.63%	96.93%	96.49%
M6→M7	99.32%	100.73%	98.04%	99.08%	99.04%	98.18%	99.95%

通过表 4-4 可知，越早期的逾期贷款越容易催收，到了 M2 及之后，迁徙率通常在 90% 以上，催回的可能性就降低很多了，所以，贷后催收团队常将迁徙率作为绩效指标，反映催收的效率。

3）Vintage 报表。

Vintage 一词来源于葡萄酒行业。Vintage 分析主要用来评估不同年份生产的葡萄酒的品质随窖藏时间的推移而发生的变化，并且窖藏一定年份后，葡萄酒的品质会趋于稳定。借鉴葡萄酒 Vintage 分析，Vintage 报表不但可以用来分析不同时间段放贷资产在未来不同账龄（Month On Book，MOB）的风险表现情况和风险充分暴露所需的时间（即成熟期），而且可以用来分析不同时间段风控策略的有效性等。Vintage 分析的核心思想是对不同时期的放贷资产进行分别跟踪，按照账龄的长短进行横向和纵向对比，从而了解同一时期和不同时期放贷资产的风险情况。

Vintage 报表有笔数和金额两种计算口径。图 4-1 是 M3+（截至观察点时，处于 M3+）金额口径的 Vintage 曲线示例，通过纵向对比不同放款月放款资产的 Vintage 曲线，可知近期放款资产的风险表现有向好的趋势。相反，若近期放款资产的 Vintage 曲线处于高位，则需要考虑对风控策略进行适当收紧操作。

在基于 Vintage 报表进行宏观监控时，通常会分逾期阶段监控放款客群的 Vintage 曲线走势，而非仅仅监控某个逾期阶段（如 M3+）客群的 Vintage 曲线。Vintage 报表除了可以用来监控不同时间段放贷资产的风险表现，还可以用来预测近期放贷资产的年化损失率指标，具体预测方法可参考 4.1.4 节。

（4）贷后催收报表

贷后催收报表主要监控不同逾期阶段客群的入催率(入催率＝入催时点新增逾期借据数(或金额)／入催时点应还借据数(或金额)，入催率的分子和分母不包含入催时点已经逾期的借据)

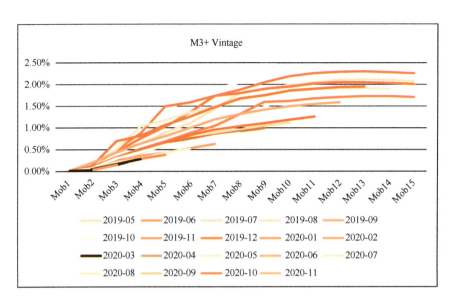

● 图 4-1　Vintage 曲线示例

和催回率（催回率＝催回笔数(或金额)／入催笔数(或金额)）等指标，监控口径通常包括笔数口径和金额口径，相对简单。在进行催收监控时，若入催率上升，则需要评估贷前和贷中相关策略效能是否变差，若发现某一逾期阶段客群的催回率效果不佳，则需要考虑调整催收策略，加大逾期资产催收力度，尽快推动逾期资产的回收。

除上述主要的项目宏观监控报表以外，还有第三方数据源调用和费用情况监控报表、反欺诈相关报表、滚动率监控报表等需要进行开发和关注，本节不再赘述。在实际生产中，通常会对客群按新老客、渠道、地域、借款期限等不同维度进行拆分，并从日、周、月的维度开发宏观监控报表对不同维度客群进行监控，若发现异常，则需要进行原因排查并确定是否对风控策略进行调优操作。

▶▶ 4.1.4　案例实践：基于 Vintage 报表预测年化损失率

在金融机构放贷过程中，对客户放贷后，因风险表现具有一定的滞后性，通常要经过很长的表现期才知道放贷资产的年化损失率。但是，我们往往需要提前精准预测近期放贷资产的年化损失率，进而基于年化损失率推算放贷资产的净收益率的变化趋势及是否达到预期，若净收益率持续下降或达不到预期，则需要对相关风险策略进行调优，进而达到获取更大收益的目的。

假如我们想基于历史已有风险表现的放贷资产数据预测近期放贷资产在未来的年化损失率，如何进行呢？可以基于 Vintage 报表进行预测。接下来主要讲述如何基于 Vintage 报表预测近期放贷资产的年化损失率。

假设有一款最长贷款期限不超过 12 个月的现金贷产品，该产品每月放款规模比较大，平均还款久期是 4 个月，年资金周转次数为 12/4 = 3。现有 2019 年 5 月~2020 年 12 月的 Vintage 数据，以 2021 年 1 月末为观察点，则可知 2019 年 5 月~2019 年 10 月放款资产的 M3+ 已表现完全。如果将 M3+ 定义为损失，那么如何基于现有的数据预测未表现完全的放款资产的年化损失率呢？在 Vintage 数据中，M1+ 比 M3+ 多几个月的风险表现数据，故可基于 M1+ Vintage 数据的某个靠前的 Mob 列的值找到与 M3+ Vintage 数据中表现完全的 Mob15 列（对于 M3+，在 Mob15 列取值稳定，可近似认为 Mob15 列的值即放款口径对应的最终损失率）之间的倍数关系，并基于倍数关系补全未表现完全的 Mob15 列的值，即可预测未表现完全贷款资产的年化损失率指标。接下来基于表 4-5 提供的 M1+ Vintage 数据对未表现完全的 Mob6 列的数据进行补全，最终补全的数据见放款月份为 2020-08~2020-12 对应的 Mob6 列的值。

表 4-5　M1+ Vintage 数据处理过程

放款月份	Mob1	Mob2	Mob3	Mob4	Mob5	Mob6	…	Mob13
2019-05	0.00%	0.08%	0.28%	0.44%	0.62%	0.78%	…	1.84%
2019-06	0.00%	0.10%	0.33%	0.52%	0.69%	0.88%	…	1.73%
2019-07	0.00%	0.17%	0.47%	0.64%	0.89%	1.11%	…	2.12%
2019-08	0.00%	0.14%	0.46%	0.76%	1.03%	1.36%	…	2.05%
2019-09	0.01%	0.13%	0.59%	0.94%	1.33%	1.78%	…	2.42%
2019-10	0.00%	0.11%	0.51%	0.88%	1.50%	1.59%	…	2.30%
2019-11	0.00%	0.13%	0.51%	1.04%	1.18%	1.36%	…	1.91%
2019-12	0.00%	0.12%	0.70%	0.82%	1.07%	1.26%	…	1.95%
2020-01	0.00%	0.23%	0.44%	0.64%	0.81%	1.00%	…	
2020-02	0.01%	0.10%	0.28%	0.44%	0.66%	0.83%	…	
2020-03	0.00%	0.07%	0.21%	0.43%	0.60%	0.73%	…	
2020-04	0.00%	0.07%	0.31%	0.50%	0.62%	0.76%	…	
2020-05	0.00%	0.07%	0.30%	0.45%	0.61%	0.69%	…	
2020-06	0.00%	0.05%	0.23%	0.36%	0.43%	0.53%	…	
2020-07	0.00%	0.05%	0.21%	0.29%	0.43%	0.52%	…	
2020-08	0.00%	0.04%	0.17%	0.29%	0.38%	0.50%	…	
2020-09	0.00%	0.05%	0.17%	0.28%	0.39%	0.50%	…	

(续)

放款月份	Mob1	Mob2	Mob3	Mob4	Mob5	Mob6	…	Mob13
2020-10	0.00%	0.03%	0.15%	0.28%	0.38%	0.50%	…	
2020-11	0.01%	0.07%	0.29%	0.47%	0.64%	0.80%	…	
2020-12	0.00%	0.07%	0.29%	0.47%	0.64%	0.80%	…	

在表4-5中，我们基于Mob6列之前的数据补全了Mob6列的值，当然，也可以补全其他合适列的值，具体补全哪一列的值，不是一成不变的，要具体问题具体分析，具体步骤如下。

1）先基于2020年11月放款资产对应的Mob2的值补全2020年12月放款资产对应的Mob2的值，补全方法是直接用2020年11月放款资产对应的Mob2的值进行填充，也可以基于业务经验或者更早期的风险表现数据（如dpd10+对应的Vintage数据）的值情况进行数值填充，本案例直接用2020年11月放款资产对应的Mob2的值进行了填充。

2）当N依次取值为3、4、5和6时，选取Mob（$N-1$）和Mob$N$列均非缺失的数据，将Mob（$N-1$）列的值作为自变量，Mob$N$列的值作为因变量，构造简单线性回归函数⊖。基于构造的简单线性回归函数补全Mob$N$列的缺失值。以Mob2和Mob3两列数据为例，Mob2列的数据无缺失值（2020年12月放贷资产对应的Mob2已经被补全），而Mob3列只有放款月为2019年5月~2020年10月对应的放款才有数值，这时我们将2019年5月~2020年10月对应的Mob2列的值作为自变量，Mob3列的值作为因变量，构造简单线性回归函数，然后基于构造的简单线性回归函数输入2020年11月和12月对应的Mob2的值，就得到了2020年11月和12月对应的Mob3的值。然后，按照上述方法，依次填充Mob4、Mob5、Mob6列的缺失数据即可。

接下来，基于M1+ Vintage数据中填充后的Mob6列和M3+ Vintage数据中Mob15列的非缺失数据构造简单线性回归函数，基于构造的简单线性回归函数补全Mob15列的值，就得到了不同放款月对应的最终损失率（非年化损失率）。在表4-6中，放款月为2019年5月~2019年10月对应的M1+@ Mob6列的值为自变量，Mob15列的值为因变量，构造的简单线性回归函数：

$$y = 0.621x + 0.0124$$

然后将2019年11月~2020年12月 M1+@ Mob6列的值带入上述简单线性回归函数，就得到了Mob15列对应的预测值。在表4-6中，2019年5月~2019年10月放款资产的M3+已表现完全，

⊖ 基于Excel就能构造简单线性回归函数，步骤是选择自变量和因变量列，插入散点图，添加趋势线，显示公式就可以了，最终显示的公式即为最终构造的简单线性回归函数。

第 4 章
风控策略监控及调优

用放款金额乘 Mob15 列的值，可得到真实的损失金额；2019 年 11 月~2020 年 12 月放款资产的 M3+未表现完全，用放款金额乘以 Mob15 列的预测值，可得到损失金额的预估值，即最终可能发生的损失金额。

表 4-6 M3+ Vintage 数据处理过程

放款月份	放款金额/万元	Mob1	…	Mob15	M1+@ Mob6	M1+@ Mob6 列和 Mob15 列构造简单线性回归函数，并进行数据补全	Mob15	损失金额/万元
2019-05	46823	0.00%	…	1.78%	0.78%		1.78%	833
2019-06	29006	0.00%	…	1.68%	0.88%		1.68%	487
2019-07	52944	0.00%	…	2.06%	1.11%	$y=0.621x+0.0124$	2.06%	1091
2019-08	30505	0.00%	…	1.99%	1.36%		1.99%	607
2019-09	37816	0.00%	…	2.36%	1.78%		2.36%	892
2019-10	38776	0.00%	…	2.25%	1.59%		2.25%	872
2019-11	29258	0.00%	…		1.36%		2.08%	610
2019-12	30233	0.00%	…		1.26%		2.02%	611
2020-01	42622	0.00%	…		1.00%		1.86%	793
2020-02	42367	0.00%	…		0.83%		1.76%	744
2020-03	55941	0.00%	…		0.73%		1.69%	947
2020-04	52841	0.00%	…		0.76%	基于构造的简单线性回归函数补全 Mob15 列缺失的值	1.71%	905
2020-05	53989	0.00%	…		0.69%		1.67%	901
2020-06	52908	0.00%	…		0.53%		1.57%	830
2020-07	58887	0.00%	…		0.52%		1.56%	920
2020-08	60962	0.00%	…		0.50%		1.55%	944
2020-09	61344	0.00%	…		0.50%		1.55%	953
2020-10	55105	0.00%	…		0.50%		1.55%	855
2020-11	58650	0.00%	…		0.80%		1.74%	1018
2020-12	49683	0.00%	…		0.80%		1.74%	862

接下来，基于表 4-6 中填充后的 Mob15 列的值预测不同放款区间资产的年化损失率，年化损失率=Vintage 口径（APR 口径）损失率×年资金周转次数=M3+ Vintage Mob15 列的值×年资金周转次数。表 4-7 是基于表 4-6 的分析结果预测的 2019 年 11 月~2020 年 12 月 M3+未表现完全的所有放款最终的年化损失率和 2020 年 7 月~2020 年 12 月这 6 个月的年化损失率。在表 4-7 中，放款金额和损失金额列的值分别为基于表 4-6 相应时间区间的放款金额列、损失金额列加

· 115

总后的值，Vintage 口径损失率的值为损失金额列的值与放款金额列的值的比值，最终预测的年化损失率=Vintage 口径损失率×年资金周转次数（在本节中，我们已假设年资金周转次数为3）。在表 4-7 中，我们只预测了两个时间区间的年化损失率，当然，也可以预测其他 M3+未表现完全资产的年化损失率。本示例主要是展示预测方法，在现实生产中，读者一定要做到活学活用。

表 4-7 预测不同时间段年化损失率

时间区间	放款金额/万元	损失金额/万元	Vintage 口径损失率	年化损失率（损失率×年资金周转次数）
2019 年 11 月~2020 年 12 月	704791	11895	1.69%	5.06%
2020 年 7 月~2020 年 12 月	344631	5554	1.61%	4.83%

在预测完成不同时间区间的年化损失率后，假设已知该现金贷产品平均对客年化利率为18%，其他各种成本（资金成本、运营成本、数据成本等）加总与年日均在贷余额的比值约为8%，则最终的年化口径的净收益率预测值=平均对客利率−年化损失率−其他各种成本。现在，基于表 4-7 中 2019 年 11 月~2020 年 12 月预测的年化损失率可计算得到上述时间区间放贷资产对应的净收益率=18%−5.06%−8%=4.94%，若已知年日均在贷余额，则年日均在贷余额与净收益率的乘积即为除税前的年净收益金额。

在本节的实践中，我们将 M3+定义为损失，如果将 M1+定义为损失，那么预测年化损失率的方法又是怎样的呢？如果是这样的话，就比较简单了，只需要基于 M1+ Vintage 数据就可完成对年化损失率的预测，先将 M1+ Vintage 数据中 Mob13 列（最长 12 期的现金贷产品，放款后在 Mob13 即可完成风险表现）的数据补全，再参考表 4-7 所示的分析方法，即可预测出不同放款时间区间对应的年化损失率指标。

需要补充说明的是，在预测风险未表现完全放贷资产的年化损失率时，除了基于 Vintage 报表数据进行，还可以基于迁徙率数据（通常，财务人员会基于迁徙率数据预测放贷资产的年化损失率）进行。只要预测过程有理有据，预测结果与业务认知偏差不大，就是可以的。

4.2 AB 测试和随机测试在策略监控和调优中的应用

为了监控和优化线上运行的策略，往往会从原流量中切出一定比例的流量执行测试策略，待测试完成后，通过分析测试结果，可评估线上运行策略的效能以及线上运行策略是否可进行调优操作。AB 测试和随机测试是风控策略中常见的两种用来监控与优化策略效能的测试方法。

AB 测试类似于冠军挑战，主要是通过对比 A 组策略和 B 组策略的效能进而选出最优策略进行应用，比较的策略可以是一整套策略集，也可以是单条策略；而随机测试可看作 AB 测试的特例，主要通过比较随机策略与非随机策略进而确定非随机策略的优化方向。在每次 AB 测试和随机测试完成后，基本上都会对当前策略的调优指明方向，也会为下一次测试奠定基础。

4.2.1 AB 测试

AB 测试在很多领域都有着较为广泛的应用。风控策略中的 AB 测试是从服从同一分布的客群中进行随机抽样，将客群分为 A 组（对照组）和 B 组（实验组，虽然实验组要求不少于一组，但大多数情况下都是一组），A 组和 B 组的样本量需要足够支持分析且 A 组和 B 组样本占比之和为 100%，然后通常基于控制变量法执行 A 组和 B 组策略，待测试完成后，对比 A 组和 B 组策略的效能，基于分析结果舍弃效能差的策略，选择效能好的策略进行应用的过程。

控制变量法是实验中常用的一种方法，即在保持其他影响因素相同的条件下，只改变可能影响最终结果的其中一个因素，最终查看实验结果的变化情况。风控策略的 AB 测试通常只有执行的策略是不一样的，其他会对策略结果产生影响的主要条件都是一样的，如在授信审批场景，在授信申请客群分布、授信审批通过率等相同的情况下，基于客群逾期率比较两套不同授信审批策略的优劣；在定额场景，在客群分布相同的情况下，基于人均净收益率比较两套不同定额策略的好坏；在贷后催收场景，在客群逾期分布相同、催收时间相同、催收人员相同的情况下，基于催收效果比较两套不同催收策略的好坏；等等。

在设计 AB 测试之前，通常是基于历史样本做了离线分析，已经线下证明新策略效能好。既然证明了新策略效果好，为什么还要再做 AB 测试呢？因为离线分析用的往往是当前时点几个月前的样本，而几个月前的样本分布与当前时点样本的分布可能已经不一样，通过 AB 测试，可以降低新策略上线带来的不确定性风险，一定程度上降低试错成本，为策略的调优提供数据支持。虽然 AB 测试可以精准评估线上运行策略的效能并为策略调优指明方向，但是一次 AB 测试要比较长的时间（通常为数个月）才能有结果，成本较高，所以，在进行 AB 测试之前，一定要审慎评估测试是否必须进行，以及付出和收获是否成正比，切勿为了测试而测试，从而造成资源的浪费。

在实际工作中，AB 测试不但可以为策略调整指明方向，而且经常被用来证明策略开发人员工作的有效性，以及策略调整带来的影响，尤其在证明工作有效性的时候，有理有据，容易使听众信服。

4.2.2 AB 测试应用举例

在贷前授信审批场景、定额场景、定价场景、贷中用信审批场景、调额场景、调价场景、贷后催收场景进行 AB 测试的频率会高一些，通过不断地进行 AB 测试，"挑战"线上运行的策略，有利于评估已有策略效能并推动已有策略的优化。

接下来，以贷前授信审批场景策略为例，说明如何通过 AB 测试来验证线上运行策略的有效性并推动线上运行策略的优化。假设基于贷前授信申请样本新开发了一个申请评分卡模型，通过 Swap Set 分析，证实了新模型要优于线上正在使用的模型（旧模型），于是，准备用新模型替换旧模型进行授信审批，此时，我们不禁要问，新模型上线后真的会比旧模型效果好吗？可通过 AB 测试来验证。具体步骤如下。

（1）提出待验证问题

新模型上线后是否比旧模型效果好，这就是待验证的问题。

虽然基于历史样本进行过分析，证明了新模型效果好，但是，客群资质在不断变化，基于历史样本的分析结果作用在当前样本上，结果可能是不准确的。假如直接用新模型替换旧模型，若结果不准确，则可能为金融机构带来较大的损失。

（2）设计并执行测试方案

对于提出的问题，可通过 AB 测试来验证。AB 测试方案通常比较简单，在本次测试中，A 组和 B 组除使用的模型策略不一致，其他策略均一致。具体测试方案为：A 组随机分流 50% 执行旧模型策略，B 组随机分流 50% 执行新模型策略，在进行 AB 测试时，尽可能使 A 组和 B 组的授信申请通过率一致，这样才容易比较新旧模型的效果。待 A 组和 B 组积累足够样本后，将所有样本都切换到 A 组，执行 A 组策略，之所以将所有样本都切回 A 组，是因为 A 组的策略是经证明有效的，而 B 组的策略是待证明有效的，存在不确定性。

（3）测试结果分析和策略调优

待测试样本有一定风险表现后，对测试结果进行分析时可能出现以下三种情况，不同情况对应不同的策略调优方式。

1）新模型效果明显优于旧模型：因为已经进行的离线分析证明了新模型效果好，所以，在进行 AB 测试后，新模型效果优于旧模型效果的概率是比较大的，在此结果下，可用新模型替换旧模型进行风险决策。

2）新模型效果不如旧模型：若新模型效果不如旧模型，则继续使用旧模型进行线上决策。与此同时，需要进一步分析新模型效果不如旧模型的原因，基于分析结果继续对新模型进行优化，待优化完成后，对旧模型展开新一轮的冠军挑战。

3）新旧模型效果差不多：出现此种情况的概率较低，若出现此种情况，则可能是 AB 测试样本量不足导致的，可继续进行 AB 测试并基于分析结果分析新旧模型效果。

在风控过程中，AB 测试可应用的场景非常多，应用方法灵活多变。在实际应用中，要以解决实际问题为出发点，具体问题具体分析。

4.2.3 随机测试

随机测试始于软件测试，是测试者除根据测试说明书对软件重要功能进行复测以外，还要对当前测试用例没有覆盖到的部分进行测试，是保证测试覆盖完整性的有效方式和过程。风控中的随机测试可以简单地认为是相关风控人员为评估现行的一些具体策略是否有效而设计的一次实验，该实验在测试范围内随机选取一部分样本执行随机策略，待测试完成后，对测试结果进行分析和论证，进而达到验证非随机策略是否有效的目的。

随机测试可以看作 AB 测试的特例，不同之处在于，随机测试主要用来证明现行策略是否有效，是非随机与随机的对比，而 AB 测试主要用来证明 A 策略和 B 策略谁更有效，是非随机与非随机的对比。

4.2.4 随机测试应用举例

相较于 AB 测试，随机测试往往会导致风控指标的显著变化，成本较高，所以应用要少一些，在贷前授信审批场景进行随机测试的频率会高一些。随机测试可以验证线上运行策略的有效性并为具体策略的调优指明方向。

接下来，以贷前授信审批策略为例，讲讲如何基于随机测试从微观和宏观层面精准评估策略效能并进行策略调优。在贷前授信审批场景，被策略拒绝的样本是没有风险表现的，所以贷前授信审批策略整体和授信审批策略中具体的每一条策略是否有效都是要打上问号的。那么，如何证明授信审批策略整体和授信审批策略中具体每一条策略的效能呢？答案是可基于随机测试证明。随机测试的具体步骤如下。

（1）提出待验证问题

如何证明贷前授信审批策略整体和授信审批策略中每一条策略的效能即提出的待验证的问题，这个问题与 AB 测试待验证问题的不同之处在于没有明确的比较对象，对于没有明确的比较对象的问题，通常可考虑进行随机测试来解答，即通过特定策略与随机策略进行对比，基于测试结果的量化指标来说明非随机策略是否有效。

（2）设计并执行测试方案

在设计随机测试方案时，可选取通过了准入策略和反欺诈核身（核实用户真实身份）策略的客群作为测试样本，从测试样本内随机挑选一定比例（通常为 2%~5%）的样本执行随机测试策略。随机测试策略与非随机测试策略唯一不同的地方在于策略触碰后的结果均为通过而非拒绝，所以执行了随机测试策略的样本均会有风险表现，待随机测试样本达到足够分析的数量后（如至少有3000条样本），即可停止测试，将全部流量切回非随机策略。

在随机测试过程中，因为选取了一部分样本执行随机策略，所以通常情况下会引起整体通过率和逾期率的显著上升，要做好一定的心理准备。

（3）测试结果分析和策略调优

待测试样本有一定风险表现后，即可通过分析测试样本的风险表现情况来评估授信审批策略整体和授信审批策略中每一条策略的效能。与AB测试不同的地方在于，随机测试需要从整体和个体两个层面分析策略的有效性并进行策略调优，而AB测试是直接对比分析A组和B组两套策略的整体效果并进行策略调优。

1）策略整体有效性分析和调优。

策略整体有效性分析比较简单，直接将随机测试样本看作一个整体，分析随机测试样本中所有策略触碰样本的风险表现情况即可，分析的主要指标可以是Lift值，Lift=随机策略触碰样本的Badrate/随机策略样本整体的Badrate。Lift取值通常有以下4种情况：若Lift≥3，则说明授信审批策略是有效的，需要持续监控策略效能；若1.5≤Lift<3，则说明授信审批策略有一定的效果，但是效果不显著，仍有较大的优化空间，需要尽快进行策略优化；若1≤Lift<1.5，则说明授信审批策略比随机策略略好，但是效果很差，需要尽快挖掘上线新的策略并进行已有策略效能优化；若Lift<1，则说明授信审批策略是无效的，甚至拒绝的都是好客户，需要尽快进行策略重构。注意：在分析策略的整体效果时，此处Lift区间值是作者基于业务经验确定的，不一定适合所有项目，在实际工作中，可基于真实的业务情况进行调整。

若经过分析发现策略整体效能不佳，则需要尽快做的动作通常只有两个：一是评估已上线的每条策略的效能，基于策略效能情况进行策略调优；二是尽快挖掘效能好的策略并进行上线，更好地进行风险管控。

2）每条策略的有效性分析和调优。

在获得随机策略触碰样本的风险表现数据后，评估每条策略效能就变得非常简单了。每条策略的效能分析思路与策略整体效能分析是一样的，将随机测试样本看作一个整体，分析随机测试样本中每条策略触碰样本的风险表现情况即可。分析的主要指标同样是Lift值，Lift=随机测试样本中每条策略触碰样本的Badrate/随机测试样本整体的Badrate。Lift取值通常有以下4种情况：若Lift≥5，则说明该条策略效能较好，且有收紧空间，可进一步收紧该策略；若3≤Lift<5，则说明该条策略效能尚可，可不进行调整，继续监控即可；若1.5≤Lift<3，则说明策略表现未达到预期，可对策略进行适当放松操作；若Lift<1.5，则说明策略基本无效，可对策略进行下线操作。当然，上述具体策略效果分析时Lift对应的取值是作者基于从业经验确定的，读者可结合实际情况进行调整。

本节只是以授信审批场景策略有效性验证为例介绍了如何进行随机测试，当然，其他风控场景也可以进行随机测试，只是需求没那么强而已。不同风控场景进行随机测试时要验证的内容是不同的，进行随机测试设计时，确保设计简单、合理、有效即可。相较 AB 测试，随机测试的成本要更高一些，因为随机测试期间往往会引起如通过率、支用率、逾期率等风险指标的显著变化，在进行随机测试前，要有一定的心理准备。若经过评估，随机测试的影响范围可接受，则可开始进行随机测试。

4.3 基于 Swap Set 分析新旧策略更替的影响

在贷前授信审批场景和贷中用信审批场景策略的日常调整中，通常是既做加法也做减法，即策略有上线，也有下线，若一直上线新策略而不下线效能变差的旧策略，那么整体通过率将越来越低，放贷规模越来越小，导致金融机构无钱可赚。在对新旧策略进行更替时，通常需要分析新策略较旧策略有怎样的提升以及新旧策略更替后对业务的影响，这个分析过程可以通过 Swap Set（交换集）来实现。

4.3.1 Swap Set 简介

在对新旧策略更替时，新旧策略会分别圈定相应的通过和拒绝客群，这些客群两两交叉就形成了图 4-2 所示的 Swap Set 矩阵。

		新策略			
		通过	拒绝	合计	All in
旧策略	通过	A	B	A+B	Swap in
	拒绝	C	D	C+D	Swap out
	合计	A+C	B+D	A+B+C+D	All out

● 图 4-2 新旧策略 Swap Set 矩阵

基于图 4-2 所示的 Swap Set 矩阵，新旧策略将客群划分为四个不同的子客群，不同子客群对应的含义如下。

1）All in（A）：矩阵中字母 A 对应的格子，指同时被新旧策略通过，审批状态没有变化的客群。

2）Swap in（C）：矩阵中字母 C 对应的格子，指旧策略拒绝但新策略通过的客群，即换入客群。

3）Swap out（B）：矩阵中字母 B 对应的格子，指旧策略通过但新策略拒绝的客群，即换出客群。

4）All out（D）：矩阵中字母 D 对应的格子，指同时被新旧策略拒绝，审批状态没有变化的客群。

接下来，主要基于图 4-2 所示的 Swap Set 矩阵评估新旧策略效能以及新旧策略更替后对业务指标的影响，并基于评估结果决定是否进行新旧策略更替。

4.3.2 基于 Swap Set 评估新旧策略效能

结合 Swap Set 矩阵，我们期望在通过率相同的情况下新旧策略的更替可以换入更多的好客户，换出更多的坏客户，用坏客户交换好客户，从而降低整体的坏账率，或者在坏账率相同的情况下，尽可能提升通过率，这是新策略效能优于旧策略效能的直接体现，当然，若能在提升通过率的同时降低坏账率，无疑是最好的结果。

假设我们进行了新策略挖掘和已有策略效能评估，基于分析结果要对一些新旧策略进行更替，预计要下线 9 条效能变差的旧策略，待下线的 9 条策略组成旧策略集，同时打算上线 8 条效能好的新策略，待上线的 8 条策略形成新策略集，则新旧策略集会分别圈定相应的通过和拒绝客群，这些客群两两交叉形成如图 4-3 所示的 Swap Set 矩阵。

样本量		新策略集		
		通过	拒绝	合计
旧策略集	通过	340	40	380
	拒绝	60	560	620
	合计	400	600	1000

a)

坏账量		新策略集		
		通过	拒绝	合计
旧策略集	通过	25	6	31
	拒绝	4	65	69
	合计	29	71	100

b)

通过率		新策略集		
		通过	拒绝	合计
旧策略集	通过	34%	4%	38%
	拒绝	6%	56%	62%
	合计	40%	60%	100%

c)

坏账率		新策略集		
		通过	拒绝	合计
旧策略集	通过	7.35%	15.00%	8.16%
	拒绝	6.67%	11.61%	11.13%
	合计	7.25%	11.83%	10.00%

d)

图例：All in / Swap in / Swap out / All out

• 图 4-3 新旧策略通过率和坏账率的 Swap Set 分析示例

在图 4-3c 中，旧策略集的通过率为 38%，新策略集换入 6% 的客群，换出 4% 的客群，通过率达到了 40%，通过率较旧策略集提升了 2%；图 4-3d 为数量口径的坏账率，旧策略集通过客群的坏账率约为 8.16%，新策略集换入客群的坏账率约为 6.67%，换出客群的坏账率约为 15%，新策略集最终通过客群的坏账率约为 7.25%，较旧策略集下降了约 0.91%。分析发现，新旧策略更替后，通过率提升并且坏账率下降了，说明新策略集效能是明显优于旧策略集的。

本示例只是基于 Swap Set 矩阵简单分析了新旧策略更替对通过率和数量口径坏账率的影响。因为我们进行策略更替的最终目标是希望实现利润最大化，所以，在实际进行分析的时候，往往要更复杂一些，除了分析对通过率和坏账率的影响，还可以分析新旧策略更替后支用率、收益率、金额口径的坏账率等指标的变化，进而更好地评估新策略效能和新旧策略更替对收益的影响，为策略的调优提供详细数据支持。

▶▶ 4.3.3　Swap in 客群分析指标的近似估计

在上述示例中会发现坏账率的计算存在问题，Swap in 客群和 All out 客群均为申请被拒绝的客群，实际上并无风险表现，故无法准确衡量其好坏，如何评估这两部分客群的坏账率呢？可采用以下两种近似的方式来得到相应的结果。

1）对通过了准入策略和反欺诈核身策略的客群随机抽取一部分进行随机测试（一般抽取比例在 2%~5% 之间），随机测试组的客户命中策略后只做标记但不拒绝，让这些客户正常通过，这样随机测试的客户均会有风险表现，可基于这些有风险表现的随机测试样本近似评估新旧策略效能和策略更替的影响。

2）寻找对坏客户区分度高的模型分，如模型分小于某个值，则近似认为是坏客户，大于或等于该值，则近似认为是好客户，分析 Swap in 客群和 All out 客群对应的模型分取值情况，由模型分来近似衡量上述客群的坏账率，进而近似评估新旧策略效能和策略更替的影响。

风控是经营风险和管控风险的过程，在这个过程中，我们需要在风险和收益之间寻求平衡，进而实现利润最大化的目标，而 Swap Set 分析工具有助于推动实现这个风控目标，所以灵活运用 Swap Set 工具进行风险分析是必要的。

4.4　本章小结

策略监控和策略调优是策略全生命周期管理中联系非常紧密的两个环节，策略监控主要是对已上线策略效能进行持续评价，它往往伴随着策略调优的动作。对已上线策略进行监控可以及时发现效能变差的策略，为策略调优提供数据支持。

策略全生命周期管理是一个有机的整体，主要包括策略开发、策略部署、策略监控和策略调优四个大环节，截至本章，对上述环节主要理论和实践的讲解就要告一段落了。在实际工作中，上述环节形成了一个闭环且任何一个环节都会对策略的整体效能产生比较大的影响。所以，在进行日常的策略管理过程中，只有在上述各个环节中都尽可能做到最好，才有可能真正开发和利用好策略，真正管控好风险，进而实现风控收益最大化的目标。

贷前风控策略

俗话说，良好的开端是成功的一半，而贷前是风控的开端，其重要程度不言而喻。贷前风控的好坏会对贷中、贷后甚至整体风控目标的实现产生重要影响，而贷前风控做得好不好，风控策略是关键。

5.1 贷前风控目标

贷前包括预授信、授信审批、定额、定价、人工审核等风控场景，上述风控场景中的风控决策主要通过风控策略来完成，风控策略对风控目标的实现起直接且重要的作用。贷前阶段要实现的风控目标主要有四个，具体描述如下。

(1) 精准审核申请贷款客户资质

贷前资质审核是贷款发放的基石，是防范风险、减少坏账发生的重要前提。在授信审批场景，对贷款客户进行资质审核主要从还款意愿和还款能力两个方面进行，对资质较差的客户，拒绝为其授信；对资质好的客户，同意为其授信。

(2) 对申请贷款客户进行合理定额

在对授信审批通过的客户进行定额时，若定额不合理，则可能会引起客户不用信甚至过高用信后无力偿还贷款而给金融机构带来损失，所以，为客户进行合理定额就显得很重要了。合理定额会提升客户的用信率，降低客户的逾期率，为金融机构带来较大的收益。

(3) 对申请贷款客户进行合理定价

在对授信审批通过的客户进行定价时，对客户进行精准、合理的定价非常重要，因为定价合理与否与金融机构最终的收益息息相关。例如，对利率敏感型客户的定价偏高，会导致客户不用信，定价偏低，会导致金融机构放贷后盈利减少甚至不盈利；对利率不敏感且动支意愿强的客户适当提高定价并不会影响客户的支用率，还会增加金融机构的收益。所以，为客户合理定价对提升金融机构收益至关重要。

（4）推动实现利润最大化

风控的最终目标是实现整体利润最大化，为了实现这个目标，既需要从贷前的角度来实现局部的利润最大化，又需要从全局出发，做好贷前、贷中和贷后的协同，进而共同推动实现全局的利润最大化。

为了实现贷前利润最大化，往往需要在风险可控的前提下提升放贷规模和定价。提升放贷规模可通过提升授信审批通过率和定额笔均来实现，在提升放贷规模后，势必导致风险上升和损失增加，而提高定价的方式可以用来进行风险补偿，用高定价覆盖高损失。金融机构放贷规模直接决定了收入上限，只有尽可能提升放贷规模，才有可能不断提高收入上限。在扩大放贷规模的同时，尽可能提升对客利率，才会不断增加利润空间。

为了配合实现全局最优化，贷前人员需要与贷中人员和贷后人员及时沟通，互帮互助。可以将实现全局利润最大化看作一场篮球比赛，即使个人能力再强，若不懂得团队配合，也无法取得好成绩，只有在个人能力强且懂得进行团队协作的情况下，才能获得比较好的成绩。

5.2 贷前风控数据源

在进行风控的过程中，数据对风控的作用就好比食材对厨师的作用，风控数据是风控的原材料，只有对风控数据有比较清晰的认识，才能用好数据，做好风控。

风控数据可按照数据主体，分为个人维度的数据和企业维度的数据，若客户申请的是非经营性贷款，则主要涉及个人维度的数据；若客户申请的是经营性贷款，则不但涉及个人（主要指企业主）维度的数据，而且涉及企业（申请贷款企业、申请贷款企业强关联企业等）维度的数据。风控数据主要有四个来源，分别是客户贷款时提供的数据、金融机构自身拥有的数据、征信数据和第三方数据。接下来，我们基于数据来源对风控数据进行说明。

5.2.1 客户贷款时提供的数据

在客户申请贷款时，通常需要提供一些与客户自身相关的数据，金融机构主要基于客户提供的数据进行贷款准入判断、反欺诈核身、关联其他数据源对客户资质进行审核等操作。客户申请贷款时提供的主要数据见表5-1。

表 5-1 客户贷款时提供的数据

数据主体	数据类型	数据内容	数据示例	数据应用举例
个人	基本信息	身份信息	姓名、身份证号、性别、年龄、婚姻状况、联系电话、银行卡号	1）基于客户年龄设计贷款准入规则，进行学生贷款拦截； 2）基于姓名、身份证号、联系电话、银行卡号等信息关联外部第三方数据对客户进行二要素、三要素、四要素鉴权； 3）结合学历、单位、工作年限、收入和负债等信息预测客户的还款能力； 4）利用客户身份证号、联系电话、联系人电话进行内部黑名单"撞库"，若"撞库"成功，则进行贷款拦截
		地址信息	户籍地址、居住地址	
		学历信息	小学、初中、高中、大专、本科、研究生（含硕士、博士）	
		工作信息	单位名称、单位地址、单位电话、职务、收入、所属行业	
	联系人信息	联系人信息	联系人姓名、联系人电话、与联系人的关系	
企业	基本信息	注册信息	企业名称、统一社会信用代码、注册资金、注册地址	1）基于企业统一社会信用代码关联外部企业工商信息获取企业股东、法人信息，与贷款时客户提供的法人、股东信息进行一致性校验； 2）基于贷款法人、股东信息关联外部企业工商信息获取企业统一社会信用代码和企业名称，与贷款企业、企业统一社会信用代码进行一致性校验； 3）基于股东或法人持股比例设计贷款准入规则，对持股比例较低的股东或法人进行贷款准入拦截； 4）基于企业行业信息设计贷款准入规则，对高污染、高能耗、产能过剩等行业进行贷款准入拦截
		法人和股东信息	法人、股东、持股比例	
	经营信息	经营状况	经营地址、所属行业、经营范围、收入和负债情况、纳税信息、企业水电气费用、合作企业、员工数量	

▶▶ 5.2.2 金融机构自身拥有的数据

在贷前阶段，金融机构自身拥有的可用数据相对较少，主要有放贷过程中积累的个人和企业维度的黑/灰名单数据、内部多头数据、关联关系数据等。在贷前，主要基于上述数据拦截存在黑/灰名单记录、在金融机构多头借贷、疑似欺诈的风险客群。金融机构自身拥有的数据示例见表 5-2。

表 5-2 金融机构自身拥有的数据

数据主体	数据类型	数据内容	数据示例	数据应用举例
个人	风险名单	黑/灰名单	身份证号、设备指纹、申请电话、联系人电话、IP地址等黑名单和灰名单	1）基于金融机构客户维度的黑/灰名单库进行风险客户贷款拦截； 2）基于黑/灰名单（通常包括逾期名单）并结合客户贷前各种维度的数据，开发客户贷前反欺诈、信用申请评分卡模型进行风险管控； 3）基于客户在本金融机构的近期多头申请记录拦截高风险再贷客群； 4）基于客户、设备指纹、电话（申请人和联系人电话）、GPS、IP地址等信息构建关系网络以识别欺诈团伙
个人	内部多头	内部多头	客户在金融机构申请产品数、客户在金融机构在贷产品数	
个人	关联关系	关联关系	客户、设备指纹、电话、GPS、IP地址关联关系	
企业	风险名单	黑/灰名单	企业黑名单和灰名单	与客户维度数据应用类似，此处不再举例
企业	内部多头	内部多头	企业在金融机构申请贷款产品数、企业在金额机构在贷产品数	
企业	关联关系	关联关系	企业、客户、设备指纹、电话、GPS信息关联关系	

▶▶ 5.2.3 征信数据

当前，征信数据主要由中国人民银行、百行征信、朴道征信等征信机构提供，其中人行征信数据最详细且最具有代表性。征信数据包括个人征信数据和企业征信数据。截至当前，个人征信相对成熟，数据覆盖范围比较广，而企业征信还处在起步阶段，数据覆盖范围比较窄，数据比较稀疏。征信数据包含的信息非常全面，记录了征信主体的基本信息、在所有持牌金融机构的历史借款和还款记录、担保记录、逾期记录、征信被查询记录等信息，基于征信信息能够精准预测借款人违约可能性。在风控过程中，征信数据的使用是贯穿贷前、贷中和贷后的，是核心和非常重要的数据。接下来，以人行征信为例展示征信数据包含的主要信息，具体见表5-3。

表 5-3 人行征信数据

征信主体	数据类型	数据内容	数据示例	数据应用举例
个人	基本信息	身份信息	姓名、身份证号、性别、出生日期、婚姻状况、学历、学位、就业状况、国籍、电子邮箱、通信地址、户籍地址、联系电话	1）基于客户的逾期、呆账、被追偿、涉诉等信息对高风险贷款客户进行拦截； 2）基于客户的职业信息进行学生贷款拦截； 3）基于数字解读分对高风险贷款客户进行拦截； 4）基于多头借贷信息对多头借贷风险客户进行贷款拦截； 5）基于负债信息对负债过高的高风险客户进行贷款拦截； 6）基于客户的人行信息并结合客户在金融机构的逾期信息，构建客户申请评分卡模型，对高风险贷款客户进行拦截； 7）基于构建的人行模型对客户进行风险评级，基于评级结果进行差异化风险管控； 8）基于构建的客户风险评级辅助进行定价，对高风险客户进行高定价，对低风险客户进行低定价； 9）基于客户的房贷、车贷信息推算客户的收入，辅助进行定额； 10）基于客户的人行征信记录丰富程度，识别"类白户"客群，针对这类客群，提高授信审批通过门槛
		配偶信息	姓名、证件类型、证件号码、工作单位、联系电话	
		居住信息	居住地址、住宅电话、居住状况	
		职业信息	工作单位、单位性质、单位地址、单位电话、职业、行业、职务、职称、进入本单位年份	
	信贷信息	数字解读分	客户资质综合评分	
		信贷交易信息	贷款和信用卡账户信息、交易记录	
		信贷交易违约信息	被追偿信息、呆账信息、逾期账户数、逾期金额	
		信贷交易授信与负债信息	非循环贷账户、循环额度下分账户、循环贷账户对应的账户数、授信总额、余额、最近6个月平均应还款、交易明细；贷记卡账户、准贷记卡账户对应的发卡机构数、账户数、授信总额、单家机构最高授信额、单家机构最低授信额、已有或透支额度、最近6个月平均使用或透支额度、交易明细	
	非信贷信息	非信贷交易信息	电信和自来水等业务的缴费、欠费信息	
	公共信息	公共信息	欠税记录、民事判决记录、强制执行记录、行政处罚记录、住房公积金参缴记录、低保救助记录、职业资格记录、行政奖励记录等信息	
	查询记录	查询记录信息	查询机构、查询原因、查询日期记录	

(续)

征信主体	数据类型	数据内容	数据示例	数据应用举例
企业	基本信息	身份信息	企业名称、注册地址、登记注册类型、登记注册号、登记注册日期、有效截止日期、组织机构代码	1) 对与借款有直接联系的企业进行黑名单"撞库",若关联企业在黑名单中,则对借款企业进行贷款拦截; 2) 基于企业的逾期信息对逾期企业进行贷款拦截; 3) 基于企业多头借贷信息对多头借贷高风险企业进行贷款拦截; 4) 基于企业维度的人行信息并结合企业在金融机构的逾期信息,构建企业申请评分卡模型,对高风险企业客户进行贷款拦截; 5) 基于企业的负债信息对负债过高的风险企业进行贷款拦截
		主要出资人信息	出资方名称、证件类型、证件号码、出资比例	
		高管人员信息	职务、姓名、证件类型、证件号码	
		有直接关联关系的企业信息	有担保关系的企业、母公司、子公司	
	信贷信息	负债信息	贷款、类贷款、贸易融资、保理、票据贴现、银行承兑汇票、信用证、保函等对应的负债笔数、余额、日期、不良/违约类负债笔数、不良/违约类负债金额	
		已还清债务信息	还清债务类型、笔数、金额、日期	
		对外担保信息	保证、抵押、质押笔数,保证、抵押、质押金额,担保业务中正常、不良金额	
	公共信息	公共信息	欠税信息、行政处罚信息、法院判决和执行信息、社会保险参保缴费信息、住房公积金缴费信息、获得许可信息、获取认证信息、获得资质信息、获得奖励信息、拥有专利信息、公共事业缴费信息	

5.2.4 第三方数据

在金融风控过程中,金融机构通常会引入一些第三方的风控数据(或第三方金融技术)来辅助识别贷款个人或贷款企业的风险状况,帮助金融机构进行风控决策,达到控制风险的目的。接下来,从个人和企业两个维度展示一些主要的第三方数据,具体见表5-4。

表 5-4 第三方数据

数据主体	数据类型	数据内容	数据示例	数据应用举例
个人	信息核验	人像比对（属于引入的金融技术）	人脸照片和身份证照片一致性校验	1）对贷款客户的真实性进行校验； 2）基于风险名单拦截高风险贷款客户； 3）基于欺诈数据源识别疑似欺诈客户和疑似欺诈团伙，并进行贷款拦截； 4）基于贷款客户的收入和负债信息评估客户的还款能力； 5）基于历史逾期信息对贷款风险客户进行拦截； 6）基于客户的涉诉信息对贷款风险客户进行拦截； 7）基于第三方综合评分进行高风险贷款客户拦截； 8）基于客户的第三方支付信息评估客户的还款能力，辅助进行定额； 9）基于各个维度的第三方数据构建风控子模型，基于构建的子模型进行极差贷款客户拦截； 10）基于所有第三方数据构建第三方数据融合模型，基于融合模型进行客户风险评级、高风险客户贷款拦截等
		身份证实名验证	姓名、身份证号二要素验证	
		运营商验证	姓名、身份证号、电话号码三要素验证	
		银行卡验证	姓名、身份证、手机号、银行卡号四要素验证	
		地址核验	居住地址验证、工作地址验证	
		联系人真实性验证	联系人电话号码有效性验证、联系人是否为常用联系人验证	
	风险名单	公安与司法名单	在逃、吸毒、涉毒、有前科名单，失信被执行名单，限制消费名单	
	欺诈识别	欺诈识别	疑似养卡、疑似套现、关系网络中与黑名单联系紧密程度、关系网络中欺诈团伙识别	
	司法涉诉	涉诉统计与涉诉详情	执行次数、失信次数、限高次数、限出次数、罪犯次数、前科次数、裁判文书次数、审判文书次数、违法犯罪次数、欠税欠费次数、纳税非正常户次数；裁判文书详情、执行公告详情、失信公告详情、开庭公告详情、法院公告详情、司法"查、冻、扣"详情、案件流程详情、拍卖公告详情	
	学历信息	学历信息	学历层级、毕业时间、毕业院校	
	行为画像	第三方支付画像	交易时间、交易类型、交易金额、交易笔数、交易失败信息、交易金额等级	
		电商购物画像	购物时间、商品名称、商品类型、购物金额、购物次数、消费档次和消费活跃度	
		移动设备行为	贷款类APP使用频率、使用时间、使用数量、卸载数量	
		出行行为画像	飞机、高铁、共享单车、出租车等出行时间、频率、金额	
	社保与公积金数据	社保与公积金数据	主体名称、缴费时间、缴费金额、缴费状态	
	信贷历史	信贷历史	借贷次数、借贷机构数、担保和抵押信息、还款行为信息、逾期信息	
	资产负债	资产负债	收入范围、收入稳定性、消费支出情况、房车情况、负债情况、负债收入比	
	综合评分	客户资质评分	客户欺诈评分、客户信用评分	

第 5 章 贷前风控策略

（续）

数据主体	数据类型	数据内容	数据示例	数据应用举例
企业	工商信息	工商信息	注册资本、注册时长、法人和股东信息、法人和股东变更信息、行业信息、经营范围、经营开始和截止日期、注销和吊销日期、企业评级	1）基于企业的工商信息对注册时间短、法人变更时间短的企业进行贷款拦截； 2）基于企业的涉诉信息对涉诉情况严重的企业进行贷款拦截； 3）基于企业的税务评级（如评级不为 A、B、C、M 的企业）对纳税行为不佳的企业进行贷款拦截； 4）基于企业的专利、招聘、财务信息预测企业的未来发展情况； 5）基于企业综合评分对资质差的企业进行贷款拦截； 6）基于申请贷款企业与上下游核心企业的交易数量、规模、稳定性等指标来辅助提升授信额度
	司法涉诉	司法涉诉	企业司法涉诉信息与个人司法涉诉信息内容类似，数据维度参考个人相关信息	
	招聘信息	招聘信息	招聘时间、职位类型、职位数量、薪资范围、五险一金信息	
	水电气信息	水电气信息	水电气缴费信息	
	专利信息	专利信息	专利时间、专利类型、专利数量	
	招投标信息	招投标数据	招投标时间、招投标数量、招投标行业、招标金额、中标金额	
	财税信息	财税信息	资产负债、营收利润、现金流量、纳税主体名称、纳税等级、纳税时间、纳税类型、纳税金额、纳税逾期情况、滞纳金情况	
	供应链信息	供应链上下游企业信息	上下游交易企业是否包含核心企业（如央企、国企、优秀民企）、交易核心企业数量、与核心企业的交易规模、与核心企业的交易稳定性、交易核心企业评级	
	舆情信息	舆情信息	事件类型、事件时间、事件扩散速度、事件影响、事件处理情况、事件后续发展	
	综合评分	企业资质评分	企业欺诈评分、企业信用评分、企业成长性评分	

上面按数据来源对一些主要的贷前风控数据进行了说明，注意，贷前风控过程中使用的风控数据源不限于上述罗列的数据源。在进行风控的过程中，不但会使用单一维度的数据源进行风控，而且常常将不同的数据源进行融合以构建融合模型。

5.3 贷前风控模型体系和模型在策略中的应用

风控过程中需要开发的模型主要包括分类模型、回归模型和聚类模型，这些模型主要是为了解决目标明确的特定问题而构建的。在构建分类模型的过程中，常采用决策树、逻辑斯谛回归、随机森林、GBDT、XGBoost、LightGBM 等有监督机器学习算法，通过对成千上万个风控变量进行降维和组合，最终输出针对不同类别的预测概率，为了应用方便，通常会基于特定公式将概率值转换为风险评分；在构建回归模型的过程中，常采用简单线性回归、多元线性回归、岭回归、Lasso 回归、指数回归等机器学习算法，通过一些自变量，预测因变量的取值，最终输出结果为具体的预测值；在构建聚类模型的过程中，常用的算法有 K-means、DBSCAN、谱聚类、Louvain 等机器学习算法，这些算法通常会将相似的或者联系紧密的样本划分到同一类别或同一群体中，聚类的结果将产生一组集合，同一集合中的对象彼此相似，不同集合中的对象彼此相异。

风控模型的全生命周期管理与风控策略类似，包括模型开发、模型部署、模型监控和模型调优内容（见图 5-1），上述内容构成了风控模型全生命周期管理的闭环。因为风控模型的全生命周期管理不是本书的重点内容，所以本节仅做说明，不进行深入探讨。

● 图 5-1　风控模型全生命周期管理

贷前风控模型体系主要由信用模型体系和反欺诈模型体系构成，信用模型体系侧重对客户还款能力的评估，反欺诈模型体系侧重对客户还款意愿的评估。风控模型最终产出的结果通常为模型分、具体的预测值、具体的标签值等，这些模型结果只有被风控策略运用才能体现其价值，风控策略通过使用这些模型结果在大大降低策略复杂度的前提下可以更加快速、准确地做出决策，加快实现风控目标。

图 5-2 展示了贷前风控模型体系中比较常见的一些模型，可以看到，模型类别其实并不多。在很多金融机构中，风控人员动辄就会说开发了数百个模型，其实，整个风控过程中涉及的模型类别最多几十个，几百个模型是怎么来的呢？答案是在某些模型类别下开发了很多子模型，基于开发的子模型又做了一些融合模型，所以模型数量就上来了。以贷前申请评分卡模型为例，在实操过程中，若针对全量客群只开发一个通用的申请评分卡模型往往是满足不了使用需求的，因为开发的通用模型在不同类别的客群上的效果可能会有显著差异。因此，通常会分产品、渠道、客群、数据源等分别开发子模型，这样一个类别的模型在精细化开发后，可能就有数十个子模型了。在开发了这么多子模型后，如何应用它们呢？子模型既可以在审批策略中被用来对极差客户进行拒绝，又可以被用作自变量来构建融合模型，以便进行风险管控，这样不但可以最大程度地利用已有的数据信息，而且可以通过精细化建模实现精准风控，提升风控的有效性。

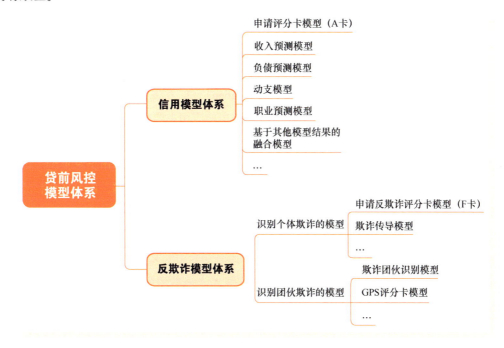

● 图 5-2 贷前风控模型体系

5.3.1 信用模型体系和模型在策略中的应用

在贷前信用模型体系中，常见的模型有申请评分卡模型、收入预测模型、负债预测模型、动支模型、职业预测模型、融合模型等，其中融合模型比较特殊，它通常是指将已有的各种模型结果作为自变量进行模型的二次拟合而得到的模型。

在贷前，申请评分卡模型、收入预测模型、动支模型、融合模型的应用比较广泛。接下来，我们对这些模型和模型在策略中的应用进行重点说明。

(1) 申请评分卡模型

申请评分卡（Application Score Card）模型，即我们常说的 A 卡，主要为基于客户授信申请时点前一段时间的相关风控数据构建的模型，用来预测客户未来一段时间内违约的可能性。A 卡的目标变量通常基于客户表现期内逾期严重性来确定，表现期内逾期超过一定的天数为"坏"，未逾期或者逾期程度较轻为"好"。A 卡的最终输出结果通常为模型分，模型分越低，客户资质越差；模型分越高，客户资质越好。

需要说明的是，在构建 A 卡时，通常会选取授信申请通过且支用，并且有一定风险表现的样本来建模，在建模完成后，会在全量申请样本上应用该模型。因为建模样本的分布和模型应用样本的分布不一致，所以可能会导致模型在全量申请样本上有偏差。因此，为了优化 A 卡，就不得不提到拒绝推断等建模方法，即把授信申请拒绝的样本进行一定的处理后纳入建模样本范畴用来构建 A 卡，但受限于试错成本等，基于拒绝推断等方法构建 A 卡并未得到广泛应用。常用的拒绝推断方法有模糊展开法（Fuzzy Augmentation）、扩大法（Augmentation）、分包或者赋值法（Parceling）等。申请评分卡模型在贷前策略中的应用主要有以下两种情况。

1) 在授信审批场景，它作为一条策略拦截高风险进件客群。在应用模型分前，通常会基于单维度策略分析方法为模型分找到合适的切分点，切分点及以下的授信申请被拒绝，切分点以上的授信申请被通过。在少数情况下，若模型分不适合开发单维度策略，则可能会和其他变量一起构建多维度策略，以便进行风险拦截。

2) 在定额和定价场景，它辅助进行定额和定价。通常来讲，A 卡模型分在识别风险时应该是单调且有序的，即对 A 卡模型分分箱后，低分段分箱对应的客群的违约率高，高分段分箱对应的客群的违约率低。在定额场景，通常会为不同 A 卡分数段的客户设置对应的风险系数（风险系数通常为该分数段 Lift 值的导数，即风险系数=全量客群的违约率/该分数段客群的违约率，A 卡模型分对应分箱的分数越高，风险系数值越大），在确定客户的基础额度后，通常会再用基础额度与风险系数的乘积对客户的授信额度进行修正；在定价场景，通常会给予高分数段分箱客群低定价，给予低分数段分箱客群高定价。

(2) 收入预测模型

收入预测模型主要基于客户授信申请时点前一段时间的公积金数据、社保数据、房贷数据、车贷数据、消费数据、税务数据等的一种或几种数据构建模型，用来预测客户的收入（若是非经营类信贷产品，则主要预测的是申请人的收入；若是经营类信贷产品，则主要预测的是企业的收入），在完成对客户收入的预测后，最终输出结果可以是收入预测值，也可以是收入预测区间。在预测客户收入时，可以利用多元线性回归等算法进行预测，也可以直接基于业务逻辑进行预测，例如，若知晓个人客户的公积金缴纳金额，则可基于公积金缴纳比例推算客户的收入，又如，若知晓企业纳税金额和税率，则可推算企业收入等。在完成收入预测模型开发后，该模型在贷前策略中的应用主要有以下两种情况。

1）基于客户的收入范围设计差异化的授信审批策略。通常，高收入客群还款能力较强，风险相对较低，在进行授信审批时，可适当提高高收入客群的审批通过率，扩大此类客群的放贷规模。

2）在定额场景，可基于客户的收入预测值确定客户的基础额度。通常来讲，客户的收入越高，给予的基础额度越高；客户的收入越低，给予的基础额度越低。假如我们预测一个客户的月收入是 10 万元，若基础额度只有 5000 元，则显然是不合理的，客户会感觉到被轻视，从而出现授信审批通过后不支用的情况。所以，基于客户的收入给予客户合适的基础额度是非常重要和必要的。

（3）动支模型

动支模型主要是基于客户授信申请时点前一段时间的相关风控数据构建的模型，用来预测客户授信通过后短时间内发生支用的概率，即预测客户的资金"饥渴"程度。动支模型的建模样本为授信申请通过的样本，目标变量基于授信通过一段时间内（如 7 天）是否发生支用确定，模型最终输出结果为动支模型分，模型分越低，表示客户动支意愿越弱，模型分越高，表示客户动支意愿越强。

动支模型主要在定价策略中使用。通常来讲，对于动支模型分较高的客户，可适当给予偏高的定价，因为客户资金"饥渴"程度较高，高定价对客户的支用影响不大；动支模型分较低的客户通常对定价比较敏感，可适当给予偏低的定价，以促使客户支用。

（4）融合模型

在实际生产中，贷前融合模型主要是指基于已有的多个模型结果构建的申请评分卡模型，即融合模型的入模变量是其他模型的输出结果。在正常建模时，以逻辑斯谛回归算法为例，一个模型的入模变量往往在 10 个左右，且入模变量所属的数据维度往往也不多。在建模时，很多维度的数据信息未被使用，这样构建的模型通常会有两个缺点：一是模型使用的少数几个变量若出现较大的波动，则模型结果通常也会出现较大的波动，不够稳定；二是模型使用的数据维度不多，包含的数据信息较少，可能会导致模型结果相对来讲不是很精准。在构建融合模型时，使用的是多个模型的结果，这些模型中的每一个通常都涵盖了多个维度的数据信息，最终构建的融合模型使用的数据维度和变量会比较多，若只有某几个变量出现较大的波动，则对整体模型结果影响不会特别大，所以，融合模型的结果相对综合、稳定。同时，因为融合模型使用的数据信息更加全面，所以最终的模型效果通常会更好。

融合模型的建模方法与 A 卡类似，主要的不同点在于建模使用的变量有所不同。在完成融合模型开发后，该模型在策略中的应用与 A 卡基本上是一样的，具体可参考 A 卡在策略中的应用。

5.3.2 反欺诈模型体系和模型在策略中的应用

反欺诈模型体系主要包括识别个体欺诈和识别团伙欺诈的两类模型。在贷前，常用的识别个体欺诈的模型主要有申请反欺诈评分卡模型、欺诈传导模型等，识别团伙欺诈的模型主要有欺诈团伙识别模型、GPS 评分卡模型等。接下来对上述模型进行简单说明。

（1）申请反欺诈评分卡模型

申请反欺诈评分卡模型即我们常说的 F 卡，该模型主要基于客户授信申请时点前一段时间的关联关系数据（如同一客户近一段时间关联设备"指纹"数、关联申请电话数等）、行为异常数据（如 GPS 短时间跳转距离较远）等构建，用来预测客户欺诈的可能性。申请反欺诈评分卡模型的目标变量通常为是否欺诈（若坏样本较少，则目标变量可基于首逾信息确定），模型结果通常以欺诈评分的形式输出，模型分越低，欺诈可能性越低，模型分越高，欺诈可能性越高。

申请反欺诈评分卡模型主要在授信审批策略中作为审批规则使用，审批规则的阈值可使用单维度策略分析方法进行确定，在应用规则时，通常，某个阈值以上的进件被拒绝，阈值及以下的进件被通过。

（2）欺诈传导模型

欺诈传导模型属于图模型，该模型是基于"物以类聚，人以群分"的原理设计的。在构建欺诈传导模型时，通常是先基于客户与客户的联系（如联系人电话一致、互为联系人等）构建社交网络，该社交网络通常只有客户 ID 这一个节点，再基于社交网络中的欺诈节点推断与欺诈节点联系紧密的节点的欺诈可能性。在构建本模型时，主要使用的是节点协同分类算法（在 8.3.4 节会简单讲述该算法的实现过程，并展示实现该算法的 Python 代码），通常要用到截至某个时点的所有客户关联关系数据和客户欺诈标签数据。欺诈传导模型构建完成后能够预测当前社交网络中已有的未确定欺诈的客户的欺诈概率。

在具体使用欺诈传导模型时，通常是将欺诈可能性比较大的客户加入欺诈黑名单，在授信审批策略中对这些客户进行准入拦截。需要注意的是，因为客户之间的关系和欺诈节点更新较快，所以该模型通常需要频繁迭代，以便更好地进行风险管控。

（3）欺诈团伙识别模型

欺诈团伙识别模型也属于图模型，该模型与欺诈传导模型类似，只不过在构建完社交网络后，该模型主要识别的是欺诈团伙。在构建欺诈团伙识别模型时，常用的是 Louvain 算法（第 8 章会专门讲述 Louvain 算法原理并基于 Louvain 算法进行欺诈团伙识别案例实践），该算法主要基于客户节点、设备"指纹"节点、电话节点等构建社交网络，在社交网络构建完成后，基于模块度指标将构建的大网络切分成一个个小的"社区"，若某个社区中欺诈节点占比较大，则认为该"社区"为欺诈团伙的可能性较大。

在具体使用该模型时，通常是将疑似欺诈"社区"中涉及的节点加入欺诈黑名单，在授信审批策略中对这些客户进行准入拦截。与欺诈传导模型类似，欺诈团伙识别模型也需要经常进行迭代，以便更好地识别欺诈团伙。

（4）GPS 评分卡模型

GPS 评分卡模型主要用来识别具有地域集中度的欺诈团伙，该模型以 GPS 点为单位对观察点（通常为切面时间点）前一段时间授信申请客户的信息进行整合，基于整合后的信息构建模型，模型的目标变量可基于该 GPS 点表现期内的欺诈率或首逾率来确定，欺诈率或首逾率超过某个阈值，则为坏，小于或等于该阈值则为好，模型最终输出的结果为 GPS 点对应的模型分，模型分越低，该 GPS 点越可能存在团伙欺诈，模型分越高，该 GPS 点越正常。

在正常情况下，客户的 GPS 点信息精度很高，经度和纬度通常精确到小数点后很多位，若直接用获取的 GPS 点进行信息汇总，那么加工的变量通常是很稀疏的，基本上无法用来建模。如何对这些 GPS 点进行处理呢？很简单，如可将经度和纬度分别截取至小数点后 3 位，然后拼接在一起，则可将方圆数百米的授信申请客户归集在同一 GPS 点上，然后就可以对同一 GPS 点上的申请客户信息进行汇总，并进行变量衍生和建模了。在进行建模时，为了确保建模样本的有效性，通常选取近一段时间内授信通过且用信的客户数大于某一阈值（如大于 20）的 GPS 点进行建模，因为如果一个 GPS 点在近一段时间内只授信申请通过且用信了极少（如 1 个）的客户，这个 GPS 点就是无效的样本，基于该 GPS 点建模时很难挖掘出欺诈团伙。

待 GPS 评分卡模型构建完成后，主要基于模型结果设计准入规则，对欺诈评分小于或等于某个阈值的 GPS 点进件进行拦截，让欺诈评分大于该阈值的 GPS 点进件通过。

▶▶ 5.3.3 如何在贷中应用贷前模型

在贷前，我们会开发很多模型，这些模型只能在贷前风控场景使用吗？当然不是，在贷中，同样可以使用贷前开发的模型进行风险管控。以贷前申请评分卡模型为例，在模型开发完成后，我们通常基于客户授信申请时点前一段时间的行为数据对客户进行评分，然后基于评分结果对客户进行风险管控，此时，模型分的观察点是授信申请时点，假如现在观察点变了，变为用信申请时点，我们基于客户用信申请时点前一段时间的行为数据使用贷前申请评分卡模型对客户进行评分，模型没有变，模型分的观察点变了，但是基于不同观察点的模型分仍然是有效和可用的。

在贷中，尤其是对于一些循环额度类产品，贷前的大多数模型其实都是可用的。在应用模型的时候，模型的观察点变了，观察点对应的客户的行为数据也变了，但是基于最新的数据得到的模型结果对目标客户的识别仍然是有效的。通过贷前和贷中的联动，将已经开发好且有效的贷前模型在贷中应用，可降低模型重新开发的成本，提升模型使用效能，更快、更好地进行风险管控。

5.4 贷前策略审批流程和统一额度管理

贷前包含了多个风控场景，这些风控场景的策略在执行时是否存在先后顺序呢？在贷前，除上述主要的风控场景，还有没有需要重点注意的事项呢？本节主要回答上述两个问题。

5.4.1 贷前策略审批流程

贷前策略审批流程比较简单且有先后顺序。在之前的章节中讲过，并不是所有的信贷产品都有预授信和人工核场景，如果有预授信场景，则贷前策略审批流程如图 5-3 所示。进行授信申请的客户可能来自预授信营销（基于预授信策略对客户进行营销，客户被营销成功后进行授信申请），也可能来自非预授信营销。另外，在贷前策略审批流程中，通常大额信贷类产品才涉及人工审核场景，人工审核场景本应归属于授信审批场景，但是人工审核策略在执行时可能用到定额（如定额大于 30 万必须进入人工审核）和定价信息，所以往往在最后执行。

- 图 5-3　有预授信场景的贷前策略审批流程

若项目无预授信场景，则贷前策略审批流程如图 5-4 所示。若项目不涉及人工审核场景，

- 图 5-4　无预授信场景的贷前策略审批流程

则不需要人工审核策略。

基于上述两种贷前策略审批流程可知，贷前必不可少的策略为授信审批策略、定额策略、定价策略，它们是贷前策略的核心，需要重点关注。

5.4.2 统一额度管理

在整个风控过程中，统一额度管理是需要重点关注的事项。进行统一额度管理既是金融机构进行客户额度风险管控的需要，又是满足监管要求进行合规经营的前提。统一额度管理即客户额度生命周期的管理，如图 5-5 所示，它主要包括额度生成、额度占用和释放、额度冻结和解冻、额度清退和失效、额度有效期延长这一系列额度管理动作。

● 图 5-5 统一额度管理

统一额度管理贯穿整个风控过程，因贷前最早涉及统一额度管理，故统一额度管理内容放在贷前来讲述。在金融机构为客户首次授信时，会先从客户维度给予客户一个总授信额度 A，再从产品维度对总授信额度进行拆分，如给予所有非经营类信贷产品一个总授信额度上限 B，给予所有经营类信贷产品一个总授信额度上限 C，$A=B+C$，后续即使客户在该金融机构的多个信贷产品有授信，所有处于有效期的授信额度加起来也不能突破总授信额度 A 的限制，不同产品类别下总授信额度不能突破 B 或 C 的限制。通过对客户的总授信额度进行管控，可以避免为客户进行过度授信，过度授信会导致客户借款后无力偿还，会给金融机构造成较大的损失。在贷前对客户进行授信后，对客户的额度管理是一个持续的动态过程，会随着客户风险变化对客户采取不同的额度管理动作；在贷中，若监测到客户风险升高，则可对客户进行用信拒绝、降额、额度冻结、额度清退等动作，若客户风险持续较低，则可对客户进行用信通过（但是，客户本次用信金额与在贷余额之和不能超过客户总授信额度 A，客户本次用信金额与该类产品项下的在贷余额之和也不能超过客户在该类产品项下的总授信额度 B 或 C）、提额、延长额度有效期等动作；在贷后，对于已经逾期的客户，通常会采取冻结客户在金融机构所有产品项下的额度的操作。

统一额度管理涉及的风控场景有预授信、授信审批、定额、调额、额度冻结和额度清退、续授信等，在基于这些风控场景进行风险管控时，需要注意客户的统一额度管理，避免不合理操作带来较大的信用风险和合规风险。

统一额度管理是一个很大的课题，金融机构在对客户进行统一额度管理时通常会开发统一额度管理系统，借助系统对客户进行统一额度管理，系统的设计和开发工作不是本书重点讲述的内容，有兴趣的读者可自行研究。

5.5 预授信策略

预授信是指金融机构基于自身拥有的客户相关风控数据，筛选风险相对较低的客户并给予这些客户相对虚高的额度和偏低的定价，基于初步给予的额度和定价进行贷款营销，吸引客户申请贷款的操作。若客户在预授信营销后申请贷款，则是否能够申请通过、申请通过后给予多少额度和定价，要以实际审批结果为准。

在对客户进行预授信的过程中，涉及预授信策略的开发。预授信策略主要包括三部分内容：①优质客户筛选；②对筛选的优质客户进行定额；③对筛选的优质客户进行定价。在开发预授信策略时，通常不要求很精准，策略有业务解释性且能满足业务需求即可，所以，预授信策略往往比较简单，可以认为是授信审批策略、定额和定价策略的缩减版。预授信策略的开发可参考授信审批策略、定额策略和定价策略相关章节。

5.6 授信审批策略

授信审批是贷前进行风险管控时的一个重要风控场景。授信审批的主要目的是审核进件客户资质，从中识别出资质差的客户并拒绝其授信申请，对于识别出的资质相对较好的客户，通过其授信申请。授信审批主要是基于授信审批策略来完成的，授信审批策略开发得好，则新客的逾期率（新客对应的借据中有一笔发生了逾期，则认为新客逾期）会比较低；授信审批策略开发得差，则老客的逾期率（老客对应的借据中有一笔发生了逾期，则认为老客逾期）会比较高。通常将授信成功时间小于或等于 30 天的客户定义为新客，将授信成功时间大于 30 天的客户定义为老客，也就是说，一个客户的授信申请通过没多久，他就是新客，过了一段时间后，他就变为了老客。若客户在授信成功 30 天以内用信，那么，因为客户用信时间距授信审批时间较短，且客户的人行征信等数据通常变动较小，客户用信的时候触发贷中用信审批策略的概率极小，所以新客的风险表现与授信审批策略相关性更大；若客户在授信成功 30 天以后用信，那么，因为客户用信时间距授信审批时间相对较长，客户的人行征信等数据这时可能已经发生了一些变化，加之在客户用信的时候，贷中用信审批策略对识别好坏客户起更大的作用，所以老客的风险表现与贷中用信审批策略相关性更大。

在基于授信审批策略对客户资质进行审核的时候，根据客户申请的信贷产品的不同，主要分为以下两种情况。

1）对于非经营类贷款，主要从还款意愿和还款能力两个维度审核借款人的资质，若借款人资质较差，则认为借款人借款后逾期的概率较大，通常会拒绝借款人的授信申请。

2）对于经营类贷款，不但需要审核企业的资质，而且需要审核企业主的资质。对企业的审核主要包括审核企业以及与企业存在关联关系的企业的经营状况、收入和负债结构、工商信息、涉诉信息、被执行信息等；对企业主的审核与非经营类贷款对借款人的审核类似。在上述审核中，任一审核存在问题，通常都会拒绝客户的授信申请。

5.6.1 授信审批策略决策流

授信审批策略决策流由反欺诈策略和信用策略构成。在设计授信审批策略决策流时，需要考虑策略部署轮次、策略串行或并行执行、策略规则编码等事项，这些内容已经讲过，不再赘述。

图 5-6 是一个简单的授信审批策略决策流示意图，该决策流由五个规则集（也可以看成五个轮次）组成并串行执行，先执行反欺诈相关规则集，再执行信用相关规则集。在策略执行过程中，若某一规则集拒绝客户的授信申请，则决策流终止，同时客户的授信申请结束；若客户

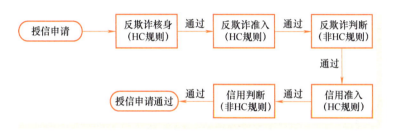

● 图 5-6 授信审批策略决策流

的授信申请未被规则集拒绝，则会依次执行完所有规则集，授信申请通过的客户会进入定额和定价环节。

在授信审批策略决策流中，规则集主要包括 HC 规则（Hard-Check 类规则，可以认为是硬规则，强制拒绝类规则）和判断类规则（可以认为是软规则，即决策阈值可调整的规则）。接下来对反欺诈核身、反欺诈准入、反欺诈判断、信用准入、信用判断的规则集的内容进行说明。

（1）反欺诈核身

反欺诈核身主要是对授信申请客户的身份真实性进行验证，防止出现虚假申请的情况，主要验证内容如下。

1）对于非经营类贷款，反欺诈核身主要是核实授信申请客户身份的真实性，主要包括对授信申请客户的二要素验证（姓名、身份证号二者是否相符）、三要素验证（姓名、身份证号、手机号或者姓名、身份证号、银行卡号三者是否相符）、四要素验证（姓名、身份证号、银行卡号、手机号四者是否相符）、证件有效期验证、联系人真实性验证等内容。

2）对于经营类贷款，反欺诈核身既要核实企业的真实性，又要核实企业主的真实性。对企业真实性的核实主要依赖工商数据，如核实企业的成立年限、企业是否存续、企业经营期限是否到期等；对企业主真实性的核实与非经营类贷款中核实客户真实性所用的策略基本上是一样的。最后，还得核实企业主与企业间的关联关系是否匹配，如核实企业主对企业的持股比例等内容。

（2）反欺诈准入

反欺诈准入主要是通过一些比较确定的欺诈类硬性规则拒绝客户的授信申请，具体描述如下。

1）对于非经营类贷款，反欺诈准入主要包括欺诈名单（黑名单、失信、老赖、限高、涉诉、犯罪、被执行等）准入、欺诈地区准入、欺诈设备准入、欺诈手机号准入等。

2）对于经营类贷款，仍然从企业和企业主两个维度设计反欺诈准入策略。企业维度涉及的反欺诈准入策略主要包括企业欺诈黑名单准入、企业涉诉准入、企业被执行准入等；企业主维度涉及的反欺诈准入策略与非经营类贷款中客户反欺诈准入规则大同小异。

（3）反欺诈判断

反欺诈判断主要是设置一些阈值可调整的规则，动态识别欺诈嫌疑较大的授信申请客户，并对这些客户进行授信申请拦截。

1）对于非经营类贷款，涉及的主要规则为一些关联关系类的规则和个人反欺诈模型评分规则，如同一申请人关联到的申请设备数过多、同一申请人关联到的申请电话数过多、同一申请人关联到的 IP 地址过多、同一申请人关联到的联系人电话过多、同一申请设备关联到的申请人过多、同一 GPS 短时间关联到的申请人过多、同一申请人关联到的客户中欺诈客户占比较高、个人反欺诈模型评分过高等。反欺诈判断规则就是通过量化的方式识别并拦截潜在的欺诈风险，防止出现个体或团伙欺诈。

2）对于经营类贷款，既包括对企业欺诈风险的判断规则，又包括对企业主欺诈风险的判断规则。对企业欺诈风险的判断规则主要包括企业关联关系类的规则和企业反欺诈模型评分规则，如同一申请企业关联到的申请人数过多、同一申请企业关联到的欺诈企业数过多、企业反欺诈模型评分过高等；对企业主欺诈风险的判断规则与非经营类贷款中授信申请客户的欺诈风险判断规则出入不大，不再赘述。

（4）信用准入

信用准入主要是基于风险政策或其他信用风险硬规则对不符合要求的授信申请客户进行拦截。

1）对于非经营类贷款，信用准入类规则主要包括学生授信申请拦截、风险职业/行业授信申请拦截、信用风险名单（呆账、存在催收账户、五级分类异常等）授信申请拦截等。

2）对于经营类贷款，仍然从企业和企业主两个维度设计信用准入策略。企业相关的信用准入规则主要包括风险行业（如"两高一剩"行业，"两高"指高污染、高能耗资源性行业；"一剩"即产能过剩行业，主要包括钢铁、造纸、电解铝、平板玻璃等行业）准入拦截、企业经营年限过短拦截、企业当前存在逾期贷款拦截等；企业主相关的信用准入规则中，除了如企业主持股比例过低拦截规则、企业主变更时间过短拦截规则，其他相关规则与非经营类贷款中客户的信用准入规则大同小异。

（5）信用判断

信用判断规则与反欺诈判断规则类似，都是设置一些阈值可调整的规则，动态识别风险较高的授信申请客户，主要区别是使用的数据维度不一致。信用判断类规则主要使用与信用风险相关性较高的数据或者信用模型评分进行信用风险识别和拦截。

1）对于非经营类贷款，信用判断涉及的主要规则包括近期申请贷款机构数过多、近期被金融机构查询次数过多、负债收入比过高、信用卡额度使用率高、近期担保次数多、短期风险 APP 使用或卸载次数多、信用模型评分过低等，若客户有上述情况出现，则通常表示其信用风险比较高。

2）对于经营类贷款，包括针对企业的信用判断规则和针对企业主的信用判断规则。针对企业的信用判断规则主要包括企业近期申请贷款次数过多、企业近期担保次数多、企业负债规模过高、企业增值税纳税环比下降幅度较大、企业进项开票金额环比下降幅度较大、企业纳税逾期次数多、企业近期纳税 0 申报次数过多等；针对企业主的信用判断规则可参考非经营类贷款中客户的信用判断规则。

5.6.2 授信审批策略类型

授信审批策略有规则主导型和模型主导型两类。在当下，大多数金融机构都倾向模型主导型的授信审批策略。

（1）规则主导型的授信审批策略

授信审批策略由一系列规则组成，这些规则可能达到数百条。规则主导型的授信审批策略是指授信审批策略集中绝大多数非 HC 规则主要由单变量或者多个组合变量构成，这些规则数量往往较大，维护和调整相对复杂，耗时耗力。如何降低策略的复杂程度和维护成本，提高风控效率呢？这就不得不提到模型主导型的授信审批策略。

在项目冷启动阶段，授信审批策略是规则主导型的，策略集往往由数百条规则组成，但是，随着项目的开展，样本的积累，会逐渐开发风控模型，基于开发的风控模型来设计授信审批规则，替换掉效能偏差的规则或与模型相关性高的规则。当数十上百条非 HC 规则被少数模型规则（最多往往数十个）替代且项目风险可控的时候，授信审批策略就变成了模型主导型。

（2）模型主导型的授信审批策略

模型主导型的授信审批策略通常不会很复杂，除 HC 规则以外，非 HC 规则主要由少数模型规则构成，规则集简单明了。

一个风控模型通常是综合了多个风控变量的信息形成的，能较好地识别风险客户和优质客户，但是，在开发模型的过程中，往往需要衍生成千上万个风控变量，只有衍生的变量足够多且有效，才能开发出效果好的模型。若一个模型效果较好，则基于该模型开发的规则往往会替换掉多条基于变量开发的规则。

在授信审批策略或其他策略中，在风险可控的前提下，策略越简单越好，所以，在条件允许的情况下，建议开发足够多且有效的风控模型，基于风控模型进行风控策略设计和决策，降低风控策略复杂度，提升风控效率。

5.6.3 授信审批策略的开发、部署、监控和调优

授信审批策略由单维度策略和多维度策略构成，单维度策略和多维度策略的全生命周期管理均包括授信审批策略的开发、部署、监控和调优，上述流程在第 2~4 章均有讲解，也附有相关案例，本节不再赘述。

5.7 定额策略

定额是对授信审批通过的客户给予合适授信额度的过程。如何定额、定多少额度是由定额策略来决定的。定额的多少与客户未来的动支情况、逾期情况和最终的收益情况息息相关，若定额达不到客户预期，则可能会导致客户不使用额度；若定额过高，则可能会导致客户过度使用额度而无力偿还借款，以致产生逾期。上述情况最终都会影响金融机构的最终收益，所以，为客户合理定额显得尤为重要。

5.7.1 定额策略的开发、部署、监控和调优

定额策略的全生命周期管理同样由开发、部署、监控和调优构成。定额策略属于多维度策略中相对复杂的，在定额时，要综合分析多个维度的客户信息，基于分析结果给予客户合理的授信额度。在实际生产中，定额策略上线后的效果到底怎么样，其实很多策略开发人员心里是没底的，建议采取 AB 测试的方法同时上线两套定额策略，在比较其优劣后，选择最优的定额策略进行决策。

（1）定额策略开发

很多刚开始开发风控策略的人会觉得定额策略的开发比较困难。其实定额策略的开发并没有想象中的困难，它是有固定格式的，在掌握策略的格式后，定额策略的开发就变得很简单了。在一般情况下，无论是非经营类贷款，还是经营类贷款，客户的定额策略通常由五部分内容组成，在分析完成这五部分内容后，即可完成定额策略最终结果的输出，即输出客户最终授信额度和授信有效期。在定额策略开发的过程中，涉及的需要分析的五部分内容如下。

1）确定托底额度和盖帽额度。托底额度和盖帽额度分别表示客户可授信的最低额度与最高额度，至于定多少合适，要结合产品信息和同业竞品授信额度水平决定。

2）确定基础额度。基础额度的确定与获取的数据有关，获取的数据不同，确定基础额度的方法不同。若能获取客户的收入和负债数据，则通常用收入减去负债后的金额表示客户的还款能力，该金额越大，客户可被给予的基础额度越大；若无法获取客户的收入和负债数据，则通常将同业竞品的平均授信额度或者基于业务情况确定的某个额度值作为客户的基础额度。

3）基于客户风险评级确定风险系数。风险系数是指基于客户的风险评级（通常基于申请评分卡模型对客户进行风险评级）得到的对基础额度进行调整的系数。风险系数可以有一个，也可以有多个，但建议最多不超过三个，因为风险系数太多会导致定额策略比较复杂，分析起

来会很困难。基于风险系数，可对基础额度进行调整，即调高或者调低基础额度。

4）计算最终授信额度。最终授信额度即客户最终可被给予的授信额度，该额度通常由托底额度、盖帽额度、基础额度、风险系数等构成，最终授信额度＝min[max（基础额度×风险系数1×风险系数2×⋯×风险系数 N，托底额度），盖帽额度]，N 为正整数。需要注意的是，在实际生产中，为了分析方便和增强客户的金融服务体验，最终授信额度通常取值为 100 或 1000 的整数倍。

5）确定授信有效期。授信有效期即给予客户授信额度的有效使用时间，在非授信有效期内，授信额度是不能使用的。对于单笔单贷类信贷产品，授信有效期通常较短，往往不超过一个月；对于循环额度类信贷产品，授信有效期相对较长，通常不少于半年，不超过五年。

（2）定额策略部署

在完成定额策略的开发后，需要将开发的定额策略部署到决策引擎进行风险决策。定额策略的部署其实就是将定额策略文档写清楚并提交给策略部署团队进行策略部署的过程，具体可参考第 3 章中策略部署相关内容。

（3）定额策略监控

定额策略监控即对线上进行决策的定额策略的效能进行监控的过程，若在监控的过程中发现异常，则需要及时采取相应的措施进行应对。

定额策略的监控分为微观层面的监控和宏观层面的监控。微观层面的监控主要监控授信笔均、授信额度分布、用信率（人数口径）、支用率（金额口径）等指标有没有出现异常波动，不同额度区间对应的逾期率有没有出现与认知相悖的情况，如高额度客群逾期率高，低额度客群逾期率低等。若出现上述问题，则通常需要进行原因分析，必要时，需要优化或者重构现有的额度策略。宏观层面的监控主要监控项目在贷规模有没有发生显著变化，若变化较为明显，则需要评估是否可以调整定额策略以影响项目在贷规模等。

（4）定额策略调优

定额策略调优与定额策略监控联系非常紧密，定额策略的调优往往是基于定额策略的监控结果进行的，具体调优主要包括优化现有定额策略（降低或者提高授信笔均等）、重构现有定额策略等，至于最终如何调整，要结合真实情况确定。

▶▶ 5.7.2 案例实践：基于客户风险评级的定额策略

在开发定额策略时，精准确定客户的基础额度是一个关键步骤，通常会基于客户的收入和负债信息确定客户的基础额度，但是，如果无法获取客户的收入和负债信息该怎么办呢？对于小额（授信额度通常不超过 10 万元）信贷类产品，可基于业务情况或同业竞品信息确定一个通用的基础额度（如所有客户的基础额度均为 1 万元），然后以此来进行定额策略的开发，这样确定的基础额度通常不够精准，但因为是小额信贷产品，所以通常影响不会太大；对于大额信贷类产品，务必获取客户的收入和负债信息，否则无法为客户进行有效定额。

假设现在需要对一款个人小额信贷产品（如个人现金贷）开发定额策略，但是当前无法获取客户的收入和负债信息，只有产品相关信息和客户的风险评级（基于风险模型分对客户进行分层后获取的风险评级）信息可以使用，如何基于这些已有的信息开发定额策略呢？答案很简单，套用上文提到的定额策略开发固定格式进行分析即可，具体分析步骤如下。

（1）确定托底额度和盖帽额度

托底额度和盖帽额度主要基于产品信息确定，如该个人小额信贷产品规定的授信额度区间为不低于 1000 元且不超过 10 万元，则托底额度的取值可定为 1000 元，盖帽额度的取值可定为 10 万元。

（2）确定基础额度

在正常确定客户的基础额度时，通常是结合每个客户的收入和负债情况给予不同客户不同的基础额度，但是当前无法获取客户的收入和负债信息，则可将预期的该信贷产品的平均授信额度作为所有客户的基础额度来使用。如何确定该信贷产品的平均授信额度呢？可以参考同业竞品的平均授信额度，也可以基于业务情况确定一个基础额度。

假设基于同业竞品调研，我们获取到同业竞品的授信笔均为 1 万元左右，则可将所有客户的基础额度统一定为 1 万元。

（3）基于客户风险评级确定风险系数

假设现在基于 A 卡模型分进行了客户风险评级，评级越高，客户风险越高，当前已知不同客户评级对应的 A 卡模型分区间、不同客户评级对应的 Lift 值（假设 Lift 值基于历史数据回溯后计算得到，Lift 值 = 该评级区间客户的 Badrate / 所有客户的 Badrate），则最终可以将 Lift 值的倒数作为定额策略中的风险系数，具体示例见表 5-5。

表 5-5　基于客户风险评级确定风险系数示例

客户评级	A 卡模型分区间（A 卡模型分取值范围为 [300, 1000]）	Lift 值	Coef1（风险系数，取值为 Lift 值的倒数）
A	(900, 1000]	0.5	2
B	(800, 900]	0.8	1.25
C	(700, 800]	2	0.5
D	(500, 700]	3	0.33
E	[300, 500]	4	0.25

在上文中讲过，风险系数最好控制在 1~3 个，不建议太多，本示例只取了一个风险系数。当然，可再基于其他风险信息确定风险系数。风险系数确定的方法都是一样的，不再赘述。

（4）计算最终授信额度

在确定托底额度、盖帽额度和风险系数后，即可确定客户的最终授信额度，最终授信额度 $=\min(\max(10000\times Coef1,1000),100000)$，在初步计算完成最终授信额度后，通常会将该计算结果以 100 或 1000 为单位向下取整，最终授信额度为 100 或 1000 的整数倍。

在实际生产中，一些金融机构的定额策略比较谨慎，在确定了客户的最终授信额度后，还会进行限额管理，以降低授信额度偏高且风险偏高的客户带来的风险。例如，可结合客户的多头借贷信息进一步对客户的最终授信额度进行调整，对于多头借贷次数过高的客户，客户的最终授信额度不超过 3 万元。

需要说明的是，最终授信额度的分布与授信客群的风险分布是强相关的，如果授信客群的风险分布比较均匀，则最终授信额度会呈现正态分布，这时授信额度的平均数近似等于中位数；如果授信客群风险偏高，则最终授信额度会偏低且呈右偏分布，这时授信额度的平均数大于中位数；如果授信客群风险偏低，则最终授信额度会偏高且呈左偏分布，这时授信额度的平均数小于中位数。

（5）确定授信有效期

对于每一笔授信，都会有一个对应的授信有效期，授信有效期 = 本次定额日期 + 365 天。在实际生产中，单笔单贷类信贷产品授信有效期通常不超过一个月，没什么好讲的。而对于循环额度类信贷产品，授信有效期不建议定得太短，也不建议定得太长。假如授信有效期太短，客户授信有效期很快就到期了，容易造成客户的快速流失，假如授信有效期过长，虽然可以在一定程度上增加客户黏性，但是不利于风险管控，因为随着授信时间的延长，客户的风险状况在不断变化，若客户风险上升后再来用信，则很可能会出现用信策略偏宽松而导致客户借款通过，最终会给金融机构带来损失。至于为每一笔授信定多长的授信有效期，要结合实际情况确定，对于风险偏高的客户，授信有效期可短一些；对于风险偏低的客户，授信有效期可长一些。

在确定客户的最终授信额度和授信有效期后，整个定额策略就开发完成了。接下来，可撰写定额策略需求文档并提交给策略部署团队，由策略部署团队将定额策略部署到决策引擎进行风险决策即可。

▶▶ 5.7.3 案例实践：基于收入和负债的定额策略

在实际生产中，客户的收入和负债数据大多无法直接获得，对于个人的收入和负债数据，通常可基于社保、公积金、纳税信息、人行征信等数据进行推算和还原；对于企业的收入和负债数据，通常可以根据税务数据、企业经营数据等进行推算和还原。

假设现在已知客户的风险评级、收入和负债信息、产品相关信息以及其他需要的信息等数据，要基于上述数据开发定额策略，如何进行呢？答案很简单，还是套用上文提到的定额策略开发固定格式进行分析。

(1) 确定托底额度和盖帽额度

托底额度和盖帽额度仍然基于产品信息确定。假设信贷产品规定的授信额度区间为不低于5万元且不超过100万元，则托底额度的取值可定为5万元，盖帽额度的取值可定为100万元。

(2) 确定基础额度

在确定客户的基础额度时，非经营类信贷产品和经营类信贷产品的计算方法有所不同。接下来提供两种基于收入和负债计算基础额度的方法。若读者有其他合理的计算基础额度的方法，也是可行的。

1) 对于非经营类信贷产品，客户的基础额度=(个人近期平均月收入-个人近期平均月负债)×该信贷产品平均久期。个人近期平均月收入与个人近期平均月负债之差可近似认为是客户每个月的可还款金额，再将差值乘以该信贷产品平均久期，即得到一个信贷周期内客户的还款金额，通常将该金额作为客户的基础额度。

2) 对于经营类信贷产品，通常是以企业的经营状况作为授信依据的，所以主要以企业的收入和负债等相关信息来计算基础额度。经营类信贷产品中企业的基础额度=[企业上一年度销售收入×(1-上一年度销售利润率)×(1+预计销售收入年增长率)]/企业营运资金周转次数-企业当前负债，在上述公式中，首先基于企业去年经营活动所需资金推算今年企业经营活动所需资金，然后用推算结果除以企业营运资金周转次数，得到企业在一个生产周期内所需的资金，最后用企业在一个生产周期内所需的资金减去企业当前负债，即得到企业所需的基础额度。在实际生产中计算企业基础额度时需要注意以下两点：一是在计算企业基础额度的公式中，最好能将当前负债转为企业一个生产周期内的负债，若无法进行转换则无法确定企业当前负债是短期负债还是长期负债，只能近似认可企业负债越高，获取的基础额度越低；二是要关注负债极低的企业，这些企业可能是类白户企业，征信周期较短，风险偏高，在确定最终授信额度时建议进行限额操作。

(3) 基于客户风险评级确定风险系数

风险系数的确定方法都是相通的，主要是基于客户的风险状况对基础额度进行"奖励"或者"惩罚"，若客户风险较低，则可在基础额度的基础上进行一定的"奖励"；若客户风险较高，则可在基础额度的基础上进行一定的"惩罚"。

在非经营类信贷产品中，主要基于借款人的风险状况确定风险系数；在经营类信贷产品中，主要基于企业主和企业的风险状况共同确定风险系数。确定风险系数的方法与 5.7.2 节中提到的方法一样，假设此次仍然只有一个风险系数，风险系数记为 Coef1。

（4）计算最终授信额度

在完成上述相关分析后，即可计算最终授信额度了，最终授信额度 = min[max(基础额度 × Coef1,50000) ,1000000]，在初步计算完成最终授信额度后，通常会将该结果以 100 或 1000 为单位向下取整，最终授信额度通常为 100 的整数倍。

（5）确定授信有效期

授信有效期主要基于业务情况确定，对于单笔单贷类信贷产品，授信有效期通常不超过 1 个月；对于循环额度类信贷产品，授信有效期通常为半年到 2 年（信用卡属于特例，授信有效期通常不超过 5 年）。至于授信有效期为多久，要结合业务和风险状况确定。

5.8 定价策略

定价是对授信审批通过的客户给予合适利率的过程。如何定价、定价多少是由定价策略来决定的。定价策略的制订要遵循"收益覆盖风险"原则，对于优质客户，可以适当降低利率；对于风险偏高的客户，可以适当提高利率。通过差异化定价来覆盖风险的方式，可以在一定程度上让更多的人得到金融服务，达到普惠金融的目的。

5.8.1 定价策略的开发、部署、监控和调优

定价策略的全生命周期管理同样由开发、部署、监控和调优构成。定价策略与定额策略类似，但相较定额策略，它又显得简单一些。在开发定价策略时，为了不断优化定价策略，可以采取 AB 测试的方法同时部署两套定价策略，基于策略的效能情况，不断选择最优策略在线决策。

（1）定价策略开发

定价策略的开发通常会结合客户的风险模型分（主要指 A 卡）、动支模型分、风险损失、风险成本等指标，确保不同风险评级下的客群尽可能实现相应的预期收益。

在风控过程中，定价策略的开发也是有相应套路的，掌握这些套路后，定价策略的开发就变得很简单。在一般情况下，无论是非经营类贷款，还是经营类贷款，定价策略的开发过程通常由四部分内容组成，在分析完成这四部分内容后，即可完成定价策略的开发。在定价策略开发的过程中，涉及的四部分内容如下所述。

1）确定项目预期年化净收益率目标、年化利率上下限等指标。在进行定价策略开发前，往往要先确定定价策略要实现的目标，该目标通常指预期年化净收益率，如通过定价策略要确保预期年化净收益率不低于300BP。在确定完项目预期年化净收益率后，还需要确定项目的年化利率上下限，如年化利率不低于9%，不高于18%。

2）基于风险模型分对客户进行风险评级。在定价过程中，通常需要基于风险模型分对客户进行风险评级（与定额策略开发时提到的风险评级是一回事，贷前风控通常共用一个风险评级），对不同评级客群给予不同的定价，通过差异化定价的方式来覆盖风险。

3）确定不同客户风险评级对应的定价区间。在确定了客户风险评级后，需要预估不同评级客群对应的年化损失率（预估年化损失率的方法在第4章讲过），之后基于预估的年化损失率、年化综合成本（包括资金成本、运营成本、数据源成本等）、预期年化净收益率等指标分别计算不同评级客群的定价区间，最终定价区间为：max(不同评级年化损失率+年化综合成本+预期年化净收益率,年化利率下限)≤定价区间≤min(不同评级年化损失率+年化综合成本+预期年化净收益率+利率浮动值,年化利率上限)，在上述公式中，定价区间下限是堪堪实现年化净收益率目标时的定价值，若定价时直接取该值，则有点冒险，最终可能会实现不了年化净收益率的目标，而定价区间上限是在定价区间下限的基础上增加了利率浮动值，利率浮动值通常是为了确保实现年化净收益率目标而设置的，利率浮动值的取值可基于业务逻辑确定，也可基于其他合理的定量分析方法确定。在实际生产中，若客户评级对应的定价区间下限计算结果小于年化利率下限，则通常取年化利率下限作为定价区间下限；若客户评级的定价区间上限大于年化利率上限，则通常取年化利率上限作为定价区间上限。

4）基于客户的动支意愿在定价范围内进行最优定价。在确定不同评级客群的定价范围后，客户在该范围内具体定价多少合适呢？可以结合客户的动支意愿来确定，如果客户的动支意愿较强，则定价可以稍微高一些；如果意愿偏弱，则定价可以低一些，这样可以在尽量不影响客户动支率的情况下提升净收益率。另外，为了方便对不同评级客群的定价结果进行监控，也为了方便分析同一评级对应的最优定价值，通常同一评级客群的定价取值不建议太多，2~3个就行了。

（2）定价策略部署

在完成定价策略开发后，就进入了定价策略部署环节。定价策略的部署与其他策略的部署是一样的，准备好策略部署文档并提交部署团队，部署上线进行决策即可。

（3）定价策略监控

定价策略的监控同样分为微观层面的监控和宏观层面的监控。微观层面的监控主要监控平均对客利率、利率分布等指标是否出现较大的波动，不同利率区间对应的逾期率有没有与认知相悖等，若出现异常，则需要及时分析原因并基于分析结果决策是否进行策略调优。宏观层面的监控主要监控项目预期年化净收益率等指标是否达到要求，若预期年化净收益率指标下降太多，则可评估是否通过定价策略来提高平均对客利率。

（4）定价策略调优

定价策略的调优往往要基于定价策略的监控结果，若监控的定价策略的结果不符合预期，则通常会对定价策略进行相应的调优操作。

5.8.2 案例实践：实现利润最大化的定价策略

定价策略通过给予不同风险客户合适的利率，来尽可能地实现利润最大化。

假设现在已知客户的风险评分、动支模型分、产品相关信息以及其他需要的信息等风控数据，要基于上述数据开发定价策略，如何进行呢？答案很简单，套用上面提到的定价策略开发套路即可。

（1）确定项目预期年化净收益率、年化利率上下限等指标

假设现在需要开发定价策略的信贷产品的年化利率不低于9%且不高于18%，则在进行定价时，年化利率下限为9%，年化利率上限为18%。另外，基于风控目标，该信贷产品的预期年化净收益率要不低于300BP，则定价时，要结合年化利率上下限和预期年化净收益率指标进行。

（2）基于风险模型分对客户进行风险评级

在贷前风控过程中，通常会基于风险模型分进行通用的客户风险评级，这个评级结果在授信审批策略、定额策略、定价策略、人工审核策略中都是可以使用的。

在实际生产中，如何基于风险模型分对客户进行风险评级呢？其实很简单，对客户的风险模型分进行分箱，如卡方分箱、等频分箱、等宽分箱等，在分箱过程中，将逾期率相近的分箱合并，最终使不同分箱之间的逾期率存在显著差异，且好客群分箱对应的逾期率低，坏客群分箱对应的逾期率高即可。假设此次共对客户划分了五个评级，分别为A、B、C、D、E，其中A评级风险最低，客户资质最好，E评级风险最高，客户资质最差。

（3）确定不同客户风险评级对应的定价区间

在完成客户风险评级后，接下来要基于不同评级客群对应的年化损失率、年化综合成本、预期年化净收益率、年化利率上下限等指标确定不同评级客群的定价区间。不同评级定价区间下限 = max（年化损失率+年化综合成本+预期年化净收益率，年化利率下限）；在计算不同评级定价区间上限时，可在定价区间下限的基础上再添加一个预期年化净收益率（当然，也可以添加其他某个合理的值），则不同评级定价上限=max(年化损失率+年化综合成本+2×预期年化净收益率,年化利率上限)。

如表 5-6 所示，A 评级计算得到的定价区间下限 = 0.5% + 5% + 3% = 8.5%，低于产品确定的最低年化利率 9%，于是将 A 评级的定价区间下限定为 9%；E 评级计算得到的定价区间上限 = 8% + 5% + 2×3% = 19%，高于产品确定的最高年化利率 18%，于是将 E 评级的定价区间上限定为 18%。在定价策略中，定价区间要严格受到产品年化利率上下限的限制，如在市场宣传中承诺的年化利率下限为 9%，而在实际定价中将最低年化利率定为 10%，这样有欺骗消费者的嫌疑，是不可取的，同理，实际定价区间上限也不能超过最高年化利率。

表 5-6 确定不同客户风险评级的定价区间示例

客户风险评级	年化损失率	年化综合成本	预期年化净收益率	定 价 区 间
A	0.5%	5%	3%	［9%，13%］
B	3%	5%	3%	［11%，14%］
C	4%	5%	3%	［12%，15%］
D	5%	5%	3%	［13%，16%］
E	8%	5%	3%	［16%，18%］

（4）基于客户的动支意愿在定价区间内进行最优定价

在确定完不同评级客群的定价区间后，该评级客群的最终定价应在对应定价区间内确定，那么，问题来了，如何确定客户的最终定价呢？很简单，可结合客户的动支意愿确定。通常来讲，如果一个客户的动支意愿较强，则往往对利率不是很敏感，可在定价区间内适当提高定价；若客户的动支意愿偏弱，则往往对利率比较敏感，可在定价区间内适当降低定价；若客户的动支意愿介于二者之间，则可在定价区间内给予一个中间值。

在前面的贷前模型体系中已经讲述过动支模型，此处主要利用动支模型分来确定客户的动支意愿。在具体使用动支模型分时，可对模型分进行分箱，分箱方法与基于风险评分对客户进行评级的方法类似，在分箱时，通常分三箱，分别为 A、B、C，其中 A 箱对应客群的动支意愿最弱，B 箱对应客群的动支意愿一般，C 箱对应客群的动支意愿最强。若在进行定价策略开发时，还未开发动支模型，则可基于多头借贷指标对客群进行分层，多头借贷次数越多，客户的动支意愿越强，多头借贷次数越少，客户的动支意愿越弱。

下面举例进行说明，假设客户的风险评级为 A，该客户对应的定价区间为 ［9%，13%］，若基于动支模型得到的客户属于 A 箱，则可将客户的年化利率定为 9%；若基于动支模型得到的客户属于 B 箱，则可将客户的年化利率定为 12%；若基于动支模型得到的客户属于 C 箱，则可将客户的年化利率定为 13%。在开发定价策略时，没有人敢说能一次就做到最优，像 9%、12%、13% 三个取值均有主观成分在里面，我们要做的就是持续监控上述 3 个取值的对应客群的收益情况，基于监控结果不断地调优定价取值，尽可能通过定价来实现利润最大化。

5.9 人工审核策略

贷前人工审核主要是在大额信贷产品中，针对自动化授信审批策略判断不准风险状况的客户进行人工介入，通过人工介入进一步识别和防范风险，总结风控经验，反哺自动化授信审批策略的优化迭代的过程。人工审核属于授信审批场景，但因它比较特殊，往往单独说明。

人工审核主要由人工审核策略、基于人工审核策略的待确认风险点梳理及对应的人工审核话术设计、人工审核总结的风控共性问题反哺风控策略人员等一系列内容构成。在授信审批流程中，进件客户触发人工审核策略就会进入人工审核场景，人工审核的时候，会基于触发的人工审核策略的不同向客户确认不同的问题，在与客户交互的过程中，若发现客户风险较高，则拒绝客户的授信申请，若发现客户有一定的风险但相对可控，则可在人工降低客户授信额度或提升客户的定价后通过客户的授信申请，若未发现客户有风险，则直接通过客户的授信申请。在人工审核过程中，需要不断总结进入人工审核客户的共性风险点，并将这些风险点定期反馈给风控策略人员，由风控策略人员基于人工审核的反馈，优化甚至减少人工审核策略，不断提高授信审批策略时效，提升客户金融服务体验。

人工审核过程涉及的内容较多，接下来主要讲解人工审核策略。人工审核策略的全生命周期管理与其他策略的全生命周期管理类似，不再赘述。通常来讲，授信审批策略包括自动化授信审批策略和人工审核策略，人工审核策略属于非自动化授信审批策略。在授信审批策略中，策略的执行其实是有顺序的，通常来讲，先执行自动化授信审批策略，再执行人工审核策略，也就是说，对于自动化授信审批策略未拒绝的客户，才会执行人工审核策略。在进行风控决策时，触发自动化授信审批策略后通常会拒绝客户的授信申请，而触发人工审核策略后会进入人工审核，基于人工审核结果决定是否拒绝客户的授信申请。在很多时候，定额策略和定价策略的执行顺序在人工审核策略之前，因为在人工审核策略中和人工审核时通常都会用到定额和定价的结果，如基于客户的授信额度和风险评级设计人工审核规则，对触发人工审核规则的客户执行人工审核操作，在对客户执行人工审核时，基于审核结果调低客户的授信额度、调高客户的定价等。

在实际生产中，通常基于不确定的、未经业务证实的风险点开发人工审核策略，通过人工介入的方式来证实这些不确定的风险点并反哺风控策略的优化迭代，而对于比较确定的风险点（如多头借贷、负债过高等），通常是不建议设计成人工审核策略的，若设计为人工审核策略，不但会增加人工成本，而且会拉长客户的授信审批时间，降低客户的金融服务体验，得不偿失。

5.10 本章小结

本章主要讲述了贷前风控策略的相关内容。贷前是风控的第一道防线，而构筑这道防线主要依赖风控策略。

在贷前风控策略中，若客户申请的是非经营类信贷产品，则主要从客户（主要指自然人）维度设计风控策略；若客户申请的是经营类信贷产品，则主要从企业和企业主（主要指自然人）两个维度设计风控策略。相对来讲，经营类信贷产品的风控策略会更复杂一些。在贷前，授信审批策略、定额策略和定价策略是重中之重，要引起足够重视。只有做好上述策略的全生命周期管理，才能更好地管控贷前风险，实现贷前风控目标。

贷中风控策略与客户运营体系

贷中是风控的第二道防线，贷中阶段风控的重点工作就是存量客户风控及运营。在当下，新客市场趋于饱和且获客成本越来越高，所以，在做好存量客户风控的同时，对存量客户进行运营，可以更大程度地增加客户黏性、挖掘存量客户的价值。

相较贷前，除要继续做好风控，贷中还多了存量客户运营的工作。贷中风控在循环额度类信贷产品中涉及较多，这类信贷产品的授信有效期较长且客户在授信有效期内可以多次用信，但是，随着时间的推移，很多客户的资质往往会发生较大的变化，这时，通过贷中风控管控存量客户风险就变得很有必要了。而单笔单贷类信贷产品虽然也涉及贷中风控，但是涉及较少，因为这类信贷产品的授信有效期通常较短，在很短的授信有效期内，客户的资质往往变化不大。贷中存量客户运营主要是通过一系列的动作，促使客户更多地使用金融服务，以达到在增加客户黏性的同时获取更多收益的目的，与贷中风控一样，循环额度类信贷产品涉及的客户运营场景会多一些。在贷中阶段，除非有特殊说明，否则风控和客户运营默认是基于循环额度类信贷产品进行讲解的。

在贷中阶段，风控和存量客户运营主要是基于相关风控策略实现的，风控策略的好坏是实现贷中阶段相关目标的关键。

6.1 贷中风控目标

贷中主要包括用信审批、贷中预警、调额、调价、客户营销、续授信等风控场景，基于上述场景，贷中风控要实现的目标主要有三个，具体描述如下。

（1）控制好存量客户风险

做好存量客户风控是实现贷中风控目标的基础和前提，只有控制好存量客户风险，才不至于因为风险过高而出现不可承受的损失，才能无后顾之忧地对存量客户开展运营工作，更好地挖掘客户价值，在服务好客户的同时获取更大的收益。

（2）通过对存量客户的运营，增加客户黏性，提升客户价值

在现阶段，随着获取新客的难度不断加大，很多金融机构都把重心逐渐向存量客户运营工作上倾斜。存量客户通常规模比较大，通过对这些客户进行精细化运营，往往能为业绩带来新的增长点。存量客户运营能力是金融机构需要努力提升的能力，若客户运营做得好，则有助于增加客户黏性，不断提升客户价值，为金融机构带来更多的收益；若客户运营做得不好，则可能会导致存量优质客户的大量流失，进而导致金融机构存量资产越来越差，通过存量客户运营获取收益越来越难。

（3）推动实现利润最大化

与贷前推动实现利润最大化类似，贷中推动实现利润最大化既需要从自身出发，实现局部利润最大化，又需要从全局出发，协同贷前和贷后共同实现整体利润最大化。实现整体利润最大化是一个比较宽泛的概念，在贷前部分已经讲过，此处不再赘述。

贷中利润最大化主要通过调整用信审批、贷中预警、调额、调价、客户营销等策略来实现。在确保贷中风险可控的前提下，提升用信审批通过率、及时对风险客户进行预警和处置、对贷中优质客户提额、对贷中差客户提价、对优质客户营销等都能提升贷中的收益，但是如何使贷中的收益最大化却是一个比较复杂的问题，只有基于实际情况及时、动态地调整上述策略，才有可能使最终的利润接近最大化。

6.2 贷中风控数据源

在风控过程中，数据对风控的好坏起决定性的作用。在贷前，已经按数据源将风控数据分为四大类，分别是客户贷款时提供的数据、金融机构自身拥有的数据、征信数据和第三方数据，整个风控过程中使用的数据均来自这四类数据，只不过在贷前、贷中和贷后使用这些数据时会有些许出入。

在贷中，除了可以使用贷前用到的风控数据，还会额外用到金融机构自身拥有的数据中的客户交易行为（主要指用信行为）数据，主要包括客户在一定时间内的交易异常行为、交易量、交易趋势、交易集中度、交易离散程度等，在贷中主要基于这些数据拦截风险较高的异常交易、构建贷中行为评分卡模型进行风险管控、进行贷中预警和客户营销等。表6-1罗列了一些贷中相较贷前会额外用到的金融机构自身拥有的数据，仅供参考。

表 6-1　金融机构自身拥有的数据

数据主体	数据类型	数据内容	数据示例	数据应用举例
个人或企业	交易异常行为	交易异常行为	授信成功后极短时间满额交易、间隔短的两次交易GPS距离非常远、短时间出现多次敏感交易金额、短时间多次等额交易	1）基于敏感时间段（如凌晨2~5点）客户的异常交易行为拦截高风险交易； 2）基于客户的短时高频的异常交易行为拦截高风险交易； 3）基于授信成功后极短时间客户的满额交易行为拦截高风险交易； 4）基于客户的短时多笔敏感交易金额（如借款99元、499元等）行为拦截高风险交易； 5）基于客户的交易趋势识别资金紧张客户，并进行风险拦截； 6）基于客户交易行为数据和第三方数据识别"沉默"优质客户并进行促支用营销； 7）基于客户交易行为数据和其他风险数据识别可能流失的优质客群，进行预警挽留； 8）利用基于客户交易行为数据构建的客户维度或借据维度的贷中行为评分卡模型进行高风险交易拦截； 9）利用基于客户交易行为数据构建的贷中行为评分卡模型识别优质客户并进行贷中提额； 10）利用基于客户交易行为数据构建的贷中行为评分卡模型识别高风险客户并进行贷中提价
	交易量	交易笔数或金额的绝对值	敏感时间段（如凌晨2~5点）交易笔数或金额、近一段时间交易笔数或金额、近一段时间交易失败笔数或金额、近一段时间交易成功笔数或金额	
	交易趋势	交易笔数或金额的趋势	近1个月交易笔数或金额与近3个月交易笔数或金额均值之比、近1个月交易笔数或金额环比、近3个月交易笔数或金额与近3至6个月交易笔数或金额之比、近一段时间交易金额连续递增或递减次数	
	交易集中度	交易笔数或金额的集中程度	近一段时间交易笔数或金额均值、近一段时间交易金额众数、近一段时间交易金额分位数、近一段时间交易金额均值与中位数之差	
	交易离散程度	交易笔数或金额的离散程度	近一段时间交易金额的离散系数、近一段时间交易金额的四分位差、近一段时间交易金额的标准差、近12个月每个月交易笔数的离散系数	

6.3 贷中模型体系和模型在策略中的应用

在贷前模型部分已经讲过，贷前开发的很多模型是可以在贷中直接使用的。贷中与贷前的不同点在于，贷中阶段可以使用更多的客户交易行为数据，基于这些数据可以额外开发客户行为相关模型以及客户营销相关的模型。贷中模型体系主要分为三大块，分别为信用模型体系、反欺诈模型体系和贷中营销模型体系，在贷中模型开发完成后，同样需要由风控策略来运用这些模型进行决策，模型在运用的过程中才能体现其价值。

6.3.1 信用模型体系和模型在策略中的应用

在贷中阶段，信用模型主要指行为评分卡（Behavior Score Card）模型，即我们常说的 B 卡。B 卡主要是在客户有一定的贷中交易行为后基于客户在贷中某一时点前一段时间的交易行为数据和其他数据构建模型，用来预测客户未来逾期的可能性。常见的 B 卡有两种，一种是基于客户维度开发的 B 卡，另一种是基于借据维度开发的 B 卡。

基于客户维度开发的 B 卡是指建模样本在客户维度是唯一的，在建模时可以基于实际情况对客户进行分群，如基于渠道、地区、行业、在贷余额、还款表现期限等进行分群，不同群体分别建模，通过分群建模实现模型在不同样本上的局部最优，最后对不同模型分按照相同标准校准为同一维度的标准模型分，即构成了最终的客户维度的 B 卡模型分。在客户维度的 B 卡开发完成后，以及策略使用前，通常会基于模型分对存量客户进行风险评级，在用信审批、贷中预警、调额、调价、续授信等策略中基于客户的风险评级对客户采取差异化的处置措施。

基于借据维度的 B 卡是指建模样本在借据维度是唯一的，若一个客户产生了多笔借据，则建模样本中会有这个客户的多条记录。基于借据维度的 B 卡与基于客户维度的 B 卡在客群细分、建模方法上都是类似的，在模型构建完成后，主要用在用信审批环节。在策略运用模型分之前，主要通过单维度策略分析方法对模型分进行分析，找到最优切分点，在对每一笔交易（用信）进行审批时，切分点及以下用信申请被拒绝，切分点以上用信申请被通过。

6.3.2 反欺诈模型体系和模型在策略中的应用

在贷中阶段，反欺诈模型包括识别个体欺诈的模型和识别团伙欺诈的模型。识别个体欺诈的模型主要有交易反欺诈评分卡模型、欺诈传导模型等；识别团伙欺诈的模型主要有欺诈团伙识别模型、GPS 评分卡模型等。

在识别个体欺诈的模型中，欺诈传导模型与贷前提到的同名模型是一样的，这个模型是使用金融机构已有的所有数据构建的，模型构建完成后在贷前、贷中、贷后均可使用。交易反欺诈评分卡模型与 B 卡类似，同样可以分为基于客户维度的模型和基于借据维度的模型，主要不同点在变量的选择和目标字段的定义上。交易反欺诈评分卡模型在策略中的应用与 B 卡类似，只不过更侧重对欺诈客户或欺诈交易的识别。

在识别团伙欺诈的模型中，欺诈团伙识别模型与贷前提到的同名模型基本上是一样的，模型构建完成后在贷前、贷中、贷后均可使用，本节不再赘述。贷中 GPS 评分卡模型与贷前 GPS 评分卡模型也很类似，不同之处在于观察点的选取以及变量的丰富度。贷中 GPS 评分卡模型的观察点通常为某一确定的截面时点，同时在变量设计时可加入贷中交易行为类变量，模型在构建后主要在贷中用信策略和贷中预警策略中用来识别欺诈团伙。

▶▶ 6.3.3 运营模型体系和模型在策略中的应用

常见的贷中运营模型主要有流失预警模型、营销响应模型、"沉默"客户盘活模型、动支模型等，这些模型主要用来为存量客户精准化运营提供支持。在对存量客户进行精准化营销时，往往是先基于信用模型和反欺诈模型（若有贷中客户风险评级，则可直接基于客户评级筛选风险可控的客群）从风险维度筛选风险可控的客群，再基于运营模型对客户进行分群，对不同的客群采取不同的营销动作。

流失预警模型比较简单，主要是为了预测存量客户在未来一段时间内会不会流失，对于流失可能性较高的优质客户，应尽早采取合适的措施进行挽留，客户一旦流失，重新"唤醒"的难度不亚于获取一个新客户。营销响应模型主要是为了预测不同营销方式下客户的响应率，不同的客户在同样的营销方式下反应是不一样的，所以营销响应模型就是为了找出适合每个客户的营销方式，为不同的客户匹配最佳的营销方式，提升营销响应率。"沉默"客户盘活模型主要是从"沉默"客户中找出在将来一段时间内可能进行支用的优质客户，然后辅以一定的营销手段促使客户尽快支用，提升客户价值。动支模型在贷前模型体系中已经讲过，贷中动支模型与贷前动支模型类似，不同的地方在于，在建模时可以加入客户的贷中行为变量，预测客户在未来一段时间的动支意愿，若发现优质客户的动支意愿较弱，则通常会辅以营销手段，促使客户进行支用，提升客户价值，增加金融机构收益。

在基于运营模型对存量客户进行营销时，涉及风控策略和营销策略的开发，通常是先在符合营销条件的客群中运用风控策略筛选出风险可控的客群，再从筛选的客群中找出营销响应率较高的客群并对不同的客群匹配不同的营销策略。在设计和开发相关策略时，可基于单维度策略或基于 CART 模型的多维度策略的分析方法进行，在实操时，无非就是样本对应的目标不同，其他分析过程基本上是一样的。

6.4 贷中客户风险管理和客户运营体系简介

贷中阶段涉及的风控场景较多且复杂，想要做好贷中风控，需要先梳理清楚贷中风控框架和不同风控场景要做的事情，做到"知己知彼，百战不殆"。如图 6-1 所示，贷中风控主要包括客户风险管理和客户运营体系两大部分内容，两部分内容联系非常紧密且经常会相互交叉，相对来讲，用信审批和贷中预警两个风控场景更侧重客户的风险管理，调额、调价、客户营销、续授信等风控场景更侧重客户的运营。

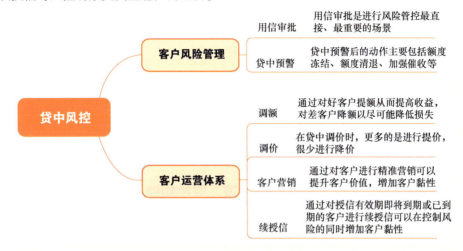

● 图6-1 贷中客户风险管理和客户运营体系

在实际生产中，若能从不同的维度构建客户标签体系，为客户进行精准画像，则贷中相关工作尤其是贷中客户运营相关工作做起来会非常简单，但是，为客户构建完善的标签体系是一个非常庞大的工作项目，需要基于足够多且有效的模型和变量才能完成。随着贷中风控越来越成熟、越来越精细，构建客户标签体系就变得非常必要了。客户标签体系构建属于贷中风控基础设施建设的范畴，做起来不难但是会非常烦琐，因本书更侧重对风控策略的讲解，关于客户标签体系的建设，有兴趣的读者可自行研究。

贷中客户风险管理和客户运营要实现的风控目标主要是通过相应的风控策略来完成的，在本章接下来的小节中，会分场景对涉及的风控策略进行一一介绍。虽然本章对贷中场景进行了详细划分，但是为了降低策略的复杂程度，一些风控场景策略是可以合并执行的，如贷中预警、调额及调价场景可以设计成一套策略，在执行策略时不同风险的客户匹配不同的动作，在具体实践时大家可以灵活调整。

6.5 用信审批策略

用信审批是贷中进行风险管控时一个直接且非常重要的风控场景，用信审批主要是基于用信审批策略来实现的。在客户用信的时候，通过用信审批策略识别出资质变差的客户并拒绝其用信申请，从而降低金融机构的损失。

在贷前授信审批策略部分已经讲过，用信审批策略主要识别老客（即存量客户）的风险，若用信审批策略做得好，则老客（通常指授信时长大于 30 天的客户）的逾期率通常会比较低；若用信审批策略做得差，则老客的逾期率通常会比较高。

6.5.1 用信审批策略决策流与策略类型

在授信审批策略部分，已讲述策略决策流与策略类型相关内容，同样地，用信审批策略部分也涉及上述内容。用信审批策略决策流和策略类型与授信审批策略基本一样，不同的地方在于策略应用的场景和策略要实现的风控目标，因此，关于用信审批策略决策流和策略类型的相关内容，读者可参考授信审批策略相关内容，本节不再赘述。

6.5.2 用信审批策略的开发、部署、监控和调优

截至本节，已经简单讲述了多个风控场景的策略开发，其实策略开发所涉及的方法基本上都是类似的，不同之处通常在于样本和目标字段的选择。

在开发用信审批策略时，策略分析主要使用的是交易维度（用信维度）的样本，这与授信审批策略使用申请维度的样本是不同的，用信审批策略的目标字段主要视借据在未来一段时间的逾期严重程度而定，借据在未来一段时间逾期天数大于某一阈值则为坏，逾期天数小于或等于某一阈值则为好。在第 2 章讲过，策略开发主要包括策略测算和策略泛化两个主要环节。在进行用信审批策略开发时，策略测算时的代码、指标与授信审批策略是一样的，而在策略泛化时，虽然方法是一样的，但是泛化时的代码、指标会有一定的出入，但是出入不大。在用信审批策略开发环节，在对筛选的效果好的规则进行泛化时，往往是既从交易维度进行泛化，又从客户维度进行泛化，通过对比分析两个维度的泛化指标，往往能获取很多有用的信息，如某个月用信笔数为 10000，用信人数为 2000，可以知道该月一共有 2000 个人用信，人均用信 5 笔等信息。

需要注意的是，用信审批策略在泛化时虽然同时计算了交易维度和客户维度的指标，但是在确定规则泛化效果时主要是以交易维度指标为主，客户维度指标为辅。在基于交易维度和客户维度泛化指标评估规则效果时，两类指标通常具有一致性，若两类指标差异较大，则通常需要检查数据是否存在异常。接下来结合表 6-2 对用信审批策略泛化时比较重要的几个指标进行说明，在对用信审批策略泛化指标计算时，均为笔数口径和人数口径同时计算。

表 6-2 用信审批策略主要泛化指标

序号	指标名称	指标计算说明	指标解读
1	交易量	某个时间段用信量	总用信申请量，既可以计算用信申请笔数，又可以计算用信申请人数。下述所有泛化指标均为笔数口径和人数口径同时计算

(续)

序号	指标名称	指标计算说明	指标解读
2	额外触碰量	此次泛化规则和线上运行规则触碰样本差集的数量	此次泛化规则独有的触碰样本量
3	额外触碰率	额外触碰率=额外触碰量/交易量	待上线规则单独触碰率
4	整体逾期率	截至观测点,目标字段对应的成熟样本中坏样本占比	在计算人数逾期率时,若某人存在多笔借据,只要有一笔借据逾期,则认为该客户逾期。接下来计算人数口径逾期相关指标时,均按此逻辑处理
5	额外触碰逾期率	截至观测点,目标字段对应的额外触碰且成熟样本中坏样本占比	额外触碰成熟的样本中坏样本占比
6	逾期率下降值	策略上线后逾期率下降值	此次泛化规则上线前后对应的逾期率的差值
7	逾期率下降幅度	逾期率下降幅度=逾期率下降值/整体逾期率	此次泛化规则上线后,目标字段对应的逾期率下降幅度
8	额外触碰 Lift	额外触碰 Lift=额外触碰逾期率/整体逾期率	指标值越大,说明规则对坏样本识别能力越强,规则效果越好,反之越差
9	额外触碰 Lift 大于目标值的月份占比	额外触碰 Lift 大于目标值的月份占比=目标字段对应的额外触碰 Lift 大于目标值月份数/目标字段对应的额外触碰 Lift 月份数	规则泛化通常按月进行,若泛化的目标字段成熟的月份为6,则分母取值为6。在泛化时,若额外触碰 Lift 大于目标值(目标值基于业务情况确定,一般取3)的月份占比较大(如大于80%),则说明规则泛化效果较好
10	额外触碰率离散度	额外触碰率离散度=不同泛化时间段对应的额外触碰率标准差/额外触碰率均值	若离散度取值在0%~15%之间,则说明触碰率非常稳定;若在15%(不含)~40%之间,则说明触碰率相对稳定;若在40%(不含)~75%之间,则说明触碰率不稳定;若大于75%,则说明触碰率极不稳定
11	评估结论	若额外触碰 Lift 大于目标值的月份占比大于或等于某个值(如0.8)且额外触碰率离散度为非常稳定或相对稳定,则评估结论为建议上线,否则为不建议上线	基于额外触碰 Lift 大于目标值的月份占比和额外触碰率离散度指标对是否上线泛化规则给出风险建议

通过表6-2可以看出,用信审批策略和授信审批策略除了使用的样本不一样,泛化指标出入非常小。用信审批策略的部署、监控、调优方法与其他策略类似,读者可参考第3章和第4章相关内容,本节不再赘述。

6.6 贷中预警策略

贷中预警主要是在贷中阶段发现有在贷的风险客户(若客户无在贷,则进行贷中预警的意义不大)并对这些客户进行相应处置的过程。贷中预警主要是基于预警策略来实现的,通常在执行完成预警策略后，会输出客户的预警等级及对应的风险缓释措施和建议，可基于不同的风险缓释措施和建议对客户采取不同的处置动作。通过定期主动进行贷中预警，可以有效发现潜在的高风险客户，同时基于预警后对高风险客户的处置，可以有效地优化资产结构，降低风险损失，及时止损。

贷中预警策略主要包括两部分内容：一是对存量客户进行风险评级，二是基于客户的风险评级为客户匹配相应的风险缓释措施和建议。

（1）对存量客户进行风险评级

在贷中阶段，通常会基于客户维度的 B 卡、其他综合风险模型分等对存量客户进行风险评级，评级方法很简单，主要对模型分进行分箱，使不同分箱间逾期率存在差异，且好客群对应的逾期率低而坏客群对应的逾期率高即可。需要强调的是，对存量客户进行精准风险评级是贷中阶段非常重要的事情，待评级完成后，其他贷中风控场景均可将它用来进行风险管控。

（2）基于客户的风险评级为客户匹配相应的风险缓释措施和建议

在对存量客户完成风险评级后，会主要基于评级结果设计预警规则，如评级较差的客户触发风险预警，评级较好或一般的客户不触发风险预警。在定期执行预警规则的时候，若客户触发高风险预警，则通常会基于客户风险评级的不同，匹配额度冻结、额度清退等风险缓释措施。需要说明的是，对触发风险预警的客户具体采取哪些风险缓释措施，并不是一成不变的，应基于实际情况灵活变动。

额度冻结和额度清退是贷中预警过程中对高风险客户常用的两种处置措施，额度清退比额度冻结更严厉，通常对风险更高的客户才会进行额度清退的动作。额度冻结是指在贷中预警过程中对发现的高风险客户账户下的额度进行冻结，额度冻结匹配有对应的冻结码，额度冻结后会被打上冻结码，不同的冻结码对应不同的冻结时长和风险处置措施。额度冻结只是冻结了客户账户下的额度，额度在冻结期内不能使用，额度被解冻后是可以正常使用的。客户账户下的额度冻结到期或者经排查暂无风险，则会对客户账户下的额度进行解冻操作，额度被解冻后，可恢复正常使用。额度清退是指在贷中预警过程中对发现的极高风险客户账户下的额度清零，额度清零后客户账户下的额度将永远不能使用，额度清退可以被认为是对客户账户进行了注销。

在对客户进行额度冻结或额度清退后，贷中策略团队还需要协同贷后团队对客户加强催收，提升客户的催回率，如在还款日前三天提醒客户及时还款，若客户在还款日未还款，则通常会加强对客户的催收，如客户刚逾期就进行电话催收等。

6.7 调额策略

在贷中阶段，为了挖掘优质客户的价值，增加优质客户用款体验，通常会对优质客户进行提额操作以促使客户进行支用，同时为了降低风险客户支用带来的损失，通常会对风险客户进行降额操作。对客户进行提额和降额的操作主要是基于调额策略实现的。在调额时，由于无法确定具体调整多少额度比较合适，所以在调额时通常会进行 AB 测试，在完成调额后监测不同方案下客户的支用率、风险表现、损失收益变化等指标情况，基于监测和评估结果确定最优的调额方案。需要注意的是，在对优质客户进行提额后，提额客群的损失和收益通常都会有所提升，但是收益往往能够覆盖损失，若收益无法覆盖损失，则可能是调额策略效能不佳导致的，需要对调额策略进行分析和调优。

调额策略的开发其实是非常简单的，主要包括两部分内容，一是筛选满足调额条件的客户，二是对客户进行调额。在筛选满足调额条件的客户时，可基于客户的贷中行为表现和贷中预警部分提到的客户风险评级进行，在筛选完满足调额条件的客户后，基于一定的调额方法对客户进行调额即可。常见的调额方法有两种，一种是基于定额策略进行调额，另一种是基于客户在贷中的风险表现进行调额。

6.7.1 基于定额策略的调额策略

基于定额策略的调额策略开发同样包括两部分内容，一是筛选满足调额条件的客户，二是基于一定的调额方法对客户进行调额，本节侧重对调额方法的讲解。

在筛选满足调额条件的客户时，无非就是基于客户的贷中行为表现（如至少有 3 期还款表现、授信成功后超过 3 个月未用信）和客户的风险评级筛选出好客户准备进行提额或者筛选出风险客户准备进行降额。在进行客户筛选时，筛选逻辑并不是一成不变的，说白了就是要尽可能地精准筛选出好客户和坏客户，这是进行调额时很重要的一个前提条件。

在完成客户筛选后，就要对筛选的客户执行调额策略了。在贷前，我们已经讲过定额策略，这个定额策略在贷中调额场景中可以使用吗？答案是可以的。在对客户进行定额时，基于客户授信申请时点的 A 卡模型分、收入和负债等数据确定了客户的授信额度，该额度用 Amt1 来表示，而在对客户进行调额时，先以调额时点为观察点，重新获取客户的 A 卡模型分、收入和负债等数据，再基于这些更新后的数据对客户执行定额策略，会得到调额时点客户的额度，这个额度用 Amt2 来表示。若对客户执行的是提额操作且 Amt2 比 Amt1 大一定的额度（如至少大 3000），则可对客户进行提额操作，提额后的额度为 Amt2，当然，Amt2 是不能超过授信额度上限的；若对客户执行的是降额操作且 Amt2 比 Amt1 小一定的额度（如至少小 2000），则可对客户进行降额操作，降额后的额度为 Amt2，当然，Amt2 不能低于授信额度下限。

在调额时用定额策略对客户进行调额是一种比较简单和稳健的方法，但是这种调额方法相对保守且每次对客户进行调额的幅度通常不会很大，若要对客户进行大幅度调额，则该方法不是最佳选择。在完成调额策略的开发后，可进行调额策略的部署、监控和调优，方法在之前都讲过，不再赘述。

6.7.2 基于客户在贷中的风险表现的调额策略

在对客户进行调额时，筛选满足调额条件的客户的方法都是一样的，不做过多讲述。本节主要讲述基于客户在贷中的风险表现对客户进行调额的方法，基于该方法对客户进行调额时，调额幅度通常会比较大，相较基于定额策略的调额方法会显得激进一些。

在确定了满足调额条件的客户后，通常会结合客户的风险表现对客户进行调额，若是对客户进行提额，则可基于客户的风险评级在原授信额度的基础上上浮一定的比例，通常客户的风险评级越好，额度上浮比例越高，授信额度上浮后不能高于授信额度上限；若是对客户进行降额，则可基于客户的风险评级在原授信额度的基础上下调一定的比例，通常客户的风险评级越差，下调的比例越高，授信额度下调后不能低于授信额度下限。在调额时，上浮或者下调的比例通常不会很保守，通常都是10%起步，当然，在生产中，要结合实际情况进行调整。

6.8 调价策略

调价与调额类似，是指在贷中阶段基于客户的风险表现对优质客户进行降价以促使客户进行支用，对风险客户进行提价，通过高定价来覆盖风险客户支用带来的高风险。调价主要是由调价策略来实现的。

调价策略的开发与调额策略类似，可以基于调价策略对客户进行调价，也可以基于客户的风险表现对客户进行调价，在实际生产中，对客户进行调额的频次通常比较高，对客户进行调价的频次要相对少一些。调价策略开发完成后的部署、监控和调优与其他策略是一样的，不再赘述。

6.9 存量客户营销

存量客户营销主要是为了最大限度地提升客户价值、增强客户金融服务体验感、增加客户黏性、降低客户流失等而对优质客户进行的如促支用营销、交叉营销、流失预警挽留营销等营销动作。存量客户营销涉及的纯风控策略相对要少一些，且在营销过程中需要多部门合作，其中风控部门在客户营销过程中主要对营销客群的风险负责，这也是客户营销场景与其他风控场景的不同之处。

6.9.1 营销类型

常见的营销类型有促支用营销、交叉营销、流失预警挽留营销等，接下来对这三种营销类型做简要说明。

（1）促支用营销

促支用营销主要是指基于贷中客户风险评级结果，找到优质的潜在资金需求客群进行如提额、降价、发放优惠券等营销动作，促使客户进行支用，提升支用率，提高客户价值的操作。"沉默"客户唤醒、优质客户价值提升等都属于促支用营销的范畴。

（2）交叉营销

交叉营销主要是指针对已有贷款且还款行为良好的客户，基于客户风险评级、营销响应模型分和其他风控指标等评估客户的营销响应情况，基于评估结果对可能会响应的优质客户营销其他全新信贷产品的操作。

（3）流失预警挽留营销

流失预警挽留营销主要是指针对流失可能性较高的优质客群进行营销挽留的操作，这些操作通常以发放优惠券促使客户支用为主。通过流失预警挽留营销，可以加强潜在流失客户与金融机构的互动，有助于金融机构在了解客户不支用原因后优化产品要素和风控策略，同时通过为客户提供优惠促使客户进行支用，有助于提升客户的金融服务体验，增加客户黏性。

6.9.2 营销闭环及涉及的策略

客户营销包括营销名单筛选、营销策略制订和营销结果追踪与优化等步骤，上述步骤缺一不可并形成营销闭环。在对存量客户营销过程中，相关策略的开发比较依赖客户标签体系，基于丰富的客户标签可以快速、高效地进行策略设计和精准地进行客户营销。

（1）营销名单筛选

营销名单筛选环节非常关键。该环节主要是指由风控团队基于客户风险标签和其他维度的标签并结合营销目的筛选符合要求的相对优质的客群的操作。待营销名单筛选完成后，会基于这些名单设计营销策略并进行精准营销。在营销完成后，若营销成功的客群的风险比较高，则风控部门是需要对此负责的。

（2）营销策略制订

营销策略制订主要是指运营团队在营销名单筛选完成后为待营销客群匹配合适的营销方式与营销内容的过程。营销策略的制订通常会比较依赖营销响应模型。在制订营销策略时，可分别获取不同模型下客户的营销响应率，并取最大营销响应率对应的营销方式和营销内容对客户进行营销操作。若在制订营销策略时，无相关营销响应模型可用，则可基于业务经验为不同客户匹配不同的营销策略。待营销策略制订完成后，即可基于营销策略对客群进行差异化营销。

（3）营销结果追踪与优化

营销结果追踪与优化是指风控团队、运营团队、业务团队在营销过程中基于营销结果和营销过程中的问题不断优化营销方法、提升营销效率和效果的过程。在营销过程中，发现的都是特定的问题，在解决问题时，各团队需要进行协同，携手做好存量客户营销。

6.10 续授信策略

在贷前定额策略部分讲过，在对客户定额的时候，会给予客户一个授信有效期，授信有效期到期后客户是无法进行用信的，续授信主要是为了解决客户授信有效期到期后无法用信的问题。续授信可以被认为是贷中阶段的授信审批，是指在贷中阶段主要对授信有效期即将到期或已经到期的客户重新进行资质审核，基于审核结果，为优质客户延长授信有效期的操作。对客户进行续授信主要有两种方式：一是由金融机构主动为客户进行续授信，二是引导客户主动申请续授信。

续授信主要由续授信策略来完成。续授信策略可以被看作授信审批策略和定额策略结合后的精简版，在执行续授信策略时，先用精简的授信审批策略评估客户风险，若客户风险较低，则再用精简版的定额策略在现有授信有效期的基础上为客户延长授信有效期。需要说明的是，在对客户进行续授信时，客户的授信额度通常是与续授信时点的授信额度保持一致的，即续授信不会更改客户的授信额度。在对客户进行续授信时，授信有效期延长的期限通常不建议太长，小于或等于1年即可，若延长的期限过长，则不利于风险管控，因为续授信期限太长，对客户资质进行重新评估的频率就会降低，很可能会因客户风险上升却成功用信而给金融机构造成较大的损失。

6.11 本章小结

贷中阶段涉及的风控场景相对多一些，本章主要讲述了贷中风控场景对应的风控策略，做好贷中风控策略对管控存量客户风险、提升存量优质客户价值至关重要。

截至本章，讲述了很多风控场景对应的风控策略，不同类型风控策略的全生命周期管理方法基本上都是一样的，不同的地方要么是使用的分析样本不同，要么是目标字段不同，其他出入不大，只要掌握了策略的开发、部署、监控和调优的通用分析方法，明确了风控场景要实现的风控目标，风控策略的全生命周期管理就会变得很简单。

贷后管理与贷后催收

贷后是风控的最后一道防线,到了贷后阶段,风控的重点工作就变成了贷款回收和不良贷款处置。上文讲到的贷前和贷中风控主要影响放贷资产的入催率,通常情况下,若风控做得好,入催率会比较低,若风控做得差,入催率会高一些,但是,在贷款逾期后,贷前和贷中风控就无能为力了,这时就只能依靠贷后对逾期资产进行回收和处置了。在整个风控过程中,贷前、贷中和贷后分别侧重客户不同阶段的风控,只有将各个阶段的风控都做好,才能减少损失,增加收益。

7.1 贷后风控目标

贷后阶段涉及的事项主要有两大部分,分别是贷后管理和贷后催收,严格地讲,贷后催收属于贷后管理的一部分,因其特殊性,一般单独进行说明。贷后管理主要包括贷后检查、贷款五级分类、不良贷款处置、押品管理等内容,贷后催收主要包括催收策略设计、催收手段选取等内容。贷后要实现的主要风控目标有三个,具体描述如下。

(1) 尽可能催回逾期贷款

在贷款逾期后,主要通过贷后催收来追回逾期欠款,催回率越高,金融机构的损失就越少。当前,很多金融机构的放贷规模都非常大,这样就导致贷款逾期金额也比较大,甚至以亿元为单位计算,对于这么多逾期金额,若贷后催收做得不好,会给金额机构带来非常大的损失,所以,做好贷后催收意义重大。

(2) 做好不良资产处置

若进入不良阶段的逾期贷款规模较大,那么,一方面会产生较大的风险,甚至不良率过高会导致金融机构破产,另一方面会占用金融机构较多的信贷资源和监管资本,影响金融机构的放贷能力，不利于金融机构正常经营。所以，做好不良资产处置很有必要。

金融机构及时、合理地进行不良资产处置，一方面可以从一定程度上化解风险，降低不良率，另一方面可以释放更多的信贷资金，增加放贷规模。不良资产并非没有价值的资产，相反，它是有一定价值的，若处理及时、得当，则会为金融机构带来可观的回报。在进行不良资产处置后，可以降低拨备，在释放更多的信贷资金用来支持经济发展的同时获取更可观的利润。

(3) 推动实现利润最大化

与贷前和贷中一样，贷后既需要从自身出发实现局部利润最大化，又需要协同贷前和贷中，共同推动实现全局利润最大化。想要实现全局利润最大化，需要站在全局的角度与贷前和贷中做好配合，相关内容在贷前和贷中部分已经讲过，此处不再赘述。

实现贷后利润最大化的重要抓手就是在使用最小成本的前提下不断地提升逾期资产回收率，更好、更优地处理不良资产，通过上述操作不断地降低逾期资产带来的损失，提升贷后利润率。

7.2 贷后风控数据源

在贷后，除了可以使用贷前、贷中的所有数据，还会较多地用到贷后催收数据。催收数据主要包括催收手段、催收次数、催收结果等，在贷后，主要基于这些数据构建贷后相关模型和设计催收策略。

贷后涉及的风控数据源除催收数据以外，其他数据与贷前和贷中出入不大。

7.3 贷后风控模型体系和模型在策略中的应用

贷后风控模型体系比较简单，主要包括针对已经逾期客群开发的用来辅助逾期贷款催收的模型。常见的贷后风控模型有催收评分卡模型、账龄滚动模型、失联预测模型、失联修复模型等。

(1) 催收评分卡模型

催收评分卡（Collection Score Card）模型即我们常常提到的 C 卡，用于评估已经逾期的客户在未来一段时间催回的可能性，此处所说的逾期客户主要是指处于 M1 阶段的客户，而对于 M1+阶段的客户，通常催回的可能性比较低，构建 C 卡的意义不是很大。催收评分卡在用于建模时常用的数据有催收行为数据、逾期数据、历史还款数据、收入和负债数据、客户基本信息、联系人信息、第三方数据等。

在模型构建完成后，会基于 C 卡模型分对客户进行风险评级，基于评级结果设计差异化催收策略。在制订催收策略的时候，通常是对评级较好的客群不催收或者轻量催收，对评级一般的客群正常催收，对评级较差的客群重点催收，这样对逾期客群的差异化催收通常可以实现以最小的成本获取最大的催收成果。

（2）账龄滚动模型

账龄滚动模型主要预测每一逾期账龄的客户"迁徙"到下一个逾期账龄的概率，概率越高，说明客户下一个账龄继续逾期的可能性越高。常见的账龄滚动模型有 M0-M1 模型、M1-M2 模型、M2-M3 模型、M3-M4 模型，当客户处于 M4 及以上阶段时（逾期超过 120 天），还款可能性已经非常低了，这时往往需要采取非常严厉的催收方式促使客户尽快还款，在这种情况下，催收策略的制订基本上不依赖账龄滚动模型，所以，M4-M5 甚至更高账龄的滚动模型的开发意义不大。账龄滚动模型开发时常用的数据信息与 C 卡类似，不再赘述。

在账龄滚动模型开发完成后，同样需要基于模型分对客户进行风险评级，然后基于评级结果设计差异化催收策略。讲到这里，我们会发现账龄滚动模型和 C 卡很类似，它们都是对客户未来的风险表现进行预测，并基于预测结果设计差异化催收策略以期能以最低的成本尽可能催回逾期贷款。账龄滚动模型与 C 卡的不同之处在于，前者是预测客户的短期风险，而后者是预测客户的长期风险。在制订催收策略时，往往将上述两种模型结合使用，从长期和短期风险两方面来对客户进行风险评级，基于评级结果更加有针对性地设计催收策略，提升催收效果。

（3）失联预测模型

失联预测模型主要用来预测已经逾期且可以联系上的客户在未来联系不上的概率，希望将失联由事后发现变为提前预知，并对可能失联的客户加强催收，减少损失。失联预测模型的开发思路很简单，难点在于目标字段的定义，即将什么样的客户定义为失联客户，通常可将一段时间内多次拨打电话未接听、停机、空号、关机等情况定义为失联。在开发失联预测模型时，用到的数据有催收数据、交易行为数据、运营商数据、联系人数据、基本信息、逾期信息等。

失联预测模型开发完成后，主要与其他贷后风险模型组合应用于催收策略的制订，对于风险高、失联概率高的客户，需要加强催收，避免因客户失联而给金融机构造成较大的损失。

（4）失联修复模型

失联修复模型是指在贷后催收的过程中对已经逾期且失联的客户通过挖掘客户间接的联系方式（如获取与客户有过联系的人的联系方式，通过这些人间接联系上客户），修复客户失联状态的模型。失联修复模型是针对已经失联的客户构建的模型，而失联预测模型是针对还未失联的客户构建的模型，这是二者的不同之处。在构建失联修复模型的时候，主要使用社交网络相关算法，将客户、电话、电子邮箱等作为节点构建社交网络，通过在网络中寻找与失联客户有过联系的客户的联系方式，间接触达失联客户。

失联修复模型开发完成后主要在贷后催收过程中使用，在获取可间接触达客户的联系方式后，直接进行联系，最终能触达客户并进行重点催收即可。

7.4 贷后管理

贷后管理是进行贷款管理的最终环节，是控制风险、减少不良贷款发生的重要一环。贷后管理主要包括在贷款发放后对贷款用途进行追踪、在符合监管要求的前提下对贷款进行五级分类、对不良贷款进行合理有效处置、对抵押品进行管理和处置、对逾期贷款进行催收等内容。逾期催收比较特殊，会单独进行讲解。

7.4.1 贷后检查

贷后检查是贷款发放后金融机构对借款人执行借款合同情况与贷款使用效果的追踪调查和检查。贷后检查的主要内容包括检查借款人是否按借款合同规定的用途使用借款、贷款是否能收到预期效益、抵押品是否保持完好等，对于经营类贷款，还要检查企业流动资金是否出现问题等。贷后检查是贷款发放后的监督，与贷前和贷中对客户资质的审批相互联系，相互补充，对贷款质量管理起重要作用。

在贷后检查的过程中，若发现贷款用途不符或者存在影响还款的重要情况，则通常要与贷后催收团队进行协同，提前对贷款进行回收。

7.4.2 贷款五级分类

中国人民银行于2001年12月19日决定自2002年1月1日起正式在中国银行业全面推行贷款风险分类管理。此后，各金融机构将贷款五级分类作为信贷资质分类标准之一。贷款五级分类将贷款质量划分为正常、关注、次级、可疑、损失五类，其中前两类称为优良贷款，后三类称为不良贷款，在此基础上，不良贷款率是衡量金融机构资产质量的重要指标。贷款五级分类具体描述如下。

1）正常类贷款。正常类贷款是指借款人能够履行合同，一直能正常还本付息，不存在任何影响贷款本息及时全额偿还的消极因素，金融机构对借款人按时足额偿还贷款本息有充分把握，贷款损失的概率为 0。

2）关注类贷款。关注类贷款是指尽管借款人有能力偿还贷款本息，但存在一些可能对偿还产生不利影响的因素，如果这些因素继续下去，那么借款人的偿还能力将受到影响，贷款损失的概率不会超过 5%。

3）次级类贷款。次级类贷款是指借款人的还款能力出现明显问题，完全依靠其正常收入无法足额偿还贷款本息，需要通过处分资产、执行抵押担保等方式来还款付息，贷款损失的概率为 30%~50%。

4）可疑类贷款。可疑类贷款是指借款人无法足额偿还贷款本息，即使执行抵押或担保，也肯定要造成较大损失，只是因为存在借款人重组、兼并、合并、抵押品处理和未决诉讼等待定因素，所以损失金额还不能确定，贷款损失的概率为 50%~75%。

5）损失类贷款。损失类贷款是指在采取所有可能的措施或一切必要的法律程序之后，本息仍然无法收回或只能收回极少部分的贷款，贷款损失的概率为 75%~100%。

金融机构对贷款质量进行五级分类的意义重大，主要体现在以下四个方面。

1）揭示贷款的实际价值和风险程度，真实、全面、动态地反映金融机构贷款质量，在实际运营过程中，可基于贷款质量情况及时调整经营策略。

2）及时发现信贷管理过程中存在的问题，加强贷款管理，如不良贷款占比过高，需要重新审视风控的有效性，及时做出调整。

3）通过贷款质量分类结果计算贷款损失准备金所需数额，为判断贷款损失准备金是否充分提供依据。

4）满足监管要求，合规经营。

7.4.3 不良贷款处置

不良贷款是逾期贷款、呆滞贷款和呆账贷款的总称。不良贷款处置是指金融机构运用各种经营方式，按照规定程序和权限对不良贷款进行经营处置，优化资产结构的各项经营管理活动。正常来讲，不良贷款是需要算入金融机构成本里的，若不良贷款规模过大，则需要较多的贷款损失准备金，甚至会影响正常业务的开展，所以，及时对不良贷款进行合理处理的意义重大。

不良贷款处置的手段多样，本节主要介绍两种常见方案，分别是不良贷款核销（表内处理）和不良贷款打包出售（出表处理）。

（1）不良贷款核销

不良贷款核销是指金融机构自己承担风险和损失，对符合监管认定条件的长期逾期账户的逾期本金和利息按规定从利润中予以注销的过程。不良贷款经过核销后，将不在金融机构资产负债表上进行会计确认和计量，从而实现了"会计"上的出表，不良贷款规模与比例也得以降低。

(2) 不良贷款打包出售

不良贷款打包出售可以被看作不良资产出表的过程，金融机构将不良贷款出售给金融资产管理公司（Asset Management Corporation，AMC）是较快甩掉不良"包袱"的一种方式。金融资产管理公司以最大限度保全资产、减少损失为主要经营目标，依法独立承担民事责任，是不良资产处置市场的主体。当前，我国主要有4家全国性金融资产管理公司，分别是中国华融资产管理股份有限公司、中国长城资产管理股份有限公司、中国东方资产管理股份有限公司和中国信达资产管理股份有限公司。购买不良资产的金融资产管理公司主要通过诉讼追偿、资产重组、出售等方式实现盈利。

7.5 贷后催收

贷后催收需要考虑如何以最小的催收成本取得最大的催收效果，这就需要利用贷后相关风控模型和其他相关风控数据对逾期客群进行精细化分层管理，基于分层结果为每一类别客群制订有针对性的催收策略。催收策略是贷后催收的核心，有效的催收策略往往能够取得事半功倍的效果。

7.5.1 催收手段

在对逾期贷款进行催收的过程中，针对不同逾期阶段的客群常采用不同的催收方式，常见的催收方式有以下11种。

1）自动代扣。顾名思义，自动代扣就是在客户逾期后每天从所有可以获取的客户银行账户里定时自动扣缴欠款，若检测到客户银行账户里有存款，就会发起代扣，能扣多少扣多少，直至扣款能抵消欠款。

2）短信提醒。从客户逾期开始，就会发短信提醒客户及时还款。对于忘记还款的客户，通常在收到短信提醒后会及时还款；对于还款能力或还款意愿较弱的客户，短信提醒起到的作用不大，通常需要更严厉的催收手段才有可能促使客户还款。

3）邮件提醒。从客户逾期开始，通常会发邮件提醒客户及时还款。邮件提醒可以被看作另一种触达客户的方式，可以被认为是短信提醒的补充，起到的作用与短信提醒差不多。在当前的一些信贷产品中，其实是不需要客户提供邮箱地址的，若无法获取客户的邮箱地址，那么邮件提醒的催收手段就无法使用了。

4）IVR。IVR（Interactive Voice Response）即交互式语音应答，但是只限于非常简单的语音交互，它主要在客户早期逾期阶段对客户进行还款提醒，催收效果会略优于短信和邮件催收。

5）智能外呼。智能外呼是利用自动语音识别、文字转语音、自然语言处理等机器学习技术研发的一款智能催收机器人产品，它可以被看作 IVR 的升级版本，相对 IVR 更加智能，能够在催收的同时与客户进行互动，催收效果优于 IVR 催收。

6）电话催收。电话催收是催收人员通过向逾期客户或逾期客户的联系人打电话，直接或间接督促逾期客户还款的一种催收手段。需要说明的是，电话催收的话术通常都是精心设计的，且往往都会对逾期客户有一定的震慑作用，对于还款能力或还款意愿相对较弱的逾期客群，往往能起到比较好的催收效果。电话催收成本相对较高且催收效率偏低，对于联系不上的客群，该催收手段无法起作用。

7）上门催收。对于逾期时间长、逾期金额大且距离金融机构较近的逾期客群，会采取上门催收的手段，但是该催收手段成本太高，往往在针对极少数客群时才会采用。上门催收往往能取到比较好的催收效果。

8）委外催收。委外催收通常是指金融机构将比较难催收的逾期客户委托给第三方（如金融资产管理公司）进行催收，并按照协商的方式支付追讨费用。委外催收效果与第三方机构的催收能力密切相关，在实际操作过程中，通常会基于催收效果对第三方机构设置奖惩机制。

9）网络仲裁。网络仲裁是指利用互联网等网络技术资源提供仲裁服务的网上争议解决方法，包括立案、受理、审理、裁决、送达等在内的整个仲裁过程都在网上进行。相较线下仲裁，网络仲裁速度更快。网络仲裁与线下仲裁一样，都是受法律认可的，欠款人在收到仲裁书后同样需要认真对待，尽快还款。

10）法务催收。法务催收是指主要依靠法律手段帮助金融机构回收逾期账款，减少损失的催收方式。相较网络仲裁，法务催收主要是一种通过线下方式进行催收的手段。法务催收往往具有较强的震慑力，对于还款意愿或还款能力很弱的逾期客户，通常也能起到较好的催收效果。

11）网络拍卖。网络拍卖是指在法律法规许可的条件下，将逾期客户抵押或质押的如房子、车子、股权等在互联网上公开拍卖，用拍卖获得的资金偿还逾期账款的行为。通过进行押品的公开拍卖，能够较快偿还逾期款项，最大程度地挽回金融机构损失。

7.5.2 电话催收指标

在贷后催收过程中，电话催收是非常重要的一种催收方式。在电话催收过程中，经常会使用一些专用指标来记录催收过程，这些指标在分析催收效果和优化策略时会经常用到。接下来对一些经常使用的电话催收指标进行说明。

1）CPD。CPD指逾期金额大于一定数额的客户的入催天数，与DPD相似，属于贷后催收的专用名词，入催时间越长，CPD越大。在金融机构中，通常逾期金额大于一定的数值（如50元）才会进行催收，对于逾期金额非常小的客户，通常是不进行催收的。

2）Outbound。顾名思义，指电话催收呼出。

3）RPC。RPC（Right Public Contact）指有效的联系人，即通过催收电话可以联系到的逾期客户本人或逾期客户的有效联系人。

4）PTP。PTP（Promise To Pay）是指在客户是有效联系人的前提下，客户承诺在一定期限内归还一定数额的欠款。

5）In_PTP。在PTP指标中，客户承诺在一定期限内归还一定数额的欠款，此处介绍的In_PTP是指是否在PTP的承诺还款期限内，在承诺期内，又称为P期，P期通常指T+3。

6）跟P。跟进PTP，在P期内再次提醒客户兑现承诺，按时还款。

7）V_PTP。在客户承诺还款后，处于P期内的尚未还款的客户。

8）KP。KP（Keep Promise，即Keep PTP）是指客户遵守诺言，在P期内按时还款。

9）BP。BP（Break Promise，即Break PTP）是指客户未遵守诺言，在P期内未按时还款。

▶▶ 7.5.3 催收策略

在前边讲过，入催率是评估贷前和贷中风控有效性的关键指标，在客户进入催收阶段后，贷前和贷中风控就无能为力了，这时贷后风控就要"上场"了，而催回率是考核贷后风控有效性的关键指标，若入催率低、催回率高，则可以从一定程度上说明贷前、贷中、贷后风控的有效性。如何提高贷后的催回率呢？这时就不得不用到催收策略。

催收策略要解决对什么样的逾期客群在什么时候采取什么样的催收方式以最小的催收成本取得最大催收效果的问题。其实催收策略的制订是很简单的，无非是在对客群精细化分层的基础上对低风险且逾期时间较短（如逾期时间小于7天）的客群弱化催收，因为这些客群随着时间的推移极可能主动还款，没必要投入过多的资源进行催收，对风险一般且逾期时间不是很长（如逾期时间为7~30天）的客群正常催收，这部分客群往往正常催收就能取得不错的催收效果，对高风险客群或者逾期时间较长（如逾期时间超过30天）的客群加强催收，若不加强对这部分客群的催收，则通常很难催回欠款。

在进行催收策略开发的时候，客群分层比较关键。客群分层主要是基于催收评分卡模型分、账龄滚动模型分、失联预测模型分和其他风险变量将逾期客群按照风险等级和逾期时长划分为互斥的群体，所用到的分析方法与贷前和贷中讲到的客户评级方法大同小异，不再赘述。在完成对逾期客群的分层后，就可以结合催收手段制订差异化的催收策略了，图 7-1 是基于客群分层的贷后催收策略示例，仅供参考。在制订并实施催收策略的过程中，通常会进行 AB 测试以评估催收策略的有效性，基于评估结果不断优化催收策略，提高催收效果。

低风险且逾期时间短客群
- 主要采取以提醒为主的催收方式；
- 催收方式以短信、IVR、智能外呼、电话催收为主

中风险且逾期时间不长客群
- 主要以电话催收为主，电话频催施压，提高催收强度，促使客户还款；
- 催收方式主要为电话催收

高风险客群或逾期时间较长客群
- 主要以上门、法务、拍卖等催收方式为主，通过加强催收促成回款，降低损失；
- 催收方式以上门催收、委外催收、网络仲裁、法务催收、网络拍卖为主

- 图 7-1 基于客群分层的贷后催收策略

7.6 本章小结

本章主要讲述了贷后管理和贷后催收相关的内容，其中贷后催收是贷后的重中之重，催收策略是贷后催收的核心，因为策略全生命周期管理的方法都是类似的，所以本章主要讲述了如何开发催收策略及催收策略要实现的风控目标，对催收策略具体的全生命周期管理讲解不多。

在贷后阶段，逾期资产回收效果的好坏对金融机构整体资产质量的好坏影响非常大，所以做好贷后逾期资产回收意义重大。

反欺诈与社交网络

在整个风控过程中,欺诈主要发生在贷前和贷中阶段,且大多数情况下会给金融机构造成较大的经济损失。为避免欺诈带来的损失,反欺诈就应运而生了。在贷前和贷中部分,虽然粗略地讲述了一些反欺诈相关的模型和策略,但是还不够,因为反欺诈体系是与信用体系有区别的另一个比较大的课题,所以本章再单独对反欺诈进行讲解。

8.1 欺诈

在进行反欺诈之前,需要先了解欺诈,只有了解了欺诈,才能更好地进行反欺诈,从而减少甚至避免因欺诈而给金融机构造成的损失。

8.1.1 欺诈的定义

欺诈是行为人故意虚构事实或隐瞒真相并诱使他人误解、上当,以骗取不当好处的行为。在金融领域,欺诈主要是行为人虚构事实或者隐瞒真相误导金融机构,向金融机构骗取不当好处的行为,行为人在进行欺诈的时候最终可能会获得不当好处,也可能因种种原因未获得不当好处,但是,只要有欺诈行为的发生,就可以认为是进行了欺诈。

在客户贷款过程中,经常出现被其他第三方诈骗的情况,如电信诈骗、虚假客服等,这些诈骗主要会对客户造成经济损失,从而增加客户的逾期风险,若金融机构发现客户被第三方诈骗的情况,则需要重点关注并协助客户追缴被骗资金,尽可能降低客户损失。

8.1.2 欺诈的分类

在对欺诈进行分类的时候,可以从不同的角度进行,常见的欺诈类型划分方式有以下四种。

（1）按欺诈人数划分

按欺诈人数的多少可以将欺诈划分为个体欺诈和团伙欺诈，其中个体欺诈是指参与欺诈的人数只有 1 人，团伙欺诈是指参与欺诈的人数至少有 2 人。

在贷前和贷中章节已经讲过，在反欺诈模型和反欺诈策略中，主要是通过识别个体欺诈和团伙欺诈进行风险管控的。

（2）按欺诈阶段划分

在贷款流程中，欺诈主要存在于贷前授信审批场景和贷中用信审批场景，对应的欺诈类别分别为申请欺诈和交易欺诈，也就是说，绝大部分的欺诈识别和管控是在上述阶段进行的。

虽然按欺诈阶段划分欺诈主要发生于贷前和贷中，但是反欺诈发生在贷前、贷中和贷后。在反欺诈过程中，一旦发现欺诈，需要马上将欺诈客户的账户冻结，同时将相关的欺诈客户、设备"指纹"、电话号码、GPS 等加入欺诈黑名单及时进行风险拦截，避免出现更大的损失。

（3）按欺诈对象划分

按欺诈对象可将欺诈划分为第一方欺诈、第二方欺诈和第三方欺诈。

1）第一方欺诈是指欺诈主体是客户本人，客户本人就是来骗贷的，骗了就没打算还。

2）第二方欺诈是指金融机构内部人员单独或串通进行欺诈，或者金融机构内部人员与外部人员勾结进行欺诈。

3）第三方欺诈是指第三方伪冒客户身份进行骗贷的欺诈。

（4）按欺诈行为划分

按欺诈行为划分，欺诈主要包括以下 9 种情况。

1）身份冒用：他人冒用客户的身份信息骗取贷款。

2）账户盗用：账户为客户本人申请，不法分子通过盗用客户的账户并在客户不知情的情况下办理非客户本人意愿的贷款。

3）不实申请：客户利用技术等手段伪造资料，修改贷款所需数据，通过欺骗金融机构的审批过程来获取本不该获得的贷款。

4）套现：客户利用线上消费或购买商品名义办理金融机构贷款后违规套取现金的行为。

5）道德风险：在信息不对称的条件下，客户为了不承担其行动的全部后果，在最大化自身利益的同时，做出不利于金融机构的举动，如以恶意拖欠为目的的否认申请。

6）中介代办：客户主动将个人信息提供给中介，由中介包装、"美化"客户信息后进行贷款申请，中介代办通常会收取一定数额佣金且常伴随资料造假。

7）合谋欺诈：由金融机构人员与申贷客户串通为获取不当利益而进行的贷款申请。

8）团伙欺诈：犯罪团伙有组织、有预谋地通过伪造或变造资料大规模骗取金融机构贷款以非法获利的行为，性质非常恶劣。团伙欺诈是当前反欺诈要重点识别和拦截的对象。

9）欺诈黑产：当前越来越多的欺诈以"黑产"形式存在，形成分工明确的产业链，常见的是黑产操纵机器进行批量骗贷。

8.1.3 欺诈的特点

在金融领域，欺诈主要有以下两个显著特点，需要重点关注。

1）欺诈贷款通常表现为短期逾期（通常首期就会逾期），欺诈客户一般都是借了钱就跑，最大限度地使自身利益最大化，所以像首逾率（如 fpd30 逾期占比）通常会作为衡量反欺诈工作做得好不好的一个重要指标。另外，在构建反欺诈模型或挖掘反欺诈策略时，若欺诈样本较少，则通常会用首期逾期是否超过一定天数作为目标变量来进行建模或策略挖掘。

2）在当下，科技发展日新月异，欺诈手段也是层出不穷，在从事反欺诈工作时，今天有效识别欺诈的手段到明天可能就失效了，所以欺诈和反欺诈具有动态性与对抗性，为了更好地开展反欺诈工作，需要不断了解欺诈，时刻关注欺诈的发展和变化，有针对性地进行反欺诈。

8.2 反欺诈

欺诈往往会给金融机构带来较大的损失，所以，为了减少甚至避免欺诈带来的损失，就需要研究欺诈，进行反欺诈。

8.2.1 反欺诈要实现的目标

反欺诈要实现的目标很简单，就是最大可能地识别和拦截欺诈，反映到具体的风控指标上，主要有以下三个。

1）降低首逾比例。通过与过去一段时间比较首逾比例（首逾比例主要是指如 fpd30、fpd90 等逾期金额或逾期笔数占比）下降幅度，可从侧面反映反欺诈工作成效。

2）提高挽损金额。挽损金额是指在客户交易时被反欺诈拦截且后来证明该客户为欺诈客户所对应的拦截金额。挽损金额的绝对值体现了反欺诈团队的存在价值，挽损金额越高，反欺诈团队存在的意义越大。

3）提高欺诈确认率。在反欺诈团队对疑似欺诈客户或疑似团伙进行反欺诈调查时，欺诈确认率越高，说明反欺诈工作做得越好，反之则说明反欺诈工作做得不够好。

8.2.2 反欺诈手段

在了解欺诈后，就需要针对欺诈从包括产品设计、营销获客、授信审批、用信审批、贷中检测、案件调查、催收管理、信息安全、黑名单管理等在内的全流程尽可能识别和防控欺诈。常见的在上述流程中经常使用的被证实比较有效的反欺诈手段有以下四种。

1）在授信审批和用信审批等流程中，采用身份证 OCR 识别、活体识别、二要素验证、三要素验证、四要素验证、密码校验等手段防止身份冒用、账户盗用、虚假申请。

2）构建针对欺诈客户、欺诈设备、欺诈电话、欺诈 IP 地址、欺诈 GPS 等的欺诈黑名单库，在授信申请、用信申请等流程中拦截欺诈客户的申请。

3）构建识别欺诈个体和欺诈团伙的反欺诈模型，精准识别欺诈客群。

4）开发识别欺诈个体和欺诈团伙的反欺诈规则，精准拦截欺诈客群。

8.2.3 反欺诈模型

在反欺诈过程中，反欺诈模型是精准识别欺诈的利器，在反欺诈模型开发完成后，主要由反欺诈策略利用反欺诈模型结果精准拦截欺诈。

虽然欺诈的分类方法有多种，但是反欺诈模型主要有两种，分别是识别个体欺诈的反欺诈模型和识别团伙欺诈的反欺诈模型。在开发识别个体欺诈的反欺诈模型时，常使用以逻辑斯谛回归、XGBoost、LightGBM 等为代表的有监督学习算法，在欺诈样本不足时，常将首逾超过一定天数的样本作为坏样本来建模；在开发识别团伙欺诈的反欺诈模型时，若开发的是图模型，则常用以 Louvain 算法为代表的无监督学习算法来建模，若开发的是分类模型（如 GPS 评分卡模型），则使用的算法以逻辑斯谛回归、XGBoost、LightGBM 等有监督学习算法为主。

在贷前和贷中部分已经讲过其中主要涉及的反欺诈模型，在实际生产中，选择相应的反欺诈模型进行开发和使用即可。需要强调的是，在反欺诈过程中，识别和拦截欺诈团伙往往是反欺诈工作的重中之重，因为欺诈团伙性质非常恶劣，且一旦欺诈成功，往往会给金融机构带来难以估量的损失，所以开发有效的识别团伙欺诈的反欺诈模型显得尤为重要。

8.2.4 反欺诈策略

在风控过程中，主要通过反欺诈策略识别和拦截欺诈。反欺诈策略主要是基于反欺诈模型结果、相关风控数据源设计和挖掘反欺诈规则进行欺诈识别和欺诈拦截。在贷前和贷中部分已经讲过，反欺诈策略主要包括反欺诈核身、反欺诈准入等 HC 类策略和反欺诈判断等非 HC 类策略两部分。

反欺诈 HC 类策略比较简单，就是基于比较确定的硬性欺诈指标（如欺诈黑名单）拒绝客户的申请、交易等行为；反欺诈非 HC 类策略主要是基于如欺诈模型分和相关风控数据源进行分析，找出对欺诈区分度较高的规则，灵活进行欺诈识别和拦截。常见的反欺诈非 HC 类策略可以从客户关联关系（如同一客户关联较多的设备"指纹"、同一客户关联较多的申请电话、同一设备"指纹"关联较多的客户、同一联系电话关联较多客户等）、地域集中度（如同一 GPS 短时大量申请）、地理位置短时变化大（如短时间 GPS 定位距离相距较远）、特殊时间段大额交易（如凌晨 2~5 点的交易金额大于 5 万元）、欺诈模型分等维度进行分析和挖掘。

反欺诈策略的全生命周期管理与其他策略是类似的，不同之处在于进行策略分析时选用的样本和目标字段不同，本节不再赘述。

8.3 基于社交网络识别欺诈团伙

在金融场景中，团伙欺诈识别是反欺诈工作的重中之重，本节主要介绍如何基于 Louvain 算法构建团伙欺诈识别模型来识别欺诈团伙。

8.3.1 社交网络简介

社交网络是一种由许多节点和边构成的社会结构，节点通常是指个人或组织，而边代表各种社会关系。通常用图来表示社交网络，即 $G=\{V, E\}$，V 是用户节点（Node）的集合，E 是边（Edge）的集合。图 8-1 是一个简单的社交网络图，其中圆表示节点，节点之间的连线表示边。

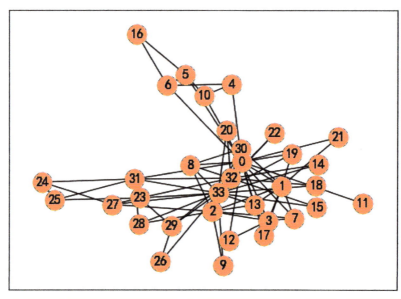

● 图 8-1　社交网络图示例

在构建了社交网络后，会经常使用以下 6 个指标对网络中的重要节点和网络紧密程度进行分析。

1）度（Degree）：一个节点连接的边数。

2）距离：在社交网络里，两节点之间的最短路径上所包含的边的数目就是两个节点之间的距离。在失联修复模型中，可通过联系距离失联节点比较近的节点来间接触达失联客户，督促失联客户尽快还贷。

3）路径：两节点之间的路径由其所需要经过的边组成。

4）度中心性（Degree Centrality）：一个节点的度越大，说明这个节点越具备度中心性，在社交网络中的影响力越大。

5）接近中心性（Closeness Centrality）：若一个节点与社交网络中其他节点的距离均较近，则认为该节点接近中心性较高。接近中心性反映了社交网络中某一节点与其他节点间的接近程度，具有高接近中心性的节点在社交网络中被高度连接。

6）中介中心性（Between Centrality）：在社交网络内所有的两节点间的最短路径中，经过某个节点的条数越多，那么该节点就越重要。中介中心性代表了节点在社交网络传播时发挥的影响力。

在上面提到的 6 个指标中，中心性相关的 3 个指标主要从不同的角度计算了社交网络中比较重要的节点，具体计算公式可在网络上搜到，有兴趣的读者可自行研究。

8.3.2 Louvain 算法

Louvain 算法是一种基于无向图（在社交网络中，将边没有方向的图称为无向图，边有方向的图称为有向图）的"社区"发现算法，其基本思想是先将每一个节点作为一个独立的社区，再分别计算各个节点加入其他社区后的模块度（Modularity）增量，从中选出模块度最高的一个邻居节点，合并为一个社区，待所有节点所属的社区不再变化后，将合并后的社区看成一个新的节点，重复上述过程，直到模块度不再增大。Louvain 算法最终生成的社区是非重叠社区，即同一节点最终只会存在于一个社区，不会存在于多个社区。

在上面讲述 Louvain 算法的运算过程时，引入了社区和模块度的概念，那么，什么是社区和模块度呢？社区可以被看作由社交网络中的一组相互强关联的节点组成的集合，这个集合中连通的边很多，但是这个集合与社交网络中其他节点的连通性很弱，即这个集合与社交网络中其他节点之间的边非常稀疏。模块度常用来衡量一个社区的划分是否优良，模块度越高，说明所检测到的社区越符合"内紧外松"的特征，即社区内部节点相似度较高，社区内部节点与外部节点相似度较低。模块度的计算公式：

$$Q = \sum_c \left[\frac{\sum_{in}}{2m} - \left(\frac{\sum_{tot}}{2m}\right)^2 \right]$$

式中，$\sum_{in}$ 表示社区 c 内部的边的权重，$\sum_{tot}$ 表示与社区 c 内部的节点连接的边的权重，包括社区内部的边与社区外部的边，m 是社交网络中的所有边的权重的总和。关于模块度计算公式的详细推导过程，有兴趣的读者可借助互联网自行研究。

Louvain 算法具有以下 3 个优点。

1）该算法是无监督学习算法，拟合速度比较快，可以在较短时间内实现大规模社交网络的社区划分。

2）在算法运行时，无须指定划分社区的数量，当模块度不再增加的时候，迭代会自动停止。

3）基于算法运行过程中计算的模块度指标能够评估社区划分的好坏。

Louvain 算法的缺点是在基于模块度指标自动进行社区划分时，只有等模块度结果不再变化时算法才会停止，这样容易导致过拟合，会将一些外围的节点加入紧凑的社区中，从而造成在局部视角下最优，但在全局视角下较差的情况。

8.3.3 Louvain 算法的 Python 实战

本节基于 Python 的 community 工具包演示如何基于 Louvain 算法实现社区划分，代码非常简单，直接进行展示。

```python
"""
在基于community包中的Louvain算法进行社区划分前,需要安装该包,安装时,务必注意安装
命令为:pip install python-louvain
"""
#1.加载Python包

import networkx as nx
import community
import matplotlib.pyplot as plt
plt.rcParams['font.sans-serif']=['SimHei']   #用来正常显示中文标签
plt.rcParams['axes.unicode_minus']=False    #解决负号'-'显示为方块的问题

#2.加载NetworkX包自带的空手道俱乐部成员图数据

G = nx.karate_club_graph()
#对加载的图数据进行展示
```

第 8 章 反欺诈与社交网络

```
plt.figure(figsize=(12, 9))
nx.draw_networkx(G)
plt.title('空手道俱乐部成员图数据')
plt.show() #图结果见图 8-1

#3.基于Louvain算法进行社区划分
#需要注意的是,需要先将数据转为图数据,再执行Louvain算法

part = community.best_partition(G)
#输出社区划分结果
print(part)
```

在上述代码中，Louvain 算法的入参是图数据 G，而在实际生产中，获取的数据主要是数据框结构，需要先转换为图数据，再用 community 包中的 Louvain 算法进行社区划分。

8.3.4 案例实践：基于 Louvain 算法构建欺诈团伙识别模型

假如某金融机构要基于客户 ID、设备"指纹"ID、电话号码三个节点以及三个节点对应的欺诈标签构建欺诈团伙识别模型，并用它来识别欺诈团伙，如何实现呢？具体实现步骤如下。

（1）社交网络结构梳理

在基于客户 ID、设备"指纹"ID、电话号码构建社交网络前，需要先确定节点之间是如何进行连接的，即要确定节点的边，因为这决定了我们要如何构建网络以及构建的网络是否合理。

基于业务逻辑，我们可以认为节点之间存在以下关系：①客户持有设备，即客户 ID 和设备"指纹"ID 之间存在一条边；②客户通过电话联系，这里的客户与电话号码的对应关系有多种情况，可以在客户与申请电话号码、联系人电话号码、工作单位电话号码、快递预留电话号码等之间建立对应关系，即客户 ID 和上述电话号码之间存在一条边；③设备绑定电话号码，即设备"指纹"ID 和电话号码之间存在一条边。

在构建社交网络时，节点之间边的设计一定要符合业务逻辑，不能随意将不相干的节点强行关联在一起。选取的节点及确定的节点之间的关系决定了要构建的网络结构，若构建的网络不合理，则最终构建的模型效果也不会很好。

（2）数据整合

在确定了网络结构后，需要对所需数据进行整合。金融机构的风控数据往往是存储在如 Hive 等数据库中的结构化的数据，整合起来比较简单。在对数据整合过程中，需要对"脏"

数据进行清洗，剔除无效的节点，确保各个节点是有效的。假设节点存储数据的表名为 X_table（X_table 往往对应了多张表，因为这些数据通常不会存在于一张表里），表中涉及的 3 个节点对应的字段名分别为 cust_id（客户 ID）、device_id（设备"指纹"ID）、phone_number（电话号码），获取数据的 SQL 代码如下。

```sql
select concat('C',cust_id) source,concat('P',phone_number) target from X_table where cust_id is not null and phone_number is not null group by concat('C',cust_id),concat('P',phone_number)
union all
select concat('C',cust_id) source, concat('D',device_id) target from X_table where cust_id is not null and device_id is not null group by concat('C',cust_id),concat('D',device_id)
union all
select concat('D',device_id) source, concat('P',phone_number) target from X_table where device_id is not null and phone_number is not null group by concat('D',device_id),concat('P',phone_number)
```

在获取构建社交网络的数据时，为了便于区分各个节点，我们在客户节点前拼接了字母 C，在设备"指纹"节点前拼接了字母 D，在电话号码节点前拼接了字母 P，同时将数据转换为了基于 Python 构建社交网络所需的节点对节点的格式，即 source、target 的格式。在实操时，数据可能存在于多张不同的表里，需要通过 union all 的形式将数据取全，不要遗漏，另外，也可基于实际情况限制获取的数据的时间范围，如只取近一年的数据等，可自行灵活调整。在基于上述 SQL 语句取数后，假设我们将数据拉取到了线下，数据文件名称：network_data.csv。

另外，在建模时，我们想基于已有的欺诈节点（若欺诈样本不足，则可考虑用其他方法为样本打上好坏标签）预测其他非欺诈节点存在欺诈的概率，需要获取客户、设备"指纹"、电话节点对应的欺诈标签，这些数据的获取相对简单，直接从黑名单库对应的表中拉取即可。假设最终获取的数据有两个字段，分别为 node（节点，存储的是客户、设备"指纹"、电话号码节点信息）和 fraud_flag（表示节点是否为欺诈节点，1 代表是，0 代表否），将数据下载到线下，数据文件名：fraud_flag_data.csv。

（3）基于获取的数据构建全局社交网络

在数据获取完成后，接下来基于获取的所有节点数据构建全局社交网络，相关 Python 代码如下。

```
"""
基于 Louvain 算法识别欺诈团伙代码执行顺序：
1.加载所需的 Python 包；
```

第 8 章
反欺诈与社交网络

2.构建全局社交网络;
3.基于Louvain算法对全局社交网络进行社区划分;
4.基于节点协同分类算法预测未知节点的欺诈概率;
5.找出疑似欺诈团伙
"""

#1.加载所需的Python包

```python
import numpy as np
import pandas as pd
import os
import networkx as nx
import community
import re
import copy
import matplotlib.pyplot as plt
plt.rcParams['font.sans-serif']=['SimHei']    # 用来正常显示中文标签
plt.rcParams['axes.unicode_minus']=False      # 解决负号'-'显示为方块的问题
```

#2.构建全局社交网络

network_data.csv存储路径。在实操时,相关路径均要换成自己的本地路径

```python
path='F:\\DataAna\\策略\\Chapter8\\8.3.4案例实践.基于Louvain算法识别欺诈团伙\\'
#建模结果输出路径
path_result=path+'louvain\\'
if not os.path.exists(path_result):
    os.makedirs(path_result)
#取数,同时,为了避免数据重复,对数据去重
f = open(path+'network_data.csv')
mydata=pd.read_csv(f).drop_duplicates()
mydata.describe()
#基于NetworkX包对获取到的数据构建全局社交网络
G = nx.from_pandas_edgelist(mydata, source='source',target='target')
print('全局社交网络中节点的数量为:', G.number_of_nodes())
print('全局社交网络中边的数量为:', G.number_of_edges())
```

```python
# 计算节点的度数
degrees = pd.DataFrame(columns=['节点和度数'])
degrees['节点和度数'] = pd.Series(G.degree)
degrees['节点'] = degrees['节点和度数'].map(lambda x:x[0])
degrees['度数'] = degrees['节点和度数'].map(lambda x:x[1])
print(degrees.head())

# 计算节点的度中心性
degree_df = pd.DataFrame(columns=['度中心性'])
degree_df['度中心性'] = pd.Series(nx.degree_centrality(G))
degree_df = degree_df.reset_index().rename(columns={'index':'node'})
print(degree_df.head())

# 计算节点的接近中心性
closeness_df = pd.DataFrame(columns=['接近中心性'])
closeness_df['接近中心性'] = pd.Series(nx.closeness_centrality(G))

# 计算节点的中介中心性
betweenness_df = pd.DataFrame(columns=['中介中心性'])
betweenness_df['中介中心性'] = pd.Series(nx.betweenness_centrality(G))
betweenness_df.fillna(0, inplace=True)
```

在上述代码中,构建的全局社交网络为 G,在构建完成后,分别计算了社交网络中每个节点的度中心性、接近中心性和中介中心性。

(4) 基于 Louvain 算法对全局社交网络进行社区划分

在构建完成全局社交网络后,基于 Louvain 算法对社交网络进行社区划分,将联系紧密的节点划分到同一个社区里,相应的 Python 代码如下。

```python
# 3.基于 Louvain 算法对全局社交网络进行社区划分

# 社区划分,划分结果为字典形式
print('开始基于 Louvain 算法进行社区划分')
part = community.best_partition(G)
print('社区划分完成,查看划分结果')
print(part)

# 将字典转换为数据框
df = pd.DataFrame.from_dict(part, orient='index')
```

```python
df.reset_index(inplace=True)
# 数据框包含两列,一列表示节点(node),另一列表示节点所属的社区(tag)
df.rename(columns={'index':'node',0:'tag'},inplace=True)
# 节点类型解析函数
def match_nodetype(x):
    """
    对节点进行解析,返回每个节点值对应的节点类型。
    x:          要解析的节点。
    返回值:     节点类型
    """
    pattern_u=re.compile('^C')
    pattern_p=re.compile('^P')
    pattern_d=re.compile('^D')
    if pattern_u.match(x):
        return '客户节点'
    elifpattern_p.match(x):
        return '电话号码节点'
    elifpattern_d.match(x):
        return '设备指纹节点'

# 增加节点类型列,为每个节点匹配节点类型
df['node_type']=df['node'].map(lambda x:match_nodetype(x))
```

在基于 Louvain 算法完成社区划分后,虽然将一个全局社交网络拆分成了一个个社区,但是这些社区可能有成千上万个,不可能每个社区都是由欺诈团伙构成的。现在我们面临一个新的难题,即如何从划分的社区中找出欺诈团伙。其实这不难,可以简单认为节点数适中且欺诈节点占比比较大的社区为欺诈团伙。

其实,在对全局社交网络完成社区划分后,对于欺诈节点占比较高的社区,我们有理由相信它为欺诈团伙的概率较高,但是,为了有更多的抓手来识别欺诈团伙,接下来会引入节点协同分类算法(Collective Classification)并用它来预测每个非欺诈节点(未知节点)的欺诈概率。

(5)预测每个非欺诈节点的欺诈概率

在已知全局社交网络中的一些欺诈节点后,我们想基于这些欺诈节点预测其他未知节点为欺诈节点的概率,进而通过预测结果来辅助推测哪些社区为欺诈社区的概率比较高,如何进行预测呢?可基于节点协同分类算法进行。

节点协同分类算法是一种基于社交网络的半监督分类方法,暗含"近朱者赤,近墨者黑"

的思想，具体执行步骤：①初始化网络中所有节点的欺诈概率，已确认欺诈的节点的欺诈概率为1，未知节点的欺诈概率为0；②设定迭代次数（基于六度分离理论，迭代次数一般设置为6就可以了。六度分离理论是一个数学领域的猜想，也称"小世界"理论，该理论指出：你和任何一个陌生人之间间隔的人不会超过六个，也就是说，通过最多五个中间人，你就能够认识任何一个陌生人），并基于设定的迭代次数随机计算每个未知节点为欺诈节点的概率，未知节点的欺诈概率为与它相连节点的欺诈概率的均值；③待迭代终止后，每个未知节点对应的概率即为其欺诈概率。

基于节点协同分类算法预测未知节点的欺诈概率的Python代码如下。

```python
#4.基于节点协同分类算法预测未知节点的欺诈概率

#获取欺诈节点
f = open(path + 'fraud_flag_data.csv')
fraud_flag_data = pd.read_csv(f).drop_duplicates()

#基于欺诈节点对所有节点进行标注,欺诈为1,否则为0
nodes = list(G.nodes())
node_df = pd.DataFrame({'nodes': nodes})
node_df = pd.merge(node_df, fraud_flag_data, left_on='nodes', right_on='node', how='left')
del node_df['node']
node_df['fraud_flag'] = node_df['fraud_flag'].map(lambda x:1 if x == 1 else 0)

#首先获取节点的初始欺诈概率,欺诈节点的欺诈概率为1,未知节点的欺诈概率为0
init_fraud_prob = node_df['fraud_flag'].tolist()
fraud_prob = copy.deepcopy(init_fraud_prob)

#设置节点协同分类算法的迭代次数max_iter,基于六度分离理论,迭代次数设置为6就行了
max_iter = 6
#对每个节点进行编码
nodes_i = {nodes[i]: i for i in range(0, len(nodes))}

#欺诈节点
fraud_node = node_df['nodes'][node_df['fraud_flag']==1].tolist()
#未知节点
unlabel_nodes = set(nodes).difference(set(fraud_node))
```

```
# 开始执行节点协同分类算法,计算未知节点的欺诈概率
for i in range(max_iter):
    print(i)
    pre_fraud_prob = np.copy(fraud_prob)
    for unnode in unlabel_nodes:
        temp = 0
        for item in G.neighbors(unnode):
            temp = temp + pre_fraud_prob[nodes_i[item]]
        fraud_prob[nodes_i[unnode]] = temp / len(list(G.neighbors(unnode)))

# 为每个节点匹配对应的欺诈概率
node_df['fraud_prob'] = [round(i, 3) for i in fraud_prob]

# 基于每个节点的欺诈概率为节点打上是否欺诈的标签,概率大于0.5为欺诈,否则为非欺诈
node_df['fraud_pred'] = node_df['fraud_prob'].map(lambda x:1 if x>0.5 else 0)
```

在上述代码中,基于节点协同分类算法预测了每个未知节点为欺诈节点的概率,在实际生产中,节点协同分类算法用途非常广泛,可基于"近朱者赤,近墨者黑"的思路寻找与高风险客户联系紧密的风险客户。

(6) 找出疑似欺诈团伙

因本节所选的数据主要用来演示如何识别欺诈团伙,故与真实数据会有一定的差异。在实际生产中,要结合业务逻辑灵活筛选疑似欺诈社区。

在社区划分完成后,在接下来的代码示例中,选取节点数大于4且社区中预测的欺诈节点占比大于0的社区为疑似欺诈的社区,即欺诈团伙。

```
# 5.找出疑似欺诈团伙

# 将社区划分结果与节点欺诈概率预测结果进行关联
df = pd.merge (df, node_df[['nodes', 'fraud_flag', 'fraud_prob', 'fraud_pred']],
        left_on='node',right_on='nodes', how='left')del df['nodes']

# 为客户、设备"指纹"、电话号码节点打上相应的区分标签
df['cust_flag'] = df['node'].map(lambda x:1 if 'C' in x else 0)
df['device_flag'] = df['node'].map(lambda x:1 if 'D' in x else 0)
df['phone_flag'] = df['node'].map(lambda x:1 if 'P' in x else 0)
```

```python
# 为预测为欺诈的节点打上标签
df['pre_fraud_flag'] = df.apply(lambda x:1 if (x['fraud_pred']==1 and x['fraud_flag']==0) else 0,axis=1)

# 计算每个社区对应的疑似欺诈节点占比和节点数
tag_badrate=pd.DataFrame(df.groupby(['tag'])['pre_fraud_flag'].mean().reset_index()).rename(columns={'pre_fraud_flag':'bad_rate'})
tag_num = pd.DataFrame(df['tag'].value_counts().reset_index()).rename(columns={'index':'tag','tag':'tag_num'})
df_01 = pd.merge(df,tag_badrate,left_on='tag',right_on='tag',how='left')
df_02 = pd.merge(df_01,tag_num,left_on='tag',right_on='tag',how='left')

# 基于特定的业务逻辑筛选疑似欺诈社区,具体筛选逻辑可结合实际情况灵活调整。本次筛选节点数大于 4 且预测的欺诈节点占比大于 0 的社区,并将它们认定为疑似欺诈团伙
select_tag=df_02[(df_02['tag_num']>4) & (df_02['bad_rate']>0)]['tag'].unique()
# 输出筛选的社区
print(select_tag)

# 画出疑似欺诈团伙社交网络图
for tag in select_tag:
    tag=int(tag)
    print('疑似欺诈团伙 tag 为:',tag)
    nodelist=df.loc[df['tag']==tag,'node'].tolist()
    print('疑似欺诈团伙节点数为:'+str(len(nodelist)))
    blacklist=df[(df['tag']==tag) &(df['fraud_flag']==1)]['node'].tolist()
    pre_blacklist= df[(df['tag']==tag) & (df['pre_fraud_flag']==1)]['node'].tolist()
    # 团伙中欺诈节点占比
    black_rate= '{:.2%}'.format(len(blacklist)/len(nodelist))
    # 团伙中预测为欺诈节点的节点占比
    pre_black_rate= '{:.2%}'.format(len(pre_blacklist)/len(nodelist))
    edgelist=[i for i in  G.edges if  i[0]in nodelist and i[1]in nodelist]
    # 构建一个无向图
    g=nx.Graph()
    # 将团伙中的节点添加到无向图网络中
    for i in nodelist:
```

```python
        g.add_node(i)

    for e in edgelist:
        g.add_edge(e[0],e[1])

    pos=nx.spring_layout(g)
    # 基于欺诈团伙节点重构社交网络,并计算社交网络中节点的度中心性
    subdegree_df = pd.DataFrame(columns=['度中心性'])
    subdegree_df['度中心性']= pd.Series(nx.degree_centrality(g))
    # 获取度中心性排名前十的节点
    top=subdegree_df.sort_values('度中心性', ascending=False)[:10]
    top=top.index.values.tolist()
    # 获取度中心性排名前十的节点中的非欺诈和非预测欺诈节点
    top=set(top)-set(pre_blacklist)-set(blacklist)
    print(top)

    # 画图时,度中心性越大,节点在图中的面积越大
    plt.figure(figsize=(16, 10),dpi=180)
    node_color = [g.degree(v) for v in g]
    node_size = [5000 * nx.degree_centrality(g)[v]for v in g]

    pos=nx.spring_layout(g)
    nx.draw_networkx(g, pos, node_size=node_size, node_color=node_color,
alpha=0.8, with_labels=False)

    # 黑节点对应的图中文字的颜色为黑色
    black_labels = {role: role for role in blacklist}
    nx.draw_networkx_labels(g, pos, labels=black_labels,font_color='k',
font_size=16)
    ## 预测的黑节点对应的图中文字的颜色为红色
    pre_labels = {role: role for role in pre_blacklist}
    nx.draw_networkx_labels(g, pos, labels=pre_labels,font_color='r',font_size=15)

    # 度中心性排名前十的节点中非欺诈和非预测欺诈的节点对应的图中文字的颜色为蓝色
    if len(top)>0:
        top_labels =  {role: role for role in top}
```

```
            nx.draw_networkx_labels(g, pos, labels=top_labels,font_color='blue',
font_size=14)
        plt.title(' Tag:'+str(tag)+',节点数:'+str(len(nodelist))+',黑节点占比为:'+
black_rate+',预测为坏的节点占比为:'+ pre_black_rate , fontsize=20)
        plt.savefig(path_result+'tag_'+str(tag)+'.png',bbox_inches='tight')
        plt.clf()
        plt.close()
```

上述代码执行完成后,会输出疑似欺诈团伙的关联关系图,其中一张图如图8-2所示。

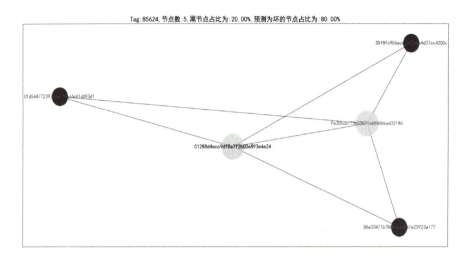

● 图 8-2 疑似欺诈团伙社交网络图示例

在图8-2中,选出来的疑似欺诈社区的编号为85624,这个社区包含1个客户节点、3个设备"指纹"节点和1个电话号码节点。在实际生产中,筛选出的疑似欺诈团伙中往往包含多个客户节点,本节主要是为了展示如何找出欺诈团伙,最终展示结果仅供参考。

需要说明的是,在本节的代码部分,因社交网络中节点索引顺序具有一定的随机性,用本节提供的数据和代码执行完成后,每次执行结果筛选出来的疑似欺诈社区的编号很可能是不同的,但是社区中的节点很可能是相同的。

(7)模型效果验证

在构建完成欺诈团伙识别模型后,往往需要对模型结果进行验证,然后才能放心使用模型。

如何对模型结果进行验证呢?常用的方法有两种:①若可用建模样本充足且样本时间跨度较长,则可在建模时取早期的样本数据,待基于早期的样本数据筛选出疑似欺诈团伙后,查看团伙中的客户在未来的首逾情况，首逾率越高，说明筛选欺诈团伙的效果越好；②若可用建模样本不是很充足或样本时间跨度不够长，则可将筛选的疑似欺诈团伙推送给反欺诈调查团队进行调查，看看最终的团伙中未确认欺诈的节点的欺诈确认率，通常欺诈确认率在50%以上才能证明模型是有效的。在实际生产中，在条件允许的情况下，往往同时使用上述两种方法验证模型效果，只有在两种方法下模型均有效，才认为模型是真正有效的。

另外，因为欺诈手段变化非常快，所以欺诈团伙识别模型需要保持高频率的更新和验证，确保持续有效。

（8）模型在策略中的应用

在证明模型有效后，通常在模型定期更新后将筛选的欺诈团伙中的节点加入黑名单（为了提高准确性，也可只将团伙中基于节点协同分类算法预测的欺诈概率高的节点加入黑名单），在授信审批和用信审批场景基于黑名单策略对疑似欺诈团伙进行拦截，降低团伙欺诈带来的风险。

8.4 本章小结

本章主要讲述了欺诈和反欺诈的一些知识，并对如何基于Louvain算法识别欺诈团伙进行了案例实践。反欺诈是金融风控过程中很重要的一环，有效识别欺诈尤其是识别团伙欺诈可以大大降低金融机构因欺诈带来的损失，为金融机构健康有序发展保驾护航。

第9章

风控模型与风控策略实践

在进入大数据时代后,机器学习算法发展迅猛,虽然其中的一些集成算法(如 GBDT、XGBoost、LightGBM 等)在可解释性上有所不足,但是因其相较传统的基于逻辑斯谛回归算法的评分卡模型具有更高的准确度,所以广泛应用于金融风控领域。本章主要以 LightGBM 算法为例构建贷前申请评分卡模型,并从策略维度讲述如何对模型结果进行应用。

9.1 LightGBM 算法简介

LightGBM 算法是一个由微软亚洲研究院分布式机器学习工具包(DMTK)开发团队开源的基于决策树算法的分布式梯度提升(Gradient Boosting Decision Tree,GBDT)框架。LightGBM 算法在 GBDT、XGBoost 等同类型算法的基础上进行了优化,在不牺牲模型精度的情况下,极大提升了模型拟合效率。在当下,GBDT、XGBoost、LightGBM 都是热门的"明星"算法,关于算法的详细讲解,本节不再赘述,读者可自行上网搜索。

相较 GBDT 和 XGBoost 算法,LightGBM 算法主要进行了以下五种重要优化,所以性能较为卓越。

1)支持类别特征,无须 one-hot 编码,对类别型特征的处理更友好,速度更快。

2)使用直方图算法来寻找最优分割点。直方图算法的基本思想:首先把连续的浮点特征值离散化成 k 个整数,构造一个宽度为 k 的直方图,在遍历数据的时候,将离散化后的值作为索引在直方图中累积统计量,当遍历一次数据后,直方图累积了需要的统计量,然后根据直方图的离散值,遍历寻找最优分割点。虽然直方图算法在确定分割点的时候速度很快,但是存在不是很精确的情况,不过关系不大,因为决策树对分割点的精确程度并不太敏感,而且较"粗"的分割点自带正则化的效果。

3）使用按叶子生长（Leaf-wise）的算法减少不必要的计算。大多数决策树相关算法的树生成方式都是采用按层生长（Level-wise）的策略，这样增加了增益较低的不必要的叶节点的分裂计算，增加了计算量，而 Leaf-wise 算法只对增益最大的叶节点进行再次分裂计算，与 Level-wise 的策略相比，在分裂次数相同的情况下，可以降低误差，得到更好的精度。Leaf-wise 算法的缺点是可能会生成较深的决策树，产生过拟合，不过 LightGBM 算法在 Leaf-wise 上增加了限制最大深度的参数，在保证算法高效的同时，可以在一定程度上防止过拟合。

4）使用 LightGBM 算法原创的基于梯度的单边采样（Gradient-based One-Side Sampling，GOSS）降低梯度值较小的样本的数量，主要对梯度值较大的样本进行分析，这样，在计算信息增益时，算法可以更加关注"未被充分训练"的样本数据，在不影响精度的情况下，提升算法效率。

5）使用 LightGBM 算法原创的互斥特征捆绑（Exclusive Feature Bundling，EFB）减少特征的数量，具体做法是将互斥特征进行合并，降低计算复杂度。

LightGBM 是 Boosting 算法的一种，Boosting 算法通常会花很多精力来学习误差较大的样本，因此对训练数据的噪声会非常敏感，如果训练数据含有很多噪声数据，就会导致基学习器集中在噪声数据上做训练，容易造成过拟合，从而影响模型效果。

9.2 基于 LightGBM 算法开发贷前申请评分卡模型

本节基于 LightGBM 算法开发贷前申请评分卡模型，展示的相关 Python 代码在实际生产中是会真实用到的。接下来，先对 lightgbm 包的主要参数进行说明，再基于该包进行算法实践。

9.2.1 lightgbm 包主要参数说明

lightgbm 包既支持分类算法，又支持回归算法，且提供了多个 API 以实现上述算法。本节主要基于 lightgbm.train() 函数讲解如何基于 lightgbm 包进行算法实践，该函数的原型如下，主要参数说明见表 9-1。

```
lightgbm.train(params, train_set, num_boost_round=100, valid_sets=None,
valid_names=None, fobj=None, feval=None, init_model=None, feature_name='auto',
categorical_feature='auto', early_stopping_rounds=None, evals_result=None,
verbose_eval=True, learning_rates=None, keep_training_booster=False,
callbacks=None)
```

表 9-1 lightgbm.train( ) 函数主要参数说明

参数名称	说明
params	字典格式，字典中存放模型训练要使用的超参数
train_set	训练数据集
num_boost_round	提升迭代次数，默认值为 100，通常，值越大，获得的模型结果的准确度越高
valid_sets	模型训练期间基于验证数据评估模型效果
feval	定制化评价函数，可基于该函数评估模型效果
early_stopping_rounds	在限定的轮次，若模型效果没有提升，就会停止迭代

接下来对 params 参数进行展开说明，该参数是字典格式，字典中主要涉及以下 15 个参数。

1）task：任务类型，取值有 train、predict、convert_model、refit 等。

2）objective：机器学习目标，指明是进行分类还是回归。取值为 binary 或 multiclass 时，表示执行的是分类算法。

3）boosting_type：提升类型，主要有 gbdt、rf、dart、goss 等，常用的是 gbdt 和 rf（随机森林算法）。

4）learning_rate：学习率，默认为 0.1，取值越大，学习速度越快。

5）num_leaves：一棵树的最大叶节点数，默认取值为 31，可基于该参数控制决策树的生长。

6）max_depth：决策树的最大深度，基于该参数可以控制决策树的生长。

7）min_data_in_leaf：叶节点的最小样本数。

8）bagging_fraction：随机选择部分样本不进行重复采样，取值范围为 [0,1]，可提升模型拟合速度，防止过拟合。

9）bagging_freq：bagging 的次数，默认取值为 0，取值为 k 时表示执行 k 次 bagging。

10）feature_fraction：与 bagging_fraction 类似，在训练每棵树之前，随机抽取部分特征进行训练，取值范围为 [0,1]。

11）lambda_l1：L1 正则化，默认值为 0，取值大于或等于 0，用于特征选择。

12）lambda_l2：L2 正则化，默认值为 0，取值大于或等于 0，取值越小，说明正则程度越高，主要用来防止过拟合。

13）min_gain_to_split：决策树进行分裂的最小增益，默认值为 0，取值大于或等于 0，取值越大，模型训练速度越快。

14）max_bin：特征值将被放入的最大箱数，默认值为 255，箱数越少，训练精度越低，但是可以通过减少箱数来防止过拟合。

15) metric：在验证集上评估模型效果的指标，比较常用的是 auc。

在基于 lightgbm.train( ) 函数完成模型拟合后，返回一个 booster 对象，该实例化对象具有以下 3 个重要属性，具体见表 9-2。

表 9-2 booster 对象的重要属性

属性名称	说明
best_iteration	如果设置了早停轮数（early_stopping_rounds）参数，则该参数表示拟合模型的最优迭代次数
best_score	拟合模型的最优模型表现得分，值越大，说明模型效果越好
params	返回模型参数的最终取值

除上述 3 个重要属性，booster 对象还有以下 4 个重要方法，具体见表 9-3。

表 9-3 booster 对象的重要方法

方法名称	说明
feature_name( )	入模变量
feature_importance( )	入模变量重要性
num_feature( )	获取入模特征数量
predict( )	使用训练好的模型预测结果，如分类模型输出结果为预测概率

9.2.2 案例实践：贷前申请评分卡模型开发

本节基于脱敏后的贷前授信申请数据以及申请成功且用信客户的风险表现数据构建贷前申请评分卡模型，建模数据包含 59 个变量，变量名依次为 var1～var59，涉及的相关变量对应的数据字典见表 9-4。

表 9-4 建模数据对应的数据字典

序号	变量名	变量描述	变量类型	变量取值说明
1	apply_day	贷前进件日	string	如 2022-02-02
2	apply_week	贷前进件周	string	用每周日的日期代替本周，如 2022-01-02
3	apply_mth	贷前进件月	string	如 2022-02
4	product_name	申请产品名称	string	
5	apply_refuse_flag	是否进件拒绝	int	1，拒绝；0，通过
6	if_loan_flag	申请通过后是否用信	int	1，用信；0，未用信

（续）

序号	变量名	变量描述	变量类型	变量取值说明
7	if_loan_in_30	申请通过后30内是否用信	int	1，用信；0，未用信
8	var1	变量1	int	4
…	…	…	…	…
66	var59	变量59	int	63
67	agr_fpd_15	fpd15是否成熟可计算	int	观察日减去首次应还款日至少超过15天，fpd15才成熟可计算，1表示是，0表示否
68	fpd_15_act	fpd15是否逾期	int	1表示是，0表示否
69	agr_fpd_30	fpd30是否成熟可计算	int	观察日减去首次应还款日至少超过30天，fpd30才成熟可计算，1表示是，0表示否
70	fpd_30_act	fpd30是否逾期	int	1表示是，0表示否
71	agr_mob3_dpd_30	mob3_dpd_30是否成熟可计算	int	观察日减去第3个应还款日至少超过30天，mob3_dpd_30才成熟可计算
72	mob3_dpd_30_act	截至mob3，历史逾期是否超过30天	int	0表示未逾期，1表示逾期超过30天，2表示逾期在大于或等于1天和小于30天之间
73	agr_mob6_dpd_30	mob6_dpd_30是否成熟可计算	int	观察日减去第6个应还款日至少超过30天，mob6_dpd_30才成熟可计算
74	mob6_dpd_30_act	截至mob6，历史逾期是否超过30天	int	0表示未逾期，1表示逾期超过30天，2表示逾期在大于或等于1天和小于30天之间
75	agr_mob9_dpd_30	mob9_dpd_30是否成熟可计算	int	观察日减去第9个应还款日至少超过30天，mob9_dpd_30才成熟可计算
76	mob9_dpd_30_act	截至mob9，历史逾期是否超过30天	int	0表示未逾期，1表示逾期超过30天，2表示逾期在大于或等于1天和小于30天之间
77	agr_mob12_dpd_30	mob12_dpd_30是否成熟可计算	int	因为此次建模时坏样本较少，所以为了增加坏样本数量，对于坏样本，观察日减去首次应还款日超过30天即算成熟，对于好样本，观察日减去第12个应还款日至少超过30天才算成熟
78	mob12_dpd_30_act	截至mob12，历史逾期是否超过30天	int	0表示未逾期，1表示逾期超过30天，2表示逾期在大于或等于1天和小于30天之间

在上述数据中，客户授信申请时间分布在2020年3月到2022年6月之间，本次选取申请时间在2020年3月到2022年1月，申请通过且用信的客户数据来构建贷前申请评分卡模型，

基于该模型预测授信申请客户申请通过后未来一段时间是否会发生逾期，建模选取的目标字段为 mob12_dpd_30_act，建模完成后对全量样本进行打分，然后从策略维度对模型结果进行分析，评估该模型评分是否可以用来设计相关策略。需要说明的是，在建模过程中，为了主要展示建模过程，不过多关注数据业务解释性和模型效果。

接下来展示基于 LightGBM 算法构建贷前申请评分卡模型的 Python 代码，因构建模型时涉及的代码较多，部分代码详见附件。

```
"""
利用 LightGBM 构建贷前申请评分卡模型的代码执行顺序：
一、基于训练集样本建模
 1.加载建模过程中需要使用的函数,因代码较多,相关函数不进行展示,具体可见本书附件,附件中
对应的文件名为 step1_calculate_fun.py;
 2.加载 Python 包;
 3.数据及文件输出路径设置,在实操过程中,相关路径都要换成自己的本地路径；
 4.读入数据并进行数据预处理；
 5.将数据拆分为训练集和测试集；
 6.对训练集数据进行描述性统计分析；
 7.基于 LightGBM 和贝叶斯搜索算法构建最优模型；
 8.输出训练集样本的预测概率并将它转换为模型分；
 9.进行模型在训练集上的效果评估；

二、模型在测试集上的效果评估
 10.对测试集数据进行描述性统计分析；
 11.输出测试集样本的预测概率并将它转换为模型分；
 12.进行模型在测试集上的效果评估；
 13.绘制模型效果评估相关图；

三、对全量样本打分,并输出打分结果,供策略分析使用
 14.加载全量需要打分的数据并进行数据预处理；
 15.加载模型训练结果对应的.pkl 文件；
 16.输出全量样本的预测概率并将它转换为模型分；
 17.输出打分数据,供策略进一步分析使用
"""


"""
一、基于训练集样本建模
"""
```

```python
#2.加载Python包
import pandas as pd
import numpy as np
import re
from sklearn.model_selection import train_test_split
from sklearn.metrics import roc_curve,roc_auc_score
#需要注意的是,贝叶斯优化对应的Python包的安装语句:pip install bayesian-optimization
from bayes_opt import BayesianOptimization
import lightgbm as lgb
import joblib
import datetime
import os
import copy
import matplotlib.pyplot as plt
plt.rcParams['font.sans-serif']=['SimHei']
plt.rcParams['axes.unicode_minus']=False

#3.数据及文件输出路径设置,在实操过程中,相关路径都要换成自己的本地路径

#建模数据及数据对应的数据字典存放路径
path='F:\\DataAna\\策略\\Chapter9\\1.LightGBM建模\\'
#模型运行过程中需要保存的.pkl文件的存储路径
path_pkl=path+'pkl\\'
#模型运行过程中输出的文件的存储路径
path_report= path +'report\\'

if not os.path.exists(path_pkl):
    os.makedirs(path_pkl)
if not os.path.exists(path_report):
    os.makedirs(path_report)

#4.读入数据并进行数据预处理
#读入数据字典
var_dict=pd.read_excel(path+"数据字典.xlsx")
var_dict.变量名=var_dict.变量名.map(lambda x:str(x).lower().replace('\t',''))

#读入建模数据并进行数据预处理
```

```
        f=open(path+'model_data.csv',encoding='utf-8')
        my_data = pd.read_csv(f)

        # 筛选申请时间在2020年3月到2022年1月,用信且目标字段成熟的样本进行建模
        my_data=my_data[(my_data['apply_mth'].map(lambda x:x>='2020-03' and x<=
'2022-01'))&(my_data['if_loan_flag']==1)&(my_data['agr_mob12_dpd_30']==1)]

        # 删除建模时不需要的字段
        my_data.drop(labels=['apply_day','apply_week','apply_mth','product_name',
'apply_refuse_flag','agr_mob3_dpd_30','agr_mob6_dpd_30','agr_mob9_dpd_30','agr_
fpd_15','mob3_dpd_30_act','mob6_dpd_30_act','mob9_dpd_30_act','fpd_15_act','if
_loan_flag','if_loan_in_30','agr_mob12_dpd_30'], axis=1, inplace=True)

        # 剔除灰样本
        my_data=my_data[my_data['mob12_dpd_30_act'].map(lambda x:x in [0,1])]

        # 将可能出现的异常值置为缺失
        for i in my_data.columns[my_data.dtypes!='object']:
            my_data[i][my_data[i].map(lambda x:x in (-999,-9999,-9998,-999999,
-99999,-998,-997,-9997))]=np.nan

        for i in my_data.columns[my_data.dtypes=='object']:
            my_data[i]=my_data[i].map(lambda x:str(x).strip())
            my_data[i][my_data[i].map(lambda x:x in ['-999','-9999','-9998','-999999',
'-99999','-998','-997','-9997'])]=np.nan
            try:
                my_data[i]=my_data[i].astype('float64')
            except:
                pass

        #5.将数据拆分为训练集和测试集
        trainData, testData = train_test_split(my_data, test_size=0.3, random_state=1111)

        #6.对训练集数据进行描述性统计分析
        train_var_describe=describe_stat_ana(describe_data=trainData,var_dict=
var_dict,sample_range='202003-202201',target='mob12_dpd_30_act',seq=1,na_
threshold=0.85,vardict_varengname='变量名',vardict_varchiname='变量描述',sample_
category='Train')
```

```python
#7.基于LightGBM和贝叶斯搜索算法构建最优模型
x_vars = train_var_describe['Characteristic'].tolist()
joblib.dump(x_vars, filename=path_pkl+'x_vars.pkl')

X_train=trainData[x_vars]
y_train=trainData['mob12_dpd_30_act']
X_test=testData[x_vars]
y_test=testData['mob12_dpd_30_act']

param = {'task':'train','objective':'binary','boosting_type':'rf','metric':
{'auc'}}
param1=copy.deepcopy(param)

# 基于贝叶斯搜索从以下参数对应的区间内寻找最优超参数
params = {
    'learning_rate':(0.005, 0.3), #学习率
    'num_leaves': (4, 10), #叶节点数
    'max_depth': (3,8), #决策树最大深度
    'feature_fraction': (0.5,0.8), #构建树时的特征选择比例
    'bagging_fraction': (0.5,0.8), #构建树时的样本采样比例
    'min_gain_to_split':(0.01,1.5), #决策树进行分裂的最小增益
    'lambda_l1':(0,0.1), #L1正则化可以产生稀疏权值矩阵,即产生一个稀疏模型,可以用于特征选择,取值范围[0,1]
    'lambda_l2':(0,0.8), #L2正则化可以防止模型过拟合,在一定程度上,L1也可以防止过拟合
    'bagging_freq':(1, 10), #bagging的次数,默认取值为0,取值为k表示执行k次bagging
    'min_data_in_leaf': (150, 600),  #叶节点的最小样本数,若设置得较大,则树不会生长得很深,可能造成模型欠拟合
    'min_sum_hessian_in_leaf': (0.1, 1),  #与min_data_in_leaf作用类似,可以用来处理过度拟合情况
    'max_bin':(80,180) #特征值将被放入的最大箱数
}

# 调用贝叶斯优化函数确定最优超参数
```

```python
best_params=BayesianSearch(f=lgb_evaluate,pbounds=params,init_points=30,n_iter=6)

# 确定最优模型结果对应的参数
for i,j in  best_params['params'].items():
    if i in ['num_leaves','max_depth','bagging_freq','min_data_in_leaf','max_bin']:
        j=int(round(j))
    param1[i]=j

# 输出最终建模参数
print(param1)

# 基于最优参数重新建模
lgb_train = lgb.Dataset(X_train, y_train)
lgb_test = lgb.Dataset(X_test, y_test, reference=lgb_train)
bst=lgb.train(param1,lgb_train,valid_sets=[lgb_test],num_boost_round=100,early_stopping_rounds=5)

# 保存建模过程
joblib.dump(bst, filename=path_pkl+'model_result.pkl')

# 建模变量重要性评估,不建议将重要性得分太高的变量入模,若变量不稳定,则模型结果容易不稳定
import_vars=pd.DataFrame({
    'Characteristic': [i.replace('_br_encoding','') for i in bst.feature_name()],
    'Importance':
    bst.feature_importance(importance_type='split'),}).sort_values(by='Importance',ascending=False)

import_vars =pd.merge(import_vars,train_var_describe[['Characteristic','Description']],on='Characteristic',how='left')[['Characteristic','Description','Importance']]import_vars.head()

# 8.输出训练集样本的预测概率并将它转换为模型分
```

```
# 预测训练集样本逾期概率
X_train['prob']=bst.predict(X_train, num_iteration=bst.best_iteration)
X_train['mob12_dpd_30_act']=y_train
X_train['pred']=[1 if p>0.5 else 0 for p in X_train['prob']]

# 将概率转换为模型分
X_train['Odds'] = np.log(X_train['prob']/(1-X_train['prob']))
X_train['Score']=501.8622 - 28.8539 * X_train['Odds']
X_train['Score_int']=X_train['Score'].map(lambda x:round(x))

# 将模型分限制在 300 至 800 分之间
X_train[' Score_int '] = X_train[' Score_int '].map(lambda x:np.clip(x,300,800))

# 9.进行模型在训练集上的效果评估
train_model_evaluate=model_evaluate_fun(sample='Train(202003-202201)',data=X_train,prob1='prob',pred1='pred',target='mob12_dpd_30_act')
```

上述代码主要展示了基于训练集样本建模的过程，接下来评估模型在测试集样本上的效果，具体代码如下。

```
"""
二、模型在测试集上的效果评估
"""

# 10.对测试集数据进行描述性统计分析
test_var_describe=describe_stat_ana(describe_data=testData,var_dict=var_dict,
    sample_range='202003-202201',target='mob12_dpd_30_act',seq=1,na_threshold=0.85,vardict_varengname='变量名',vardict_varchiname='变量描述',sample_category='Test')

# 合并训练集和测试集数据描述性统计分析结果,可基于该结果查看训练和测试样本的差异性
```

```
all_var_describe=pd.concat([train_var_describe,test_var_describe])
```

#11.输出测试集样本的预测概率并将它转换为模型分
```
X_test['prob']= bst.predict(X_test, num_iteration=bst.best_iteration)
X_test['mob12_dpd_30_act']=testData['mob12_dpd_30_act']
X_test['pred']=[1 if p>0.5 else 0 for p in X_test['prob']]
X_test['Odds']=np.log(X_test['prob']/ (1-X_test['prob']))
X_test['Score']=501.8622 - 28.8539 *  X_test['Odds']
X_test['Score_int']=X_test['Score'].map(lambda x:round(x))
X_test['Score_int']=X_test['Score_int'].map(lambda x:np.clip(x,300,800))
```

#12.进行模型在测试集上的效果评估

```
test_model_evaluate=model_evaluate_fun(sample='Test(202003-202201)',data=X_test,prob1='prob',
    pred1='pred',target='mob12_dpd_30_act')
```

合并模型评估指标
```
train_model_evaluate_trans=pd.DataFrame.from_dict(train_model_evaluate,orient='index').T
    test_model_evaluate_trans=pd.DataFrame.from_dict(test_model_evaluate,orient='index').T
    all_model_evaluate=pd.concat([train_model_evaluate_trans,test_model_evaluate_trans])
```

#13.绘制模型效果评估相关图

ROC 曲线,见图 9-1
```
plot_roc_fun(train_data=X_train,test_data=X_test,train_label='Train',test_label='Test',prob='prob',
    target='mob12_dpd_30_act',dpi=150,bg_color='white',linewidth=0.9,
    save_name=path_report+'all_roc_curve.png')
```

PR 曲线,见图 9-2
```
plot_pr_fun(train_data=X_train,test_data=X_test,train_label='Train',test_label='Test',
    prob='prob',target='mob12_dpd_30_act',dpi=150,bg_color='white',linewidth=0.9,
```

```
    save_name=path_report+'all_pr_curve.png')

    # KS 曲线,见图 9-3
    plot_ks_combine_fun(train_data=X_train,test_data=X_test,train_label='Train Set
KS Curve',
    test_label='Test Set KS Curve',score='Score',target='mob12_dpd_30_act',dpi
=150,bg_color='white',bins=135,
    linewidth=0.9,save_name=path_report+'all_ks_curve.png')

    # 好坏样本对应的模型分分布图,见图 9-4
    black_white_dis_combine_plot(train_data=X_train,test_data=X_test,train_
label='Train Set Model Score distribution',test_label='Test Set Model Score Dis-
tribution',score='Score',target='mob12_dpd_30_act',
    dpi=120,bg_color='white',bins=160,save_name=path_report+'all_model_score_dis_
curve.png')
```

模型运行过程中产生的模型效果评估图分别如图 9-1～图 9-4 所示。由图 9-1 可知,模型在训练集和测试集上的 AUC 均为 0.63;由图 9-3 可知,模型在训练集和测试集上的 KS 均为 0.22;由图 9-4 可知,坏样本主要集中在低分段,好样本主要集中在高分段。

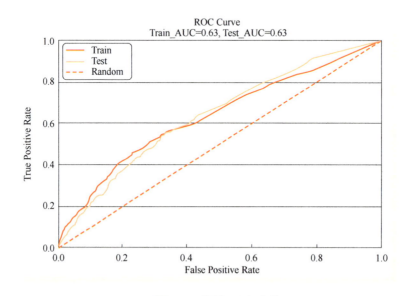

● 图 9-1　模型 ROC 曲线

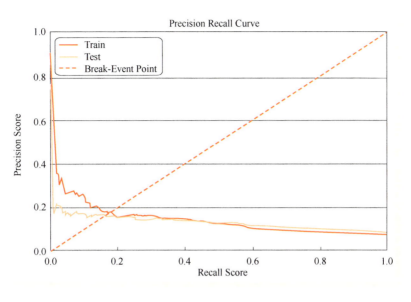

● 图 9-2 模型 PR 曲线

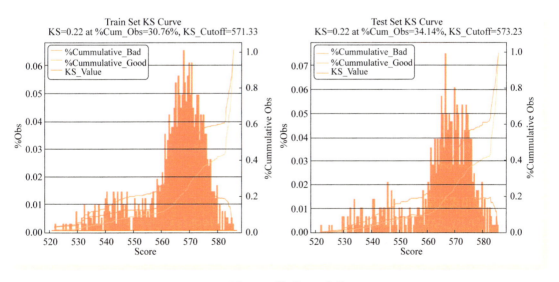

● 图 9-3 模型 KS 曲线

在模型拟合的过程中，设置了随机对样本、变量进行抽样的参数，所以，在每次进行模型拟合时，会导致最终获取的模型超参数有些许出入，基于同样的样本构建的模型会略有不同，基于 Python 代码画的模型结果图与上面展示的会有出入。

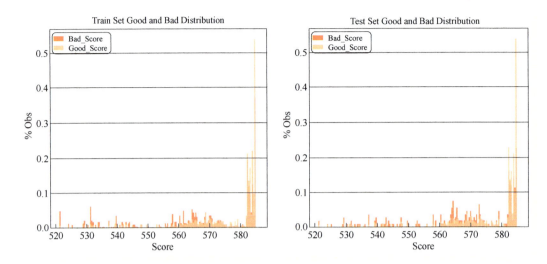

• 图9-4 模型好坏样本对应的模型分分布

在完成模型效果评估后,假如模型效果尚可,则需要从策略的角度对模型分进行分析,基于分析结果设计相应的风控策略进行风险管控。接下来使用构建好的模型对全量样本进行评分,并保存评分结果供策略分析使用。

```
"""
三、对全量样本打分,并输出打分结果,供策略分析使用
"""

#14.加载全量需要打分的数据并进行数据预处理
f=open(path+'model_data_new.csv',encoding='utf-8')
my_data = pd.read_csv(f)

# 将可能出现的异常值置为缺失
for i in my_data.columns[my_data.dtypes!='object']:
    my_data[i][my_data[i].map(lambda x:x in (-999,-9999,-9998,-999999,
-99999,-998,-997,-9997))]= np.nan

for i in my_data.columns[my_data.dtypes=='object']:
    my_data[i]=my_data[i].map(lambda x:str(x).strip())
    my_data[i][my_data[i].map(lambda x:x in
['-999','-9999','-9998','-999999','-99999','-998','-997','-9997'])]= np.nan
    try:
        my_data[i]=my_data[i].astype('float64')
```

```
    except:
        pass
```

15.加载模型训练结果对应的.pkl 文件

```
bst = joblib.load(path_pkl+'model_result.pkl')
```

获取入模变量
```
var_in_model_init=bst.feature_name()
X_valid=my_data[var_in_model_init]
```

16.输出全量样本的预测概率并将它转换为模型分

```
X_valid['prob']= bst.predict(X_valid, num_iteration=bst.best_iteration)
# 输出的是概率结果
X_valid['pred']=[1 if p>0.5 else 0 for p in X_valid['prob']]
X_valid['Odds'] = np.log(X_valid['prob']/ (1 - X_valid['prob']))
X_valid['Score'] = 501.8622 - 28.8539 * X_valid['Odds']
X_valid['Score_int']=X_valid['Score'].map(lambda x:round(x))
X_valid['Score_int']=X_valid['Score_int'].map(lambda x:np.clip(x,300,800))
```

17.输出打分数据,供策略进一步分析使用

```
output_data=pd.merge(my_data,X_valid[['prob','Score_int']],left_index=True,right_index=True,how='inner')
output_data.to_csv(path+'model_score_data.csv',index=False)
```

至此,已完成了基于 LightGBM 算法构建贷前申请评分卡模型的 Python 代码展示,接下来进入模型结果应用环节。

9.3 模型结果在贷前策略中的应用

在完成贷前申请评分卡模型开发后,若模型效果足够好,则在贷前授信审批策略、定额策略和定价策略中均会使用模型分进行风险管控。

9.3.1 基于模型分的单维度策略开发

在授信审批策略中,主要基于单一的模型分进行单维度策略开发,找到合适的切分点进行

风险拦截。

在基于模型分进行单维度策略开发时，同时分析了模型分在 mob3_dpd_30_act、mob6_dpd_30_act、mob9_dpd_30_act、mob12_dpd_30_act 四个目标字段上的效果，正常来讲，若一个模型有效，则在短表现期和长表现期的目标字段上都应该是有效的。

在进行单维度策略开发时，进行策略测算的代码与第 2 章中展示的策略测算的代码大同小异，相关代码详见附件。在完成策略测算后，部分测算结果如图 9-5 所示，在基于 4 个目标字段测算时，模型分均小于或等于 530 分，对坏客户区分度较好。

Rule_Limit	Target	Var	Description	Direction	Threshold	%Bad_Ra	#Obs	%Obs	#Bad	%Bin_Bad_Rat	Odds	Lift
Total	mob3_dpd_30_act	score_int	模型分	<=	530	0.62%	196	1.23%	5	2.55%	4.345828228	4.095804989
Total	mob6_dpd_30_act	score_int	模型分	<=	530	1.74%	196	1.23%	11	5.61%	3.449766308	3.220456052
Total	mob9_dpd_30_act	score_int	模型分	<=	530	3.23%	190	1.32%	21	11.05%	3.849557875	3.420386266
Total	mob12_dpd_30_act	score_int	模型分	<=	530	8.49%	110	1.27%	29	26.36%	3.976867175	3.105449591

● 图 9-5　单维度策略测算结果

接下来对单维度策略测算结果进行泛化，若泛化结果同样较好，则可上线该模型分策略进行风险拦截。在分析每个申请月的样本时，会发现每个月的坏样本都比较少，若逐月进行泛化，则会出现泛化月对应的额外触碰 Lift 等关键指标不稳定的情况，为了解决这个问题，可对相邻月进行合并，采取按季度进行泛化的方式评估策略效果。在对策略测算结果进行泛化的代码中，只展示对相邻月份进行合并的函数，其他泛化代码与第 2 章中单维度策略泛化部分展示的代码大同小异，本节不再进行展示，详见本书附件。

```
"""
在实际生产中对策略进行泛化时,经常会遇到每月对应的坏样本不足的情况,若直接按月进行泛化,
则会导致泛化结果不稳定,针对这种情况,可对相邻月份进行合并,然后基于合并后的样本进行策略泛
化。下面为对相邻月份进行合并的函数
"""

def merge_mth(x,n):
    """
    x:要处理的月份。
    n:相邻几个月合并。
    返回值:合并后的月份,如对相邻 3 个月合并,月份为 1、2、3 的会统一合并为 3 月,月份为 4、5、
6 的会统一合并成 6 月,其他合并逻辑类似
    """
    a=int(x[-2:])
    if n == 4:
        b = a % n
```

```
        if b == 1:
            a1 = a + 3
            if len(str(a1)) == 1:
                a1 = '0' + str(a1)
            x = x[:-2] + str(a1)
        elif b == 2:
            a1 = a + 2
            if len(str(a1)) == 1:
                a1 = '0' + str(a1)
            x = x[:-2] + str(a1)
        elif b == 3:
            a1 = a + 1
            if len(str(a1)) == 1:
                a1 = '0' + str(a1)
            x = x[:-2] + str(a1)
        else:
            pass
elif n==3:
    b=a%n
    if b == 1:
        a1 = a + 2
        if len(str(a1))==1:
            a1 = '0'+str(a1)
        x= x[:-2] + str(a1)
    elif b == 2:
        a1 = a + 1
        if len(str(a1)) == 1:
            a1 = '0' + str(a1)
        x = x[:-2] + str(a1)
    else:
        pass
elif n==2:
    b = a % n
    if b == 1:
        a1 = a + 1
        if len(str(a1)) == 1:
            a1 = '0' + str(a1)
        x = x[:-2] + str(a1)
```

```
        else:
            pass
    else:
        print('n 的取值目前只支持 2,3,4')
    return x
```

在按季度对策略进行泛化时，虽然泛化效果在短表现期目标字段上不稳定，但是整体效果还行，在 mob9_dpd_30_act 目标字段上的额外触碰 Lift 结果如图 9-6 所示。

目标字段	规则名称	规则类型	申请月	申请量	逾期率下降值	逾期率下降幅度	额外触碰Odds	额外触碰Lift
mob9_dpd_30_act	single_var_fzp3	CR	2020-03	1241	0.00%	0.00%		
mob9_dpd_30_act	single_var_fzp3	CR	2020-06	25300	0.16%	3.44%	3.986249045	3.405538462
mob9_dpd_30_act	single_var_fzp3	CR	2020-09	33223	0.08%	2.87%	2.838095238	2.629220779
mob9_dpd_30_act	single_var_fzp3	CR	2020-12	28237	0.15%	7.16%	6.518867925	5.482768621
mob9_dpd_30_act	single_var_fzp3	CR	2021-03	19333	0.11%	3.47%	6.293333333	5.223404255
mob9_dpd_30_act	single_var_fzp3	CR	2021-06	26941	0.05%	1.48%	2.523809524	2.370983447
mob9_dpd_30_act	single_var_fzp3	CR	2021-09	32297	0.10%	2.36%	6.090909091	4.952941176
mob9_dpd_30_act	single_var_fzp3	CR	2021-12	50404				
mob9_dpd_30_act	single_var_fzp3	CR	2022-03	38368				
mob9_dpd_30_act	single_var_fzp3	CR	2022-06	33806				

● 图 9-6　在 mob9_dpd_30_act 目标字段上的泛化效果

基于单维度规则泛化结果，假如认为"额外触碰 Lift 大于 2"策略效果达到了预期，则可上线"模型分≤530，授信审批拒绝"的授信审批策略。

9.3.2　基于模型分的定额和定价策略开发

在定额和定价策略开发过程中，模型分的分析方法与单维度策略开发有所不同，主要体现在分箱方法上。在开发定额和定价策略时，主要涉及对模型分进行粗粒度分箱，通常采用等频或等宽的分箱方法即可，分箱完成后，评估不同分箱对坏客户的识别是否单调且有区分度，若是，则可将该模型分用于定额和定价策略中。在定额策略中，主要基于分箱后的模型分设计风险系数，调整最终的授信额度；在定价策略中，主要基于分箱后的模型分对客户进行差异化定价，通常高风险高定价，低风险低定价。

在定额和定价策略中，对模型分进行分箱时涉及的 Python 代码非常简单，本节不再进行展示。

9.4　模型结果在贷中策略中的应用

上文基于贷前数据开发了申请评分卡模型，若模型效果较好，则同样可以在贷中使用。在贷前，以授信申请时点为观察点对客户的风险进行评分，通过模型分来识别客户的风险情况，在贷中，无非就是观察点变了，基于新观察点对应的样本数据对客户进行评分，同样可以基于模型分识别客户的风险状况。

在贷中，使用模型分进行策略开发时涉及的 Python 代码与贷前策略开发类似，不再进行展示。申请评分卡模型可以在贷中以下 5 个风控场景中使用。

1）在用信审批场景，使用模型分设计用信审批策略并进行用信风险拦截，使用前，进行单维度策略开发的方法与贷前单维度策略开发类似。

2）在贷中预警场景，基于模型分识别高风险客户并进行额度冻结、额度清退和提前催收等操作。

3）在调额和调价场景，基于模型分识别最好或最差的部分客户并进行相应的调额和调价操作。

4）在贷中营销场景，基于模型分识别好客户并进行相应的营销动作，提升金融机构收益。

5）在续授信场景，基于模型分识别优质客户并自动为客户进行续授信操作，增加客户黏性。

9.5 本章小结

本章基于 LightGBM 算法进行了贷前申请评分卡模型开发的 Python 实践，在完成模型开发后，简单介绍了如何在贷前和贷中相应的风控场景使用模型结果开发相关策略进行风险管控。在实际生产中，模型和策略是风控的重点，如何开发好的模型并将模型结果有效地在策略中使用对最终风控目标的达成起至关重要的作用，所以，在进行风控策略开发的时候，要尽量用好和用对模型。

众所周知，绝大多数金融机构都是带有商业性质的，最终目标都是为了盈利，而风控策略是助力金融机构盈利的一大利器。本书对风控策略要实现利润最大化的目标进行了说明，但是希望各位金融从业人员不要一味追求利润，在适当的时候，也要懂得让利于需要享受金融红利的普通大众和相关小微企业，做到"达则兼济天下"。

参 考 文 献

[1] 李航. 统计学习方法［M］. 北京：清华大学出版社，2012.

[2] 张伟. 智能风控：评分卡建模原理、方法与风控策略构建［M］. 北京：机械工业出版社，2021.

[3] 王青天，孔越. Python 金融大数据风控建模实战：基于机器学习［M］. 北京：机械工业出版社，2020.

[4] 郑江. 智能风控平台：架构、设计与实现［M］. 北京：机械工业出版社，2021.

[5] 陈红梅. 互联网信贷风险与大数据：如何开始互联网金融的实践［M］. 北京：清华大学出版社，2015.

[6] 银行业专业人员职业资格考试命题研究组. 银行业法律法规与综合能力（初、中级适用）［M］. 成都：西南财经大学出版社，2020.